L'ÉTAT
ET SES LIMITES

OEUVRES D'ÉDOUARD LABOULAYE

PUBLIÉES DANS LA BIBLIOTHÈQUE CHARPENTIER

LA LIBERTÉ RELIGIEUSE (*la Liberté de conscience.* — *L'Immaculée conception.* — *Channing et sa doctrine.* — *M. Bunsen et saint Hippolyte.* — *M. Renan et les langues sémitiques,* etc., etc.) 2ᵉ édit. 1 vol. Prix : 3 fr. 50 c.

LE PARTI LIBÉRAL, *son programme et son avenir.* 6ᵉ édit. 1 v. Prix : 3 fr. 50 c.

PARIS EN AMÉRIQUE. 13ᵉ édition. 1 vol. Prix : 3 fr. 50 c.

ÉTUDES MORALES ET POLITIQUES (*De la personnalité divine.* — *Le Rationalisme chrétien.* — *Les Moines d'Occident.* — *L'Esclavage aux États-Unis,* etc., etc.). 2ᵉ édition. Prix : 3 fr. 50 c.

Paris. — Imp. de P.-A. BOURDIER et Cie, rue des Poitevins, 6.

L'ÉTAT
ET SES LIMITES

SUIVI D'ESSAIS POLITIQUES

SUR

ALEXIS DE TOCQUEVILLE
L'INSTRUCTION PUBLIQUE, LES FINANCES
LE DROIT DE PÉTITION, ETC.

PAR ÉDOUARD LABOULAYE

MEMBRE DE L'INSTITUT
AVOCAT A LA COUR IMPÉRIALE DE PARIS
PROFESSEUR AU COLLÉGE DE FRANCE

TROISIÈME ÉDITION

PARIS
CHARPENTIER, LIBRAIRE-ÉDITEUR
28, QUAI DE L'ÉCOLE

1865

PRÉFACE

———

J'ai réuni dans ce volume un certain nombre d'études politiques qui, pour la plupart, ont un même objet : déterminer la sphère du pouvoir et celle de la liberté, montrer que l'État n'est bienfaisant que dans la limite de ses attributions légitimes, prouver qu'il ne peut pas remplacer l'activité de l'individu par le mécanisme d'une administration. S'il est une vérité méconnue en France, c'est celle-là ; Dieu sait si notre ignorance nous coûte cher ! Quand on observe la longue suite de nos révolutions depuis 1789, on voit que les partis divisés sur tout le reste sont toujours d'accord en un point ; ils regardent le pouvoir et la liberté comme deux ennemis irréconciliables qui se disputent l'humanité. Pour les libéraux de la vieille école, affaiblir le pouvoir, c'est fortifier la liberté ; pour les partisans de l'ordre à tout prix, écraser la liberté, c'est fortifier le pouvoir ; double et fatale illusion qui n'enfante que l'anarchie ou le despotisme. Quand l'autorité est désarmée, la liberté dégénère en licence, et se perd par ses propres excès : « Ce que vous voulez faible à vous opprimer, dit « justement Bossuet, devient impuissant à vous « protéger. » Quand, au contraire, la liberté est sacrifiée, vous avez un pouvoir qui n'est ni soutenu, ni contenu ; c'est le règne de l'intrigue et de l'ambition. Ces systèmes absolus sont mauvais par cela même que chacun d'eux étouffe une des forces vives de la société.

Où donc est la conciliation du pouvoir et de la liberté ? Dans une juste vue des choses. Il faut en arriver à comprendre que l'autorité et la liberté ne sont pas deux puissances ennemies, faites pour s'entre-dévorer éternellement ; ce sont deux éléments distincts qui font partie d'un même organisme ; la liberté représente la vie individuelle ; l'État représente les intérêts communs de la société. Ce sont deux cercles d'action qui n'ont ni le même centre, ni la même circonférence ; ils se touchent en plus d'un point, ils ne doivent jamais se confondre.

Les intérêts que l'État est chargé de défendre ne s'étendent point à tout ; c'est ce que j'ai tâché de prouver dans l'étude sur l'*État et ses limites;* j'ai montré en même temps que cette délimitation était aujourd'hui le grand problème de la science politique, et que tous les esprits éclairés en donnaient la même solution. A l'État les intérêts généraux ou politiques, la paix et la justice; à l'association les intérêts sociaux, à l'individu le soin et la responsabilité de sa personne et de sa vie; c'est par cette juste conception que les sociétés modernes diffèrent des sociétés antiques, qui, placées dans d'autres conditions, réduites au mur d'une cité, étrangères au christianisme, n'ont jamais eu le respect de l'individu.

On ne s'étonnera pas de trouver dans ce volume des études sur M. de Tocqueville et sur les États-Unis. De tous les publicistes français M. de Tocqueville est celui qui a le mieux senti que la faiblesse des sociétés modernes, c'est la centralisation; que leur vraie force, c'est la liberté individuelle et l'association. Il est notre précurseur dans la voie féconde où s'engage la civilisation. Quant aux Américains, nos anciens et fidèles alliés, c'est le peuple qui a le mieux résolu les questions qui nous agitent. Depuis soixante-dix ans nous nous épuisons à conquérir la liberté; depuis soixante-dix ans l'Amérique en vit; c'est sa fortune et sa gloire. Les tristes convulsions de la guerre civile ont ébranlé des âmes faibles; c'est la liberté qu'ils accusent de ce qui est le crime de l'esclavage; pour nous, vieil ami de l'Amérique, ces épreuves si noblement affrontées n'ont fait que nous rendre plus chère la patrie de Washington; tous nos vœux sont pour une Amérique grande,

forte, unie et libre. Il nous la faut pour faire
contrepoids à l'Angleterre, et maintenir l'indépendance des mers; il nous la faut pour donner au
monde l'exemple d'une démocratie riche, pacifique, morale et éclairée; il nous la faut enfin pour
qu'au milieu de tous nos orages il y ait au delà
de l'Océan un abri sûr où la liberté brille comme
un phare inextinguible, et jette ses rayons sur le
vieux continent.

Versailles, 1er août 1863.

L'ÉTAT

ET

SES LIMITES[1]

I

Depuis que les méthodes d'observation ont renouvelé les sciences physiques, en montrant partout des lois générales qui règlent et expliquent l'infinie variété des phénomènes, il s'est fait une révolution de même ordre dans les études qui ont l'homme pour objet. Que se proposent aujourd'hui la philosophie de l'histoire, l'économie politique, la statistique, sinon de rechercher les lois naturelles et morales qui gouvernent les sociétés? Entre l'homme et la nature il y a sans doute cette différence, que l'un est libre tandis que l'autre suit une course inflexible; mais cette condition nouvelle complique le problème et ne le change pas. Quelle que soit la liberté de l'individu, quelque abus qu'il en fasse, on sent que Celui qui nous a créés a dû faire entrer ces diversités dans son plan; le jeu même de la liberté est

1. *Ideen zu einem Versuch die Grenzen der Wirksamkeit des Staats zu bestimmen*, von Wilhelm von Humboldt, Berlin, 1851. — *Der Einfluss der herrschenden Ideen des 19 Jahrhunderts auf den Staat*, von baron Joseph Eœtvœs; Leipzig, 1854. — *On Liberty*, by John Stuart Mill; London, 1859. — *La Liberté*, par Jules Simon; Paris, 1859.

prévu et ordonné. En ce sens il est vrai de dire avec Fénelon que l'homme s'agite et que Dieu le mène. Nos vertus, nos erreurs, nos vices, nos malheurs même, tout en décidant de notre sort, n'en servent pas moins à l'accomplissement de la suprême volonté.

Découvrir ces lois qui régissent le monde moral, telle est l'œuvre que se propose le philosophe politique. Aujourd'hui on ne croit plus que Dieu, mêlé sans cesse à nos passions et à nos misères, soit toujours prêt à sortir du nuage, la foudre en main, pour venger l'innocence et châtier le crime. Nous avons de Dieu une idée plus haute; Dieu choisit son heure et ses moyens, non pas les nôt. Veut-il nous punir ou nous ramener, il lui suffit de nous livrer à notre propre cœur; c'est de nos désordres mêmes que sort l'expiation.

Si on n'attend plus de la justice divine ces coups de théâtre qui dénouent le drame de façon terrible et soudaine, encore moins s'imagine-t-on qu'un grand homme paraisse subitement au milieu d'une société inerte, pour la pétrir à son gré, et l'animer de son souffle, ainsi qu'un autre Prométhée. Le génie a sa place dans l'histoire, et plus large qu'on ne la lui mesure de nos jours, mais le héros n'arrive qu'à son heure; il faut que la scène lui soit préparée. A vrai dire, ce n'est qu'un acteur favori qui joue le premier rôle dans une pièce qu'il n'a pas faite. Pour que César soit possible, il faut que la plèbe romaine, avilie et corrompue, en soit tombée à demander un maître. A quoi bon la vertu de Washington, si ce grand homme de bien n'eût été compris et soutenu par un peuple amoureux de la liberté?

On sent cela; mais par malheur la science est nouvelle et mal établie. Rassembler les faits est une œuvre pénible et sans éclat; il est plus aisé d'imaginer des systèmes, d'ériger un élément particulier en principe universel, et de rendre raison de tout par un mot. De là ces belles théories qui poussent et tombent en une saison : influence de la race ou du climat, loi de décadence, de retour, d'opposition, de progrès. Rien de plus ingénieux que les idées de Vico, de Herder, de Saint-Simon, de Hegel; mais il est trop évident que, malgré des parties brillantes, ces constructions ambitieuses ne reposent sur rien. Au travers de ces forces fatales qui entraînent l'humanité vers une destinée qu'elle ne peut fuir, où placer la liberté? Quelle part d'action et de responsabilité reste-t-il à l'individu? On dépense beaucoup d'esprit pour tourner le problème au lieu de le résoudre; mais qu'importent ces poétiques chimères? la seule chose qui nous intéresse est la seule qu'on ne nous dise pas.

Si l'on veut écrire une philosophie de l'histoire que puisse avouer la science, il faut changer de méthode et revenir à l'observation. Il ne suffit pas d'étudier les événements qui ne sont que des effets, il faut étudier les idées qui ont amené ces événements, car ces idées sont les causes, et c'est là que paraît la liberté. Quand on aura dressé la généalogie des idées, quand on saura quelle éducation chaque siècle a reçue, comment il a corrigé et complété l'expérience des ancêtres, alors il sera possible de comprendre la course du passé, peut-être même de pressentir la marche de l'avenir.

Qu'on ne s'y trompe pas. La vie des sociétés, comme

celle des individus, est toujours régie et déterminée par
certaines opinions, par une certaine foi. Alors même
que nous n'en avons pas conscience, nos actions les plus
indifférentes ont un principe arrêté, un fondement solide. C'est ce qui explique l'universelle influence de la
religion. Si l'on prend un homme au hasard, ce qui
frappe à première vue, c'est son égoïsme et ses passions ; peut-être même en toute sa conduite n'aperçoit-
on pas d'autre mobile ; si l'on prend toute une nation,
on voit qu'au-dessous de ces passions individuelles qui
se contrarient et se balancent, il y a un courant d'idées
communes qui finit toujours par l'emporter. Ouvrez
l'histoire ; il n'est pas un grand peuple qui n'ait été le
porteur et le représentant d'une idée. La Grèce n'est-
elle pas la patrie des arts et de la philosophie, Rome le
modèle du gouvernement et de la politique, Israël l'expression du monothéisme le plus pur ? Aujourd'hui,
qu'est-ce qui représente pour nous la science, n'est-ce
pas l'Allemagne ? l'unité, n'est-ce pas la France ? la liberté politique, n'est-ce pas l'Angleterre ? Voilà une de
ces vérités évidentes qui s'imposent à la science, et qu'il
lui faut examiner.

Faire l'histoire des idées, en suivre pas à pas la naissance, le développement, la chute ou la transformation,
c'est aujourd'hui l'étude la plus nécessaire, celle qui
chassera de l'histoire ce nom de hasard qui n'est que
l'excuse de notre ignorance. Ainsi observées, la religion, la politique, la science, les lettres, les arts ne sont
plus quelque chose d'extérieur, l'objet d'une noble
curiosité, c'est une part de nous-mêmes, un élément

de notre vie morale. Cet élément, nous l'avons reçu de nos pères comme le sang qu'ils nous ont donné; le rejeter est impossible; le modifier, voilà notre œuvre de chaque jour. C'est là le règne de la liberté.

Ces altérations qui se font peu à peu par l'effort de l'esprit humain, c'est le plus curieux et le plus utile spectacle que nous offre l'histoire. Les générations sont entraînées par certains courants qui, partis d'une faible origine, grossissent lentement, puis s'épandent au loin, et après avoir tout couvert du bruit de leurs eaux, s'affaiblissent et se perdent comme le Rhin en des sables sans nom. Cherchez l'origine de la réforme, il vous faudra remonter en tâtonnant jusque dans la nuit du moyen âge; mais au temps de Wiclef et de Jean Hus, on entend l'idée qui monte et qui gronde, prête à tout renverser. Deux siècles après Luther le fleuve est rentré dans son lit; de cette furie religieuse qui a bouleversé l'Europe il ne reste que des querelles de théologiens; c'est à d'autres désirs que l'humanité s'abandonne. Où commence ce violent amour d'égalité qui triomphe avec la révolution française? nul ne le saurait dire, mais longtemps avant 1789 on sent le souffle de l'orage, on voit tomber pierre à pierre cette société décrépite, que ne relie plus ni la foi politique ni la foi religieuse; chaque jour précipite la ruine qui va tout écraser. Ce vieux chêne féodal, à l'ombre duquel tant de générations ont grandi, qui le fait éclater? une idée!

Ces forces terribles qui changent la face du monde, ne peut-on les suivre que dans l'histoire? Faut-il que l'explosion les ait épuisées pour qu'elles nous livrent

1.

leur secret. Quand l'idée est toute vivante, n'en peut-on mesurer la puissance? est-il impossible d'en calculer la courbe et la projection? Pourquoi non? L'humanité n'a-t-elle pas assez vécu pour se connaître elle-même? Qui empêche de constituer les sciences morales à l'aide de l'observation? En viendra-t-on à la découverte de lois certaines, finira-t-on par prévoir l'avenir? oui et non, suivant le sens qu'on attache au mot de prévision. L'astronomie nous annonce à jour fixe une éclipse qui n'aura lieu que dans un siècle, elle ne peut nous dire quel temps il fera demain; elle connaît la marche fixe des corps célestes, mais les phénomènes variables de l'atmosphère lui échappent. Ainsi en est-il de la science politique. Elle ne dira pas ce que la France fera ou voudra dans six mois; il y a dans nos passions une inconstance qui défie le calcul; mais peut-être dira-t-elle avec assez de vraisemblance ce que la France ou l'Europe penseront dans dix ans sur un point donné.

Cette assertion, même ainsi réduite, paraîtra sans doute téméraire; j'en veux faire l'expérience à mes dépens. Au risque de passer pour faux prophète, je me propose d'étudier une idée qui, méconnue aujourd'hui, réussira, selon moi, dans un prochain avenir. Cette idée, qui du reste n'est pas nouvelle, mais dont l'heure n'a pas encore sonné, c'est que l'État, ou si l'on veut la souveraineté, a des limites naturelles où finit son pouvoir et son droit. En ce moment, si l'on excepte l'Angleterre, la Belgique, la Hollande et la Suisse, une pareille idée n'a point de cours en Europe. L'État est tout, la souveraineté n'a pas de bornes, la centralisation grandit chaque jour. A ne considérer que la pratique, jamais l'omnipotence de l'État n'a été plus visiblement reconnue; à considérer la théorie, cette omnipotence est sur le déclin. Tandis que l'administration avance de plus en plus, la science combat cet envahissement, elle en signale l'injustice et le danger. Combien de temps durera cette lutte? il est difficile de le dire; mais il y a une loi pour les intelligences, et il est permis de croire sans trop de présomption que si aujourd'hui une minorité d'élite combat pour la vérité, cette minorité finira par avoir avec elle le pays tout entier.

Pour connaître à fond l'idée régnante, l'idée que se font de l'État ceux qui, en Europe, sont à la tête des affaires, il faut rechercher comment cette idée s'est formée, car elle a une généalogie; elle est fille des siècles, et c'est justement parce qu'elle a grandi peu à peu qu'elle veillira de même. Son passé nous répond de l'avenir.

Chez les Grecs et chez les Romains (ce sont nos ancêtres politiques), l'État ne ressemble qu'en apparence à nos gouvernements modernes. Il y a un abîme entre les deux sociétés. Chez les anciens, point d'industrie, point de commerce, la culture aux mains des esclaves; on n'estime, on ne considère que le loisir; la guerre et la politique, voilà les seules occupations du Romain. Quand il ne se bat pas au loin, il vit sur la place publique dans le perpétuel exercice de la souveraineté; c'est une fonction que d'être citoyen. Électeur, orateur, juré, juge, magistrat, le Romain n'a et ne peut avoir qu'une vertu : le patriotisme; qu'un vice :

l'ambition. Ajoutez qu'il n'y a point de classe moyenne,
et qu'à Rome on trouve de bonne heure l'extrême misère près de l'extrême opulence, vous comprendrez que
chez les anciens la liberté n'est que l'empire de quelques privilégiés.

Sous un pareil régime, on n'imagine point que personne ait des droits contre la cité; l'État est le maître
absolu des citoyens. Ce n'est pas à dire que le Romain
soit opprimé; mais, s'il a des droits, ce n'est pas en sa
qualité d'homme, c'est comme souverain. Il ne songe
pas à une autre religion que celle de ses pères; le Jupi-
ter Capitolin peut seul défendre les enfants de Romulus.
La pensée n'est pas gênée, car on peut tout dire sur le
Forum; la parole est publique, l'éloquence gouverne. La
liberté n'est pas menacée, qui oserait mettre la main sur
un citoyen, fût-il en haillons? On pousse si loin le respect du nom romain, que la peine s'arrête devant le
coupable. Que le condamné abdique, comme un roi qui
descend de son trône, qu'il se fasse inscrire en quelque
autre cité, la loi ne le connaît plus, la vengeance publique est désarmée.

Il est peu nécessaire de juger ces antiques constitutions, elles n'ont pour nous qu'un intérêt de curiosité;
nous avons d'autres besoins et d'autres idées. Une société industrieuse et commerçante a mieux à faire qu'à
passer des journées oisives au forum; la vie publique
n'est plus qu'une faible part de notre existence; on est
homme avant d'être citoyen, et si les modernes ont une
prétention politique, c'est moins de gouverner par eux-
mêmes que de contrôler le gouvernement. D'un autre

côté, l'imprimerie a détruit l'importance de la place publique, et créé une force autrement redoutable qu'une centaine de plébéiens rassemblés autour de la tribune : c'est l'opinion, élément insaisissable, et avec lequel cependant, il faut compter. Enfin la religion n'est pas pour nous une vaine cérémonie, elle nous impose des devoirs et nous donne des droits sur lesquels l'État n'a point de juridiction. L'imitation de l'antiquité ne peut donc que nous égarer ; nos pères en ont fait la rude expérience quand des législateurs malhabiles ont essayé de les travestir tour à tour en Spartiates et en Romains ; mais peut-être nous reste-t-il de cet antique levain plus que ne le comporte notre société.

Tant que Rome fut une république, c'est-à-dire une aristocratie toute-puissante, cette noblesse qui jouissait d'une liberté souveraine ne sentit pas le danger de sa théorie de l'État. Cette poignée de privilégiés pillait le monde sans se soucier de la servitude qu'elle répandait au dehors, de la corruption qu'elle semait au dedans ; mais quand le peuple eut appris à se vendre, il suffit d'une main hardie pour en finir avec le monopole de quelques grandes familles ; sous la pression de la servitude universelle, la liberté romaine fut écrasée ; tout fut province, il n'y eut plus dans le monde d'autre loi que le caprice de l'empereur.

Ce qu'était ce despotisme, qui embrassait tout, et auquel on ne pouvait échapper que par la mort, il nous est difficile de l'imaginer, nous qui vivons au milieu d'une civilisation adoucie par le christianisme, et tempérée par le voisinage d'autres peuples libres et chrétiens. Tout était dans la main de César, armée, finances, administration, justice, religion, éducation, opinion, tout jusqu'à la propriété et à la vie du moindre citoyen. Aussi ne faut-il pas s'étonner que de bonne heure les Romains aient adoré l'empereur. Vivant, c'est un *Numen*, une divinité protectrice : mort, c'est un *Divus*, un des génies tutélaires de l'empire. Dans le langage de la chancellerie, cette main qui scelle les lois est *divine*, les paroles de l'empereur sont des *oracles;* dans ses titres pompeux, ce souverain d'un jour ne laisse même pas à Dieu son éternité.

Comment gouvernait l'empereur? par lui-même sous les premiers Césars, comme on en peut juger par les lettres de Trajan à Pline; plus tard, à mesure que les dernières libertés municipales s'évanouissent, c'est l'administration, ce sont les bureaux qui pensent et agissent pour le monde entier. Qui étudie les inscriptions, qui ouvre le code de Théodose ou celui de Justinien, se trouve en face d'une centralisation qui va toujours en grandissant, jusqu'à ce qu'elle ait étouffé la société sous son effroyable tutelle. Si l'on veut se faire une notion juste de ce que pouvait être l'empire au moment de l'invasion barbare, que l'on considère la Chine d'aujourd'hui. On y apprendra comment, par l'excès même du gouvernement, les règles les plus sages, appliquées par des magistrats intelligents, peuvent en quelques siècles énerver un peuple obéissant et le mener à l'esclavage et à la mort.

Parmi les causes de la décadence impériale, il faut placer, et non au dernier rang, la fausse idée que les Romains se faisaient de l'État. C'était l'antique notion de la souveraineté populaire. En théorie la république durait toujours, le prince n'était que le représentant de la démocratie, le tribun perpétuel de la plèbe. Quand les jurisconsultes du troisième siècle étudient le pouvoir de l'empereur, ils en arrivent à cette conclusion : que la volonté du prince a force de loi ; *Quod principi placuit legis habet vigorem ;* la raison qu'ils en donnent est que le peuple lui a transmis tous ses pouvoirs. C'est ainsi que de l'extrême liberté ils tirent l'extrême servitude.

Contre cette théorie qui les écrasait, on ne voit pas que les Romains aient jamais protesté. Tacite regrette la république, et félicite Trajan d'avoir mêlé deux choses qui, à Rome, n'allaient guère de compagnie : le principat et la liberté ; mais il n'imagine pas qu'on puisse limiter la souveraineté. Des magistratures divisées, annuelles et responsables, voilà tout ce qu'avait imaginé la sagesse des anciens ; c'était une garantie politique qui protégeait l'indépendance du citoyen ; la garantie détruite, tout fut perdu et sans retour.

Pour introduire dans le monde une meilleure notion de l'État, il fallut une religion nouvelle. C'est l'Évangile qui a renversé les idées antiques, et qui par cela même a ruiné l'ancienne société et créé les temps nouveaux. « Rendez à César ce qui est à César et à Dieu ce qui est à Dieu » est un adage que nous répétons souvent, sans nous douter que dans cette maxime aujourd'hui vulgaire il y avait un démenti donné à la politique romaine, une déclaration de guerre au despotisme impé-

rial. Là où régnait une violente unité, le Christ proclamait la séparation; désormais dans le même homme il
fallait distinguer le citoyen et le fidèle, respecter les
droits du chrétien, s'incliner devant la conscience de
l'individu; c'était une révolution.

Les empereurs ne s'y trompèrent pas, les grands
empereurs moins que les autres. De là le caractère des
persécutions, caractère qu'on n'a pas assez remarqué.
C'est au fanatisme, c'est à la cruauté des princes qu'on
fait remonter la cause des persécutions; rien n'est
moins vrai : le crime fut tout politique. Ce fut au nom
de l'État, au nom de la souveraineté enfreinte et des
lois violées qu'on emprisonna et qu'on tua les chrétiens.
Oté ce monstre de Néron qui livre les premiers fidèles
au supplice pour détourner la haine populaire sur une
secte méprisée, quels sont les empereurs qui persécu-
tent? Est-ce Commode? il est entouré de chrétiens; est-ce
Héliogabale? il ne pense qu'à sa divinité syrienne; est-ce
Caracalla? il n'y a guère de martyrs sous le règne du fratricide. Ceux qui versent le sang des chrétiens, ce sont les
princes les plus sages, les plus grands administrateurs :
Trajan, Marc-Aurèle, Sévère, Dèce, Dioclétien. Et pourquoi? c'est qu'ils veulent maintenir à tout prix l'unité
de l'État; or, cette unité est absolue; elle comprend
la conscience comme le reste; il lui faut l'homme tout
entier. Quels reproches fait-on aux chrétiens? ce sont
des athées, des ennemis de l'État, des séditieux en révolte contre les lois. Ces accusations nous semblent
aussi puériles qu'odieuses, les Romains les trouvaient
justes; à leur point de vue ils avaient raison. Les chré-

tiens étaient des athées au sens des lois romaines, puisqu'ils n'adoraient pas les dieux de la patrie, et que pour
les anciens il n'y en avait point d'autres; ils étaient des
ennemis de l'État, puisque toute la police de l'empire
reposait sur la religion et l'absolue soumission du citoyen; c'étaient des séditieux, puisqu'ils se réunissaient
secrètement au mépris des lois jalouses qui défendaient
toute espèce de collége ou d'association. Les reproches
que les païens adressaient aux chrétiens sont ceux-là
même que sous Louis XIV on faisait aux protestants.
Dans une société, qui par l'idée de l'État se rapprochait
de la société romaine, les protestants étaient aussi des
gens qui méprisaient la religion nationale, qui brisaient
l'unité de gouvernement, qui se réunissaient malgré la
défense des lois; c'étaient d'abominables séditieux que
le juge envoyait aux galères sans douter de leur crime.
Les premiers chrétiens, les protestants du dix-septième
siècle avaient-ils raison de ne point obéir à la loi politique? Je réponds oui, c'était leur droit et leur devoir;
ils suivaient l'ordre que donne l'Évangile. Mais ce
devoir et ce droit, les magistrats, romains ou français,
ne le comprenaient pas; il en sera ainsi chaque fois que
l'État, tirant tout à soi, ne voudra rien reconnaître en
dehors de sa souveraineté; monarchie ou république,
ce sera toujours la tyrannie.

A vrai dire, cette conception de l'État était si générale et si forte, que les premiers chrétiens ne se révoltent qu'à demi contre la loi qui les écrase; ils n'ont
même pas l'idée d'une réforme politique qui leur ferait
une place dans l'empire. Tout ce qu'ils demandent, c'est

qu'on ferme les yeux sur leurs paisibles réunions, c'est qu'on les tolère, de la même façon qu'on a toléré les juifs au moyen âge, comme un peuple inférieur dont l'État ne s'inquiète pas. Tertullien est convaincu que si l'empire romain venait à tomber, le monde finirait; il lui est plus facile de croire au bouleversement de toutes choses qu'à la transformation de ce gouvernement qui l'opprime. Origène est, je crois, le premier, qui, avec la hardiesse et le génie d'un ~~~~, ait envisagé d'une autre façon l'avenir; lui seul en son temps osa prévoir que le christianisme pourrait devenir la religion univer- selle sans que la terre et les cieux en fussent ébranlés[1].

C'était là un de ces éclairs qui passent et s'éteignent dans la nuit. Personne ne releva l'idée d'Origène, per- sonne ne mit en doute l'éternité de l'empire. La souve- raineté de l'État n'était pas un article de foi politique moins arrêté; cette idée avait jeté de si profondes ra- cines que le christianisme n'en put triompher; à vrai dire, l'Église ne l'essaya même pas. Lorsque Constan- tin, qui devait aux chrétiens une part de sa fortune, associa l'Église à sa puissance, il n'y eut guère qu'Atha- nase qui eut je ne sais quelle noble inquiétude, et qui s'effraya de voir des magistrats poursuivre violemment l'hérésie. Les évêques entrèrent avec joie dans les ca- dres de l'administration impériale; ils prirent aux pon- tifes païens leurs priviléges, leurs titres, leurs honneurs, comme ils prenaient au paganisme ses temples et ses fondations; rien ne fut changé dans l'État, il n'y eut

---

1. Origène, *Contre Celse*, VIII, 68.

que quelques fonctionnaires de plus, et au-dessus d'eux l'empereur, espèce de Janus religieux, grand pontife des païens, évêque extérieur des chrétiens. Qu'on me comprenne bien ; autant que personne je reconnais que le christianisme a fait une révolution morale, et la plus grande qu'ait vue le monde ; l'Évangile a répandu sur la terre une doctrine et une vie nouvelles ; nous en vivons depuis dix-huit siècles, et je ne vois pas que cette séve divine s'affaiblisse ; tout ce que je veux dire, c'est qu'au quatrième siècle, l'Église, la hiérarchie, prit dans l'État la place de l'ancien pontificat païen, avec quelques prérogatives de plus. Les évêques furent bientôt de vrais officiers publics, inspecteurs des magistrats, défenseurs des cités, protecteurs des pauvres et des opprimés ; parfois aussi sujets plus que dévoués et agents trop dociles du divin empereur. Qu'on ne m'oppose pas Ambroise, repoussant du parvis de son église Théodose encore tout sanglant d'une vengeance abominable ; tous les évêques n'étaient pas des Ambroises ni des Athanases ; avant même d'être baptisé, Constantin rougissait de l'indiscrète et sacrilége flatterie d'un évêque, qui publiquement ne craignait pas de comparer l'empereur au fils de Dieu ; cet évêque ne laissa que trop de successeurs.

Était-ce bassesse d'âme, ambition vulgaire ; n'était-ce pas l'excès d'un respect religieux pour l'empereur ? Les évêques ne voyaient-ils pas dans le chef de l'État un agent divin, un représentant de Dieu sur la terre ? Ce sentiment n'expliquerait-il point, sans le justifier, un dévouement qui trop souvent alla jusqu'à la servilité ?

C'est à cette opinion que j'incline; autrement, comment comprendre cette étroite liaison de l'épiscopat et de la royauté qui a duré jusqu'à nos jours? Bossuet ne va guère moins loin que les évêques de Byzance, cependant ce n'était pas une âme ordinaire. Au fond, c'est la vieille idée de la souveraineté de l'État qui a pris un déguisement chrétien. Pourvu que le prince serve l'Église et défende les saines doctrines, tout lui appartient, l'âme aussi bien que le corps de ses sujets. Sous ce masque, on reconnaît l'idolâtrie païenne, le mépris de la conscience et l'adoration de l'empereur. Veut-on savoir ce qu'une pareille théorie emportait de danger pour la religion, que l'on voie ce que devint l'Église grecque. De Constantin à Justinien, la législation ne change pas d'esprit, l'empereur ne fait rien sans consulter les évêques qui emplissent sa cour; où en arrive-t-on? à la servitude de l'Église, servitude qui ne s'est jamais relâchée et qu'aujourd'hui on peut étudier en Orient, et mieux encore à Moscou.

Tandis que l'empire étend chaque jour cette administration qui l'épuise, les barbares s'approchent, et sont bientôt au cœur des provinces. Des bandes farouches ont facilement raison d'une société qui, depuis longtemps désarmée par la jalousie de l'État, n'a même plus le désir de se défendre. Ces barbares apportent avec eux une idée nouvelle, qui fait leur force; ils ont un souverain mépris pour cette prodigieuse machine qui charme les modernes. Ils ne comprennent rien au peuple qu'ils défendent ou qu'ils pillent. Pour le Romain, l'État est tout, le citoyen n'est rien; pour le Ger-

main, l'État n'est rien, l'individu est tout. Chaque chef
de famille s'établit où il veut, *ut fons, ut nemus placuit*, gouverne sa maison comme il l'entend, reçoit la
justice de ses pairs ou la leur rend, s'enrôle en guerre
sous le chef qu'il choisit, ne reconnaît de supérieur que
celui à qui il se donne, ne paye d'impôt que s'il le vote,
et pour la moindre injustice en appelle à Dieu et à son
épée. C'est le renversement de toutes les idées romaines,
c'est le contre-pied de la société impériale. Chez les Germains une prodigieuse liberté, une sécurité médiocre;
chez les Romains une sécurité très-grande, sauf la
crainte du prince et de ses agents, une police vigilante
et inquiète, point de liberté.

Cette fière indépendance dura plus d'un jour. Quand
le Germain se fut établi en maître dans les provinces
que lui abandonnait la faiblesse impériale, il façonna la
propriété à son image, et la voulut libre comme lui.
Sous les deux premières races, quelle est l'ambition
des grands et de l'Église, qui, elle aussi, devient un
pouvoir barbare? c'est d'obtenir une immunité, c'est-à-
dire le droit de gouverner sans contrôle un domaine
peuplé de nombreux vassaux. La justice, la police, l'impôt tiennent à la terre, et la suivent en toutes mains.
La féodalité n'est que la floraison de ce système; c'est
la confusion de la propriété et de la souveraineté.
Chaque baron est maître de sa terre, chef dans la
guerre, juge dans la paix. C'est envers lui seul que ses
vassaux ont des devoirs, seul il est obligé envers le su-
zerain ou le roi. Nous voilà bien loin de l'empire. Plus
de centralisation, plus d'unité, une hiérarchie confuse;

à chaque échelon, des droits différents, des engagements divers; le contrat partout, nulle part l'État. Aucune administration, point d'armée, point d'impôt; rien qui ressemble ni au système romain, ni à notre société moderne.

Cependant il ne faut pas prendre cette confusion pour l'anarchie; l'anarchie ne dure pas cinq siècles; quel peuple la supporterait aussi longtemps? Si odieuse que la féodalité soit restée dans l'histoire, il ne faut pas non plus lui attribuer toutes les misères du temps. C'est une erreur commune que de s'en prendre à une institution tombée, et de rejeter sur elle tous les vices et toutes les souffrances; rien ne prouve que le servage n'eût pas été aussi rude sous une royauté sans limites. Les colons romains n'étaient pas moins foulés que les serfs du moyen âge; la Russie nous montre des paysans esclaves sous une noblesse impuissante et un empereur absolu. Tout au contraire, l'État où les barons prirent le dessus, l'Angleterre, fut aussi le premier pays où s'affaiblit et disparut la servitude. Il y avait donc dans la féodalité autre chose que le despotisme des seigneurs, il y avait une séve féconde; cette séve qui se cachait sous le privilége, c'était la liberté. Autrement, comment expliquer cette floraison du treizième siècle qu'on ne peut comparer qu'aux plus beaux âges de l'histoire? Un art nouveau naît et s'épanouit, les poëtes chantent et transforment des patois vulgaires en dès langues qui ne doivent plus mourir; la France, l'Allemagne, l'Angleterre, se couvrent de cathédrales, de monastères, de châteaux. Bien aveugle ou bien injuste qui dans ce renouvellement de toutes choses ne reconnaît pas la seule force qui régénère l'humanité.

Toutefois, l'esprit germanique ne suffit pas pour rendre raison de cette renaissance; il faut faire une grande part à l'Église, véritable mère de la société moderne; mais cette Église, à qui nous devons ce que nous sommes, ce n'est plus l'Église impériale, c'est une Église transformée, et si je puis me servir de ce mot, germanisée.

En effet, quand les barbares eurent brisé l'empire; ils se trouvèrent campés au milieu d'un peuple qui n'avait ni leur langue, ni leurs idées, ni leurs mœurs. Entre les vainqueurs et les vaincus il n'y avait qu'un lien commun, la religion. Ce fut l'Église qui rapprocha et qui fondit ensemble ce qu'on nommait la civilisation et ce qu'on nommait la barbarie; deux États relatifs, et alors moins séparés que jamais.

Ce rôle tutélaire de l'Église explique l'influence qu'elle eut sous les deux premières races, et qu'elle conserva durant le moyen âge. Émancipés par la chute de l'empire, les évêques se trouvaient à la fois chefs des cités, conseillers du roi germain, dépositaires de la tradition romaine, aussi puissants par leurs lumières que par leur caractère sacré. Tout les soutenait : l'amour des vaincus, le respect des conquérants, le courant des idées. Dès le premier jour de l'invasion, l'Église, ressaisie de son indépendance naturelle, suivit une politique qui lui livra le monde. Ce fut, toute proportion gardée, la politique romaine appliquée au gouvernement des esprits. Et d'abord l'Église n'entendit plus se soumettre

aux autorités de la terre, mais elle ne s'en tint pas là.
Portée par l'opinion, Rome, d'auxiliaire se fit maîtresse,
et rêva de s'assujettir le pouvoir temporel; non pas
toutefois qu'elle voulût régner par les prêtres, la fierté
germanique ou féodale y eût résisté : tout ce que demandait un Grégoire VII ou Innocent III, c'est que les
rois s'avouassent vassaux spirituels, fils obéissants de
l'Église, et lui reconnussent le dernier ressort.

Dès lors il y eut une conception de l'État toute différente de l'idée romaine, deux puissances se partagèrent
le monde, et ce ne fut pas à la force brutale, mais à
l'autorité religieuse, c'est-à-dire au pouvoir moral et in-
tellectuel, qu'on assigna la suprême direction des affaires
humaines. Clovis aux genoux de saint Remy, Charle-
magne couronné par le pape, rendaient hommage au
droit nouveau. Désormais la religion était en dehors et
au-dessus de l'État. C'est la première et la plus grande
conquête des temps modernes, elle nous a délivrés de la
divinité des empereurs, cette honte du peuple romain.
Sans doute l'Église et l'État ont trop souvent noué
une alliance dont la conscience a été victime, mais du
moins n'a-t-on jamais vu un prince qui, en vertu de la
souveraineté, s'attribuât le droit de régler la croyance
et d'imposer la foi. Ce n'est pas comme César, c'est
comme fils aîné de l'Église que Louis XIV persécutait
les protestants; il s'inclinait devant l'Évangile en le
violant. La loi même dont il se réclamait déposait contre
lui et réservait l'avenir.

L'Église féodale comme l'Église barbare prit au sérieux ce gouvernement des esprits que l'opinion lui

déférait. Il lui fallut l'âme tout entière des générations
nouvelles, elle ne laissa au prince que le corps. Foi,
culte, morale, éducation, lettres, arts, sciences, lois
civiles et criminelles, tout fut en sa main. C'est de cette
façon que le moyen âge résolvait la difficile question
des limites de l'État.

Ce partage entre le pouvoir temporel et l'Église n'é-
tait-il qu'un despotisme à deux têtes? Non, l'Église fut
longtemps libérale, et, l'hérésie mise de côté, ne s'effraya pas de la liberté. Rien de plus libre, par exemple,
que cette turbulente université de Paris, où l'on accou-
rait de toute l'Europe pour remuer les problèmes les
plus téméraires. En un temps où le doute n'était que la
maladie de quelques âmes aventureuses, comme celle
du malheureux Abailard, cette liberté, il est vrai, offrait
peu de dangers; on peut tout discuter quand les solu-
tions sont connues d'avance; mais ne soyons pas injustes envers l'Église, c'est la liberté qu'elle croyait
donner, l'opinion ne lui demandait pas plus qu'elle
n'accordait. A tout prendre, au temps de Gerson, l'enseignement était plus hardi qu'au temps de Bossuet, et
l'université plus indépendante qu'on ne le permettrait
aujourd'hui.

La féodalité n'avait pas étouffé les idées romaines, il y
eut dès l'origine une sourde réaction contre les abus et
les violences de la conquête; plus tard, contre le pillage
des barons. Sous le règne de Philippe le Bel, la réaction est victorieuse, le droit romain est sorti de la poudre; c'est avec le Digeste et le Code que les légistes
commencent à miner les libertés féodales. Leur idéal,

c'est l'État romain, c'est l'unité et l'égalité sous un chef
qui ne relève que de Dieu. Une foi, une loi, un roi, c'est
leur devise ; le roi de France, disent-ils, est empereur
en son pays ; ils ont traduit à son profit la maxime impériale, *Quod principi placuit legis habet vigorem :* Si
VEUT LE ROI, SI VEUT LA LOI.

La guerre contre la féodalité dura plus de trois siècles.
Le peuple opprimé y soutint vaillamment ceux qui prenaient sa cause en main ; mais tandis qu'en Angleterre
les barons, pour défendre leurs priviléges, y associaient
le pays et tiraient des coutumes nationales tout ce
qu'elles pouvaient contenir de libertés, les rois de France
se contentèrent d'accorder au peuple qui les avait ap-
puyés ces garanties civiles que tout pouvoir absolu peut
donner sans s'affaiblir. Philippe le Bel et ses successeurs
abattirent les barons et réduisirent à l'obéissance ces
tyrans subalternes, mais ce fut pour employer à leur
seul profit toutes les forces de la France. L'égalité y
gagna, mais non la liberté.

Ce serait une trop longue histoire que de suivre cette
lutte perpétuelle de la royauté contre le vieil esprit d'indépendance. L'habileté, la force, la ruse, les armes, les
lois, les jugements, rien ne fut épargné pour reconquérir la souveraineté, pour reconstruire pierre à pierre
l'édifice impérial. Soumettre au roi les châteaux, les
villes, les campagnes, contraindre les têtes les plus
fières à plier sous le joug commun, préparer l'unité
législative, agrandir l'administration, centraliser le gouvernement, ce fut le travail constant de nos rois et de
leurs conseillers. Les princes changent, non pas la tra-

dition; Charles V et Louis XI, François Ier et Henri IV, Richelieu et Louis XIV poursuivent une même pensée : établir l'unité par le despotisme de l'État. L'idée était grande, le moyen excessif; on peut se demander où il menait la France. Admirer en bloc l'œuvre de nos rois, comme l'a fait longtemps l'école libérale, c'est pousser trop loin l'amour de l'uniformité. Nous avons payé assez cher les fautes du pouvoir absolu pour qu'il nous soit permis de critiquer cette politique à outrance, qui, après avoir tout nivelé, n'a pas même pu maintenir la monarchie.

Ce n'est pas qu'on puisse regretter la chute de la noblesse féodale ; les barons ne défendirent que leurs priviléges, et ne firent rien pour les libertés nationales. Leur égoïsme les perdit. La noblesse française a de brillants souvenirs ; elle était brave et chevaleresque, mais elle n'eut jamais d'esprit politique, et courut à Versailles pour y solliciter, comme un honneur, la domesticité royale. Ce n'est pas ainsi que dure une aristocratie.

Quant au clergé, il semble qu'il aurait pu jouer un autre rôle, et mieux résister aux empiétements de la royauté. Au quinzième siècle, parmi les misères du schisme, l'Église gallicane est toute vivante ; dans les conciles de Bâle et de Constance, l'Europe n'écoute que des prélats et des docteurs français ; l'université de Paris est l'honneur et le rempart de la chrétienté. Un siècle plus tard, tout est éteint. Le concordat a scellé la servitude de l'Église ; elle est retombée au point où l'avait mise Constantin. Le prince la protége et l'enrichit ; au

besoin même, il la défend contre l'hérésie, mais en
même temps il en nomme les chefs, et se sert de l'épiscopat comme d'un moyen de gouvernement. On sait
quel est le résultat de ces alliances inégales ; la force
d'une Église est une force d'opinion qui ne vaut que
par la liberté ; se mettre dans la main de l'État, c'est
abdiquer.

Le règne de Louis XIV est l'apogée de la monarchie.
Si l'on veut chercher dans l'histoire un gouvernement
qui ressemble à celui de Trajan ou d'Adrien, c'est là
qu'il faut s'arrêter. L'unité est faite, les dernières résistances se sont évanouies avec la Fronde ; ce qui restait
de libertés féodales ou municipales a été détruit ; le
parlement est muet ; on a exterminé le schisme et l'hérésie ; c'est le prince qui protége la religion, les sciences
et les lettres ; en d'autres termes, la conscience et la
pensée lui appartiennent, comme la vie et les biens
de ses sujets. L'œuvre est accomplie, l'État n'a plus de
limites ; c'est le système romain dans ses beaux jours.
Voilà ce qu'ont admiré nos pères, et au premier rang
Voltaire, qui n'aurait pas conduit l'opinion s'il n'avait
eu les défauts autant que les qualités de l'esprit français.
Quand il donne au siècle le nom du grand roi, c'est à
peine s'il aperçoit quelques ombres sur ce soleil si brillant à son aurore, si triste à son déclin. Voltaire ne sent
pas qu'Auguste, Louis XIV, et tous ces princes qui
élèvent leur grandeur sur la ruine de la liberté, ne
laissent après eux que des générations sans énergie. Ce
sont des prodigues qui dissipent les économies de leurs
pères, et ne lèguent que la misère à leurs héritiers.

La grandeur du roi cachait les vices du régime ; Bossuet, ce beau génie, écrivait, en toute sincérité, la *Politique tirée de l'Écriture sainte*, véritable apologie du despotisme. Ce n'est pas qu'au milieu de ces centons sacrés on ne trouve de sages conseils offerts aux souverains, mais ce sont des conseils, rien de plus. Pour Bossuet, qui confond l'anarchie et la liberté, les sujets n'ont aucun droit, non pas même la propriété, qui ne soit une concession de l'autorité ; par conséquent, ils ne peuvent prétendre à aucune garantie. On ne partage pas avec le prince. Les rois sont choses sacrées ; c'est à Dieu seul qu'il appartient de les punir, s'ils abusent du troupeau raisonnable que le Ciel leur a confié. La piété, la crainte de Dieu, voilà le seul contre-poids de la puissance absolue ; la désobéissance du sujet est un crime de lèse-majesté divine et humaine. La théorie de l'évêque de Meaux, c'est la servitude sanctifiée. Quand on part de pareils principes, on en arrive forcément à trouver l'esclavage un état juste et raisonnable ; Bossuet est descendu jusque-là !

Il en est tout autrement de Fénelon. Dans ses plans de gouvernement, que M. de Larcy vient de remettre dans leur véritable jour [1], on trouve des réformes chimériques ; Fénelon ne peut dépouiller le personnage de Mentor ; mais il a des vues politiques, le sentiment que la monarchie absolue ne peut durer. Fénelon, qui n'a pas oublié les vieilles franchises de la nation, n'attaque pas le droit du prince ; mais, pour lui, ce droit

[1]. *Des vicissitudes politiques de la France*, Paris, 1860.

est limité par les antiques franchises; aussi réclame-t-il la liberté municipale et provinciale ainsi que les États généraux. Enfin, et ceci dépasse de beaucoup la portée de son temps, il veut une Église indépendante, alliée et non pas sujette de l'État. Si le duc de Bourgogne eût vécu, s'il eût appliqué les conseils de son précepteur, qui peut dire si dès le commencement du dix-huitième siècle la France ne serait pas entrée paisiblement dans les voies de la liberté?

Tandis que Louis XIV s'enivrait de sa puissance, l'Angleterre s'agitait au milieu des révolutions ; ces révolutions se faisaient sous l'empire d'idées toutes différentes des nôtres. La réforme religieuse entraînait une rénovation politique ; une fois encore un changement de religion amenait un changement dans l'État. C'est ce double élément spirituel et politique qu'il nous faut étudier.

La Réforme ouvre une ère nouvelle dans le monde ; c'est le retour du principe individuel, une protestation contre le pouvoir absolu, qu'il porte la tiare ou la couronne. Que Luther n'ait pas senti où sa doctrine le portait, qu'il ait cru simplement ramener l'Église à sa pureté originelle, qu'il ait vu dans la Bible un livre divin, qui, librement consulté, donnerait aux fidèles, éclairés par le Saint-Esprit, des réponses infaillibles et toujours les mêmes, cela se peut ; Luther n'est ni le premier, ni le seul qui ait été surpris par l'orage même qu'il avait déchaîné ; ce qui n'est pas moins certain, c'est que le moine de Wittemberg renversait du même coup le principe catholique et monarchique ; il rendait à l'individu le dernier ressort qui, jusque-là, appartenait à l'Église et à l'État. Volontairement ou non il brisait les cadres de l'ancienne société, et Leibnitz a pu lui adresser ce magnifique éloge :

> Cui genus humanum sperasse recentibus annis
> Debet, et ingenio liberiore frui.

Ce qui se trouvait au fond de la Réforme, c'était, on ne l'a pas assez vu, la vieille indépendance germanique. A chacun le droit d'obéir à sa conscience, de choisir sa foi, de constituer son Église, voilà ce que réclamèrent bientôt les protestants. De là à discuter l'obéissance civile, à mettre dans l'État la liberté qui régnait dans l'Église, il n'y avait qu'un pas ; ce pas fut aisément franchi. C'était si bien un réveil de l'esprit germanique, que la Réforme ne conquit que les peuples de race allemande ou gothique. Reçue sans obstacle dans les pays scandinaves, triomphante en Angleterre, en Hollande, et dans le nord de l'Allemangne, elle échoua en Pologne, aussi bien que chez les nations de langue latine. En Allemagne même elle ne put réussir le long du Rhin et du Danube, là où d'anciennes tribus celtiques, colonisées par les Romains, faisaient le fond de populations encore reconnaissables sous l'écorce germanique. Je ne pousse point à outrance l'influence de la race ; je ne prétends pas que le sang d'un peuple décide seul de la religion qu'il adopte; il y eut des protestants en France, en Italie, en Espagne ; ce que je soutiens, l'histoire à la main, c'est que là où le protestantisme trouva le vieux levain germanique, il fut maître des âmes et emporta tout.

La Réforme inquiéta les princes ; c'était une révolution semblable à celle que le christianisme était venu
faire dans l'empire romain. L'organisation politique,
fondée sur l'étroite alliance de l'Église et de l'État, cra-
quait de toutes parts ; la conscience et la pensée échap·
paient au souverain. Ces esclaves révoltées revendiquaient non-seulement la liberté, mais l'empire. On ne
voulut point céder à ce souffle terrible ; on essaya de
noyer les nouveautés dans le sang des martyrs ; la persécution enfanta la révolte et la guerre. Ces guerres
intérieures, ces luttes fratricides qui épuisèrent l'Europe, aboutirent à ce fait considérable, qu'après l'achar-
nement du combat, les deux communions, impuissantes
à se réduire et à s'entamer l'une l'autre, furent obligées
de se tolérer mutuellement. En France comme en Allemagne, il fallut souffrir que la minorité gardât sa religion ; en d'autres termes, l'État fut forcé d'abdiquer
devant la conscience, le nombre fut obligé de respecter
le droit. La liberté religieuse, c'est l'âme des sociétés
modernes, c'est la racine de toutes les autres libertés.
On ne coupe pas en deux l'esprit humain ; si l'individu
a le droit de croire, il a le droit de penser, de parler et
d'agir ; les sujets n'appartiennent plus au prince, l'État
est fait pour eux, non pour lui. C'est ce que sentit
Louis XIV ; son instinct despotique ne s'y trompa guère.
Le protestantisme était la négation du droit divin, un
démenti donné à la politique traditionnelle de la monarchie. En écrasant les réformés, on croyait assurer à
jamais l'unité ; mais, derrière les protestants, on ren-
contra les jansénistes, et quand on eut rasé Port-Royal,

on se trouva en face des philosophes. La pensée était libre, et se riait du grand roi.

En Angleterre, la Réforme prit deux faces diverses. Pour la noblesse et le clergé, ce ne fut qu'une rupture avec Rome, l'Église resta étroitement unie à l'État. Pour la bourgeoisie et le peuple, ce fut une émancipation politique autant que religieuse ; la foi populaire, c'était le calvinisme qui rompait avec l'État, et faisait de chaque communauté de fidèles une république qui se gouvernait elle-même, et dans laquelle chacun avait le droit de *prophétiser*, c'est-à-dire de parler sur toutes choses. Poursuivi par la royauté, le puritanisme triompha avec Cromwell. Ce triomphe politique fut de courte durée, mais le germe républicain resta dans la société anglaise, et ce qui en fut porté dans les plantations du nouveau monde enfanta les États-Unis.

Si la première révolution avait été calviniste et démocratique, la seconde, celle de 1688, fut anglicane et conservatrice. Le changement politique se fit, comme la réforme religieuse, aux moindres frais possibles. On renversa le roi, mais non la royauté ; on reprit la tradition nationale, dédaignée par Charles II, attaquée par son frère ; c'était une tradition de liberté. Quand on lit l'histoire de Henri VIII ou de l'impérieuse Élisabeth, on ne voit pas que l'Angleterre fût moins assujettie que le continent ; les idées du siècle et la nécessité de résister à la monarchie espagnole avaient concentré le pouvoir entre les mains d'un maître ; mais sous ce despotisme, accepté comme le rempart de l'indépendance et de la grandeur nationales, s'était conservé le

3.

vieil esprit saxon. Les idées et les lois romaines n'avaient
jamais pénétré en Angleterre ; la liberté y était éclip-
sée, mais non détruite. L'indépendance communale, le
jury civil et criminel, le parlement, le vote de l'impôt,
ne sont pas des conquêtes et n'ont pas de date chez les
Anglais, c'est la *common law* qui les établit, en d'autres
termes, ce sont les coutumes que les Saxons ont appor-
tées dans la Grande-Bretagne, coutumes dont le développement a été quelquefois retardé, mais qui n'ont
jamais cessé de vivre. C'est ce qui explique comment,
en 1688, l'Angleterre, reprenant possession d'elle-
même, constitua, sans trop de secousses, ce libre gouvernement qui l'a mise à la tête de la civilisation.

La révolution de 1688 eut son politique : c'est Locke.
Quand on lit le *Traité du gouvernement civil*, il faut
quelque effort pour se persuader que l'auteur de ce livre
est contemporain de Bossuet. Locke pense et écrit
comme les philosophes français de la seconde moitié
du dix-huitième siècle ; il a de plus qu'eux le bon sens
et la modération qui tiennent à l'expérience, deux qualités qui, en général, ont manqué à nos théoriciens.
Pour Locke, la société civile est un contrat par lequel
chaque homme abandonne une part de son indépendance naturelle, afin de jouir en paix, comme citoyen,
de la liberté qu'il réserve. Par conséquent, l'État n'est
pas tout. Il est institué pour une certaine fin, qui est
la conservation des propriétés, c'est-à-dire de ce que
chacun possède en propre : la vie, la liberté, les biens.
Ces choses-là ne sont pas des concessions de l'autorité ;
elles nous appartiennent en notre qualité d'hommes ;

ce sont des droits naturels auxquels on ne peut renoncer. Si le prince envahit ces libertés, il viole le contrat
d'où il tire son pouvoir ; les sujets sont dégagés de leur
obéissance, l'insurrection est l'*ultima ratio* des peuples
que la tyrannie dépouille de leurs droits. Ce n'est pas
ici le lieu de discuter un système qui a plus d'une partie
faible ; ce qu'on ne peut contester à Locke, c'est le
mérite d'avoir nettement proclamé qu'il y a des bornes
à la puissance publique, et que si l'État est souverain,
il ne s'ensuit pas qu'il soit absolu.

L'influence des idées anglaises sur la France fut considérable au dernier siècle ; deux de nos plus grands
publicistes, Voltaire et Montesquieu, ont emprunté à
Locke, ou rapporté de la Grande-Bretagne, leurs vues
les plus hardies. Le doute religieux et le doute politique
nous venaient d'Angleterre en même temps ; or, c'est
toujours par le doute que commencent les réformes ;
le changement des affaires humaines n'est que la traduction matérielle du changement des idées.

Voltaire s'attacha à deux nobles causes : la tolérance
et l'humanité. Si les protestants sont rentrés dans la
grande famille, si la torture et les supplices ont été
chassés de nos lois, on le doit au défenseur de Sirven,
de La Barre et de Calas ; ce n'est pas son moindre titre
devant la postérité. Mais ces réformes criminelles que
Voltaire réclamait avec tant d'esprit et de passion, c'était
une nouvelle conquête sur le droit absolu du prince,
un nouvel effort pour faire rentrer l'autorité civile dans
les limites qu'elle ne doit pas franchir. Luther avait enlevé à l'État la conscience humaine, Voltaire lui arra-

chait le corps du citoyen. Ce n'était pas une médiocre
victoire. Les lois criminelles sont toujours en rapport
avec la constitution. A Rome, sous la république, elles
étaient douces et protectrices ; sous l'empire, elles devinrent féroces et sanguinaires. Dans un pays libre, l'accusé est un innocent jusqu'au jugement prononcé ;
dans un pays despotique, l'accusé est un coupable dès
que la main de la police l'a saisi ; les égards que mérite
le malheur, les droits sacrés de la défense, tout disparaît
devant l'intérêt de l'État. Adoucir les lois criminelles,
faire pénétrer le jour dans les procédures, intéresser le
magistrat à la protection de l'accusé , c'est une des
œuvres les plus saintes que puisse se proposer un ami
de l'humanité. C'est au respect de la personne qu'on
mesure la vraie grandeur de la civilisation.

Montesquieu passa deux années en Angleterre ; il en
revint fortement touché de ce qu'il avait vu ; on sent
qu'en écrivant l'*Esprit des lois* il a toujours la constitution anglaise sous les yeux. Pour un Français du dix-
huitième siècle, en un temps où l'on ne s'occupait du
gouvernement que pour le chansonner, c'était un spectacle étrange que celui d'un pays où *un couvreur se
faisait apporter la gazette sur les toits pour la lire*[1].
Les pages où Montesquieu expose le jeu des pouvoirs
publics en Angleterre sont des plus justes et des plus
profondes ; aussi, un des meilleurs jurisconsultes de la
Grande-Bretagne, Blackstone, ne fait-il que suivre Montesquieu quand il veut expliquer aux Anglais leur propre

---

1. Montesquieu, *Notes sur l'Angleterre.*

gouvernement. Il y a, dans l'*Esprit des lois*, plus d'un chapitre qui n'a pas moins d'importance que celui de la *Constitution d'Angleterre ;* mais ce dernier, bientôt développé et systématisé par Delolme, fit une fortune singulière ; plus d'une fois il a exercé une influence visible sur notre destinée politique. Cette influence a eu peut-être quelques inconvénients ; je me hâte de dire que ce n'est pas la faute de Montesquieu.

Quand on étudie l'*Esprit des lois*, on voit que l'auteur envisage la politique comme un problème des plus complexes, et qu'il en recherche successivement toutes les données. « Les lois, dit-il [1], doivent être relatives au physique du pays, au climat..., à la qualité du terrain, à sa situation, à sa grandeur, au genre de vie des peuples ; elles doivent se rapporter au degré de liberté que la constitution peut souffrir, à la religion des habitants, à leurs inclinations, à leurs richesses, à leur nombre, à leur commerce, à leurs mœurs, à leurs manières. Enfin, elles ont des rapports entre elles ; elles en ont avec leur origine, avec l'objet du législateur, avec l'ordre des choses sur lesquelles elles sont établies. C'est sous toutes ces vues qu'il faut les considérer. C'est ce que j'entreprends de faire dans cet ouvrage. J'examinerai tous ces rapports ; ils forment tous ensemble ce que l'on appelle l'Esprit des lois. »

Rien de plus clair que cette déclaration ; mais les contemporains de Montesquieu n'ont pas eu l'intelligence aussi large. Éblouis par l'aspect extérieur de la

---

1. *Esprit des lois*, livre I, chap. III.

constitution britannique, séduits par le mécanisme ingénieux dont on leur expliquait la marche et le secret,
surtout pressés d'agir, ils ont laissé à l'écart toutes ces
libertés personnelles et locales qui sont le fond même
des institutions anglaises ; ils ont cru qu'il suffisait
d'emprunter à l'Angleterre son organisation politique,
pour lui emprunter son génie et répandre aussitôt la
liberté sur le continent. Ce fut l'erreur des constituants
les plus sages, ce fut l'illusion de l'auteur de la Charte,
et plus tard du parti libéral. Tous se réclamaient de
Montesquieu, et avec raison ; mais il fallait le suivre
jusqu'au bout, et ne pas prendre une façade pour l'édifice tout entier.

A côté de l'école anglaise, dont Voltaire, Montesquieu
et Delolme sont les représentants, il y eut une école
française, qui assaillit par un autre côté le despotisme
de l'État, c'est l'école des physiocrates. Ce n'est pas que
Quesnay ni Turgot soient jaloux de l'autorité ; au contraire, c'est du prince qu'ils attendent la réforme des
abus, et une meilleure direction de la société ; mais en
un point considérable, ils attaquent l'omnipotence de
l'État. Ils veulent la liberté de l'agriculture et du commerce avec la réforme de l'impôt. Leur devise, qu'on a
souvent raillée (ce qui est plus aisé que de comprendre),
est : *laissez faire, laissez passer ;* appliquée au travail
national, cette devise est d'une grande justesse. Quesnay ne dispute à l'État ni la défense du pays au dehors, ni le maintien de l'ordre et de la sécurité au dedans. Il ne marchande pas à l'autorité ses prérogatives
comme le fait l'école d'Adam Smith ; mais en ce qui

touche l'industrie, il se défie de l'administration, et avec raison. Presque toujours elle gêne, et là même où elle croit protéger, le plus souvent elle détruit. J'en donnerai un curieux exemple pour l'ancienne France. Tout le monde sait que, sous le règne de Louis XVI, Parmentier a popularisé la culture de la pomme de terre ; c'est à cet excellent homme, à ses efforts, à ses sacrifices que nous devons cette précieuse ressource contre la disette. Mais la pomme de terre avait été apportée en Europe à la fin du seizième siècle ; comment s'est-il écoulé deux cents ans avant qu'on s'aperçût de son utilité ? Pour la France, la réponse est aisée : à son arrivée, la pomme de terre donnait la lèpre, disaient les médecins du temps ; au dix-septième siècle, elle donnait la fièvre ; l'administration, toujours éclairée, avait suivi l'opinion des médecins ; elle ne cessa de protéger la santé publique contre un danger chimérique qu'en 1771, après qu'un avis de la Faculté eut rassuré les esprits [1]. Nous nous croyons plus sages. Y a-t-il si longtemps qu'un illustre maréchal déclarait que, pour notre agriculture, l'entrée des Cosaques serait moins désastreuse qu'une invasion de moutons étrangers ? Cependant, malgré cette menace, une courte expérience a montré aux plus aveugles qu'il y avait tout au moins une liberté que la France pouvait supporter sans trouble et sans ruine : la liberté de la boucherie.

Quel que fût leur amour de l'autorité, Quesnay et ses disciples n'en revendiquaient pas moins une liberté fé-

---

1. J'emprunte ces détails à l'*Éloge de Parmentier*, par Cuvier.

conde et qui tient à toutes les autres. Dès qu'on veut ménager le travail et la richesse, ne faut-il pas des garanties contre les dépenses excessives de l'État, contre les folies de la guerre ou de la paix? Qu'est-ce que ces garanties, sinon la liberté politique? Les réformes de Turgot, les assemblées provinciales de Necker furent un premier essai d'émancipation que la révolution écrasa dans sa fleur, mais qu'il serait injuste d'oublier. Il faut lire les procès-verbaux de ces assemblées pour voir avec quelle ardeur le clergé, la noblesse et le tiers état s'occupèrent d'améliorations populaires : suppression de la corvée, extinction de la mendicité, routes, canaux, instruction publique, toutes ces questions sont résolues avec une admirable libéralité. On dit que la France ne sait pas user de sa liberté; il est vrai que souvent elle est restée très-froide à l'endroit de ses priviléges électoraux, qui ne lui profitaient guère; mais chaque fois qu'on a chargé la province, le département ou la commune du soin de leurs propres affaires, je ne vois pas que le pays se soit montré ni indifférent ni incapable. Turgot et Necker nous avaient bien jugés en mettant la liberté à la base de l'édifice ; c'est toujours là qu'il en faut revenir.

A la veille de 1789, il y avait donc en France des gens éclairés, qui, partis de points différents, élèves de Voltaire, de Montesquieu ou de Turgot, avaient ceci de commun qu'ils sentaient la nécessité de réduire le despotisme de l'État ; mais, par malheur, à côté de cette école libérale, grandissait un parti ardent qui confondait le pouvoir du peuple avec la liberté, et qui était prêt à sacrifier tous les droits à la souveraineté populaire ; ce parti, qui devait triompher, se rattachait à Rousseau.

Quand on lit à tête reposée le *Contrat social*, ou les rêveries de l'honnête Mably, rêveries qui sont de même origine que le *Contrat social*, on se demande comment des modernes se sont laissé prendre à ces pastiches de l'antiquité, à ces sophismes transparents ; cependant il est visible que la doctrine de Rousseau, si fausse qu'elle soit, n'a rien perdu de son influence. On la trouve au fond de toutes nos révolutions ; c'est toujours la théorie païenne : la liberté, c'est la souveraineté ; le droit, c'est la volonté de la nation.

Écoutons Rousseau. Pour lui, le problème de la politique, c'est de « trouver une forme d'association qui défende et protége de toute la force commune la personne et les biens de chaque associé, et par laquelle *chacun, s'unissant à tous, n'obéisse pourtant qu'à lui-même*, et reste aussi libre qu'auparavant. » Pour en arriver à cette solution, qui ne semble pas très-facile, Rousseau ne voit qu'un moyen, c'est l'aliénation totale de chaque associé, l'abandon de sa personne et de ses droits que chacun fait à la communauté. Cette aliénation, c'est une mort civile, c'est l'entrée du moine dans son couvent ; mais suivant Rousseau, elle est sans danger, par deux raisons : « 1° Chacun se donnant tout entier, la condition est égale pour tous ; nul n'a intérêt à la rendre onéreuse aux autres ; 2° chacun se donnant à tous ne se donne à personne, et comme il n'y a pas un seul associé sur lequel on n'acquière le même droit qu'on lui cède sur soi, on gagne l'équivalent de ce qu'on

perd, et plus de force pour conserver ce qu'on a. » Céder à la communauté notre âme, notre liberté et nos
biens, pour obtenir en échange que nos concitoyens en
fassent autant, c'est à première vue un marché où personne ne gagne ; chacun se sacrifie au profit d'un être
abstrait qu'on nomme le souverain ou l'État.

Mais ce souverain, dit Rousseau, c'est tout le monde;
je le nie. Il y a là une confusion d'idées et de mots.
Quand on en vient à la pratique, quand on nomme des
magistrats et des chefs, on s'aperçoit que le peuple qui
exerce le pouvoir n'est pas le même peuple que celui
sur lequel on l'exerce ; le gouvernement du *Contrat
social*, au lieu d'être le gouvernement de chacun par
soi-même, comme Rousseau le croit, est en théorie le
gouvernement de chacun par tous les autres ; en fait,
c'est le règne d'une majorité, le plus souvent même
d'une minorité hardie et turbulente. La république est
libre, les citoyens sont esclaves. Sur ce point, je renvoie
à la Convention.

Que cette tyrannie soit menaçante dans son système,
Rousseau l'a senti ; il n'y a vu qu'un remède, c'est que
le souverain, c'est-à-dire le peuple, fût toujours occupé
du soin des affaires publiques. Nous voilà revenus à
l'*agora* et au *forum*. Mais pour qu'une société passe
sa vie à écouter des orateurs, à faire des élections ou à
rendre des jugements, il faut qu'il y ait des classes in-
férieures qui travaillent pour elle ; l'esclavage est la première condition de la liberté politique ainsi entendue.
Cette objection n'effraye pas Rousseau. « Quoi ! la liberté
ne se maintient qu'à l'appui de la servitude ? Peut-être.

Les deux excès se touchent. Tout ce qui n'est pas dans la nature a ses inconvénients, et la société civile plus que tout le reste. Il y a telles positions malheureuses où l'on ne peut conserver sa liberté qu'aux dépens de celle d'autrui, où le citoyen ne peut être parfaitement libre que l'esclave ne soit extrêmement esclave. Telle était la position de Sparte. Pour vous, peuples modernes, vous n'avez point d'esclaves, mais vous l'êtes; vous payez leur liberté de la vôtre. Vous avez beau vanter cette préférence, j'y trouve plus de lâcheté que d'humanité. »

Que Rousseau s'amusât à de pareils paradoxes, cela ne m'étonne pas; mais que tout un siècle et un siècle éclairé l'ait pris au sérieux, voilà de quoi nous inspirer une grande modestie, et je comprends ce cri d'un homme d'esprit : « O bon sens, on t'adore au sortir des révolutions! »

Admettons que le système du *Contrat social* soit possible. Tous les citoyens votent et s'occupent des affaires publiques, la majorité décide; quelles sont les garanties des minorités et des individus? Il n'y en a point. Un nouveau paradoxe de Rousseau (celui-là a fait fortune) nous apprend que le souverain est infaillible, le peuple a toujours raison. « Le souverain, n'étant formé que des particuliers qui le composent, n'a ni ne peut avoir d'intérêt qui soit contraire au leur; par conséquent, la puissance souveraine n'a nul besoin de garant envers les sujets, parce qu'il est impossible que le corps veuille nuire à tous ses membres... Le souverain, par cela seul qu'il est, est toujours ce qu'il doit être. » Néron et la

Convention n'ont jamais dit autre chose. Ils représentaient le peuple, et le peuple pouvait tout.

Mais ce qu'un empereur romain, c'est-à-dire un dieu mortel osait prétendre, une autorité chrétienne ne le peut pas faire. La religion n'appartient pas à César, la conscience est en dehors de l'État. Rousseau l'a compris; à l'imitation des Romains, il institue une religion politique, et fait du souverain le grand pontife de la société. « Il y a une profession de foi purement civile dont il appartient au souverain de fixer les articles, non pas précisément comme dogme de religion, mais comme sentiments de sociabilité, sans lesquels il est impossible d'être bon citoyen ni sujet fidèle. Sans pouvoir obliger personne à les croire, le souverain peut bannir de l'État quiconque ne les croit pas; il peut le bannir non pas comme impie, mais comme insociable, comme incapable d'aimer sincèrement les lois, la justice, et d'immoler au besoin sa vie à son devoir. Que si quelqu'un, après avoir reconnu publiquement ces mêmes dogmes, se conduit comme ne les croyant pas, qu'il soit puni de mort; il a commis le plus grand des crimes : il a menti devant les lois. » On voit où Robespierre a pris son Être suprême; en religion comme en politique, il ne connaît que le *Contrat social;* Saint-Just et lui sont deux apôtres fanatiques de Rousseau, tous deux prêchent, à l'aide de la guillotine, un évangile qui n'est pas celui de la liberté.

Il est triste de l'avouer : dans l'Assemblée constituante, composée d'hommes de talent, de cœurs généreux, ce fut l'influence de Rousseau qui l'emporta. On réduisit le pouvoir exécutif, on donna au peuple l'élection des administrateurs et des juges, on chercha sérieusement à organiser des institutions libres ; mais au travers de toutes ces mesures, bonnes ou mauvaises, il y eut un principe qui domina tout, ce fut l'omnipotence de l'assemblée. Comme organe du peuple, elle s'attribua le droit de tout faire, et réforma l'Église aussi bien que la monarchie. Pour les constituants comme pour Rousseau, la liberté c'est la souveraineté populaire ; donnez un bulletin à chaque citoyen, que ses mandataires décident de toutes choses, l'œuvre est accomplie. Cette erreur de la Constituante fut celle des patriotes de l'an III et de bien d'autres. Si la liberté ne tenait qu'à une constitution, il y a longtemps que l'Europe jouirait en paix de ce bien qu'elle poursuit toujours et qui toujours lui échappe.

Le consulat fut une restauration, madame de Staël l'a justement remarqué. Bonaparte accepta la succession de la monarchie et reprit la tradition, hommes et choses. Il ne releva pas ce reste de priviléges dont la destruction eût souri à Richelieu, mais il acheva l'œuvre de nos rois en ramenant tout à une centralisation plus régulière et plus forte. Une administration énergique, une égalité complète et point de liberté, tel fut le régime que rétablit le premier consul. C'est Louis XIV avec plus de génie et moins de scrupules. Aussi jaloux de son pouvoir que le grand roi, il ressaisit l'Église catholique au moment où elle eût accepté la liberté avec reconnaissance ; il reconstitua l'université, il rétablit la censure, il lui fallait l'âme aussi bien que le bras des Français.

La Restauration fut le retour de la famille royale, mais non pas de l'ancienne royauté. La Charte se rattache aux idées de Montesquieu, et non pas aux principes de la vieille monarchie, quoi qu'en dise un préambule écrit pour sauver les apparences et populariser la légitimité. Louis XVIII se souvenait des opinions du comte de Provence, et l'exil lui avait servi. Par malheur, la Restauration, venue à la suite de l'étranger, et compromise par les rancunes de l'émigration, avait un passé qui l'écrasait. Pour la réconcilier avec la France il eût fallu un génie prudent et ferme, un nouvel Henri IV; le sort nous donna Charles X, un de ces esprits honnêtes mais étroits qui semblent créés pour perdre les empires.

Sous la Restauration, néanmoins, la France prit goût à la liberté; mais ce fut toujours à la liberté politique. Il y eut des combats de tribune, on fit et on défit des lois électorales; mais l'administration ne faiblit pas; l'État, composé du roi et des chambres, fut toujours l'État absolu; on ne donna point ces libertés particulières qui passent dans les mœurs et défient les révolutions.

Les événements de 1830 amenèrent au pouvoir ceux qui, sous le dernier règne, avaient lutté pour la liberté des élections, de la tribune, de la presse, et avec eux les écrivains patriotes qui avaient défendu la gloire de nos armes contre la haine et les injures de l'émigration. L'œuvre qui leur échut était difficile; mal vus par le clergé, attaqués par le parti légitimiste n'ayant pour eux que la faveur inconstante des classes moyennes, c'est au milieu des émeutes, et sous le feu de la presse, qu'il leur fallait fonder la liberté.

Je ne veux pas juger ce règne de dix-huit années qui finit si tristement. Avec les vivants, la critique est difficile, et je n'ai pas de goût pour attaquer des vaincus. D'ailleurs, si je n'ai pas servi ce gouvernement, je l'ai aimé, j'en ai partagé les illusions avec toute la France ; je regrette les nobles institutions qui sont tombées avec lui. Mais il me sera permis de signaler l'erreur qui empêcha la liberté de prendre racine dans les âmes, erreur qui ne fut pas celle d'un ministre, mais de la France entière. Ce qui nous a perdus, c'est toujours la fausse notion de l'État. Nous aussi nous avons confondu la souveraineté électorale et parlementaire avec la liberté.

Pour la première fois il y avait une tribune et une presse où l'on pouvait tout dire ; ce sont là des garanties admirables, mais encore faut-il que ces garanties gardent quelque chose, et que derrière les remparts il y ait des soldats intéressés à les défendre. Avec la presse et la tribune, certes, un pays est libre ; mais il ne s'ensuit pas que ce pays prenne goût à ses institutions. Pour attacher les citoyens à leurs priviléges politiques, il faut les habituer de bonne heure à la vie publique en les associant aux affaires de la commune, du département, de l'Église, de l'hospice, de l'école ; il faut les faire jouir de ces libertés particulières qui, dans la société moderne, nous touchent plus qu'une part infinitésimale de la souveraineté. En ce point, par malheur, on ne fit pas tout ce qu'il fallait faire. On accorda quelques libertés municipales, mais en même temps on resserra ce réseau de centralisation qui gêne et fatigue la France.

Le système protecteur, soutenu par l'influence des grands industriels, fut à peine entamé; l'éducation fut largement répandue, mais toujours par la main de l'État, qui repoussa la liberté d'enseignement. En donnant à l'Église catholique l'indépendance dont elle jouit en Belgique, on l'eût occupée et désarmée, on garda une législation qu'on n'osait plus appliquer; on irrita le clergé et on lui céda. Le droit d'association, le grand ressort de l'Angleterre, fut interdit; la presse chargée d'entraves, et par là même concentrée en un petit nombre de journaux, fut un danger, quand il eût été facile, en la disséminant, de la rendre inoffensive, sinon même de s'en faire un appui. En somme, on eut toujours l'administration impériale, animée, il est vrai, d'un esprit libéral et tempérée par la publicité; mais si le vice originel fut pallié, il ne fut pas guéri. C'est par une autre voie qu'on mène un peuple à la liberté.

L'opinion, dira-t-on, n'en réclamait pas davantage. A la tribune et dans la presse, on se disputait le pouvoir plus qu'on n'entendait le limiter. C'était un parti qui demandait la liberté d'enseignement, pour la confisquer à son profit. L'association n'eût servi qu'à des sectes violentes, qui menaçaient l'État, la famille et la propriété. Une presse sans cautionnement et sans timbre eût échappé à la répression. Ces raisons étaient spécieuses; je conçois qu'on y ait cédé; j'avoue aussi que des ministres, sans cesse menacés à la tribune, et ne vivant qu'au jour le jour, avaient grand'peine à préparer les réformes les plus nécessaires. Il n'en est pas moins vrai qu'en Belgique, au milieu des mêmes diffi-

cultés, et dans le même espace de temps, on sut organiser la liberté, tandis qu'en France tout se passa en
des luttes de tribunes, magnifiques mais stériles. C'était
de l'éloquence, ce n'était point de la politique. On s'en
aperçut, mais trop tard, quand on fut au bord de l'a-
bîme. Le pays, dégoûté de ces querelles qui ne lui ser-
vaient de rien, resta indifférent à ses propres destinées;
il suffit d'une émeute pour emporter un gouvernement
qui avait sincèrement aimé la France, et lui avait donné
dix-huit ans de bien-être et de sécurité.

La révolution de 1848 montra combien notre génération est étrangère aux idées libérales. Sous la Restauration, on avait défendu les vrais principes. Benjamin
Constant, madame de Staël, J.-B. Say et son école avaient
le sentiment de la liberté; le régime impérial leur avait
ouvert les yeux. En 1848, après trente-trois ans de gouvernement constitutionnel, on reculait jusqu'aux plus
fatales erreurs de la première révolution. Des publicistes, soi-disant avancés, proclamaient que l'individu
était fait pour la société, et non pas la société pour l'individu; c'était retourner au Contrat social et à la tyrannie de la Convention; des utopistes supprimaient la
famille, et proposaient de caserner la France dans un
atelier; des législateurs, imbus des préjugés et des
jalousies de 1789, n'imaginaient rien de mieux pour
fonder le règne de la démocratie que d'avilir le pouvoir
exécutif, comme si une autorité énergique n'était pas
la première garantie de la liberté.

L'issue de cette politique n'était pas douteuse; elle
est écrite à toutes les pages de l'histoire. Le peuple se

servit de sa souveraineté pour se débarrasser de l'anarchie. Après les émeutes, la guerre civile, les menaces
et les fureurs de la presse, on avait horreur du nom
même de la liberté, quoique la liberté n'ait rien de commun avec de pareils excès. La France, qui vit de son
travail, était lasse de ces désordres, elle demanda le
repos et la paix à tout prix.

L'histoire de la France en 1848 est celle de l'Allemagne, de l'Espagne, de l'Italie, de tous les pays où la liberté n'était pas entrée dans les mœurs. Tandis que
l'Angleterre, la Hollande, la Belgique, fières de leurs
institutions, voyaient sans inquiétude l'orage qui gron-
dait autour d'elles, partout ailleurs sur le continent on
proclamait la souveraineté populaire, et on discutait des
constitutions impossibles ; tout cela durait un jour. Les
conquêtes de mars 1848, comme on les nomme en Allemagne, disparaissaient aussi vite qu'elles avaient été
faites, sans que personne se levât pour les défendre. On
revenait au point de départ, et même en deçà, mécon-
tent de s'être trompé une fois de plus. Cependant tout
n'était point chimérique dans ces désirs de régénération
politique ; il ne fallait pas une grande expérience pour
prévoir qu'après dix ans de silence et d'oubli, les mêmes
problèmes sortiraient de terre, et viendraient de nouveau agiter les esprits. Il n'y a pas de mort pour les
idées, la défaite les épure ; quand ils aiment, les peuples,
comme les hommes, s'attachent par leurs souffrances
plus que par leurs succès.

On en est là dans toute l'Europe ; de nouveaux désirs, d'anciennes espérances se réveillent. C'est une

uvelle phase du mouvement d'idées qui depuis
xante-dix ans nous emporte vers un avenir inconnu;
st cette phase qu'il faut maintenant étudier.

II

L'expérience fait payer ses leçons, mais elle profite
x gens qui réfléchissent. Le lendemain de leur chute
s partis peuvent s'imaginer qu'avec des précautions
ieux prises, un bataillon ou une barricade de plus, on
ût aisément triomphé; ce sont là des illusions qui ne
ompent pas les hommes de sens. Dès le mois de
ars 1848 il était aisé de prévoir qu'on faisait fausse
oute, et qu'on n'établirait pas la république, en repre-
ant à la première révolution des institutions qui n'a-
aient pas vécu. Décréter le suffrage universel, intro-
uire partout l'élection, concentrer le pouvoir dans une
ssemblée, c'était rentrer purement et simplement dans
es traditions de la Constituante; c'était encore une fois
donner au pays une part de la souveraineté, mais non
pas la liberté. Or, s'il est une chose que désirent les peuples modernes, s'il est un bien qui leur manque, aujour-
d'hui surtout qu'ils ont conquis l'égalité civile, ce n'est
pas le pouvoir, c'est la liberté! De quoi souffre-t-on, de
quoi se plaint-on sur le continent, sinon des entraves
qui gênent l'industrie, le commerce, la pensée, la conscience? Ce qu'on accuse, ce n'est pas la forme du gouvernement, c'est le despotisme, qu'il vienne d'un homme
ou d'une majorité; c'est la centralisation, ce sont les
lois préventives, en deux mots, c'est tout ce qui gêne le

libre et complet développement de l'individu. Le problème n'est plus d'imaginer une constitution nouvelle;
on a eu trop de mécomptes pour croire que le bonheur
d'un peuple tienne à la vertu magique d'un morceau de
papier; le problème, c'est de tirer des gouvernements,
tels qu'ils existent, toutes les libertés qu'un gouvernement peut et doit donner; c'est de faire la part de l'État
et la part de l'individu; c'est de respecter et au besoin de
fortifier les justes prérogatives du pouvoir, mais d'exiger
en retour que l'administration reste sur son terrain et
n'empiète pas sur le domaine du citoyen.

Il ne faut pas croire que ce soit seulement en France
qu'on s'inquiète de cette grave question; en toute l'Europe, elle est à l'ordre du jour; on s'en occupe en Angleterre aussi bien qu'en Allemagne, en Espagne comme
en Italie. Aussi, est-ce à l'étranger que je me propose
de l'étudier. En France, dès qu'on parle de liberté, il y
a des gens qui s'inquiètent et qui essayent de vous cou-
vrir la voix. On suppose des intentions perfides, on crie
à l'injustice, on accuse les partis; il est plus difficile d'en
user de façon aussi cavalière avec des hommes qui écrivent dans une autre langue, et pour un autre pays. On
peut dire qu'ils se trompent, mais encore faut-il les
écouter; nous n'en voulons pas davantage; si l'erreur
est de notre côté, qu'on nous la montre, et qu'on se
donne la peine d'avoir raison.

Un des meilleurs livres qu'on ait écrits sur les véritables attributions de l'État, est celui de Guillaume de
Humboldt. En France, il n'est personne qui n'ait entendu

parler d'Alexandre de Humboldt, ce génie universel
que la science a perdu récemment, mais on connaît
moins son frère aîné; en Allemagne, on les met tous
deux au même rang. Créateur de la philologie moderne,
philosophe chrétien, homme d'État éminent, défenseur
de la liberté constitutionnelle à une époque où le dédain
de cette liberté menait à la fortune, Guillaume de Humboldt était un de ces esprits originaux qui cherchent
toujours la raison des choses, et creusent tout ce qu'ils
touchent. C'est en 1792, qu'à la prière du baron de Dal-
berg, coadjuteur de Mayence, et futur électeur de l'Empire, il rédigea son *Essai sur les limites de l'action de
l'État;* les guerres de la révolution empêchèrent sans
doute Humboldt d'imprimer un livre qui n'aurait plus
trouvé de lecteurs. Qui songeait alors à la liberté, sinon
pour la maudire? L'essai fut mis dans un carton et oublié. C'est en 1851, seize ans après la mort de l'auteur,
qu'on a eu l'heureuse pensée de l'imprimer; et, chose
étrange! il s'est trouvé que ce livre, vieux de soixante
ans, était une nouveauté.

Ceci s'explique aisément. Les idées que Humboldt
défendait en 1792, c'étaient les idées de l'école constitutionnelle qui, en 1789, eut les premières faveurs de
l'opinion; Humboldt est un disciple de Necker et de
Mirabeau. C'est au fameux discours sur l'*Éducation
publique,* véritable testament politique de Mirabeau,
qu'il a emprunté la devise et la pensée de son livre : « Le
« difficile est de ne promulguer que des lois nécessai-
« res, de rester à jamais fidèle à ce principe, vraiment
« constitutionnel de la société, de se mettre en garde

« contre la fureur de gouverner, la plus funeste mala-
« die des gouvernements modernes. » Ces idées fécon-
des, la Révolution les a étouffées, l'empire les a dédaignées, la Restauration en a tenu peu de compte ; mais,
comme elles sont vraies, elles reparaissent toujours ; il
y a des moments où elles entrent dans l'âme, comme
un glaive ; nous sommes dans un de ces moments.

Le mérite de Humboldt, c'est d'avoir donné une forme
philosophique à ces idées, c'est d'avoir ramené la liberté
à un principe moral, c'est d'avoir montré que cette
liberté, méconnue par ceux qui la calomnient ou qui la
craignent, n'est autre chose que la vie même des individus, la force même de la société.

Suivant Humboldt, la fin suprême, la fin la plus élevée que l'homme puisse se proposer ici-bas, celle que
lui prescrivent les règles immuables de la raison, c'est
de développer l'ensemble de ses facultés ; s'améliorer,
même au prix de la souffrance, voilà l'œuvre de l'homme,
du chrétien, du citoyen. Pour que cette amélioration
soit complète, pour que ce développement soit harmo-
nieux, deux conditions sont nécessaires : liberté d'action, diversité de situation.

Cette dernière condition étonne, peut-être même ne
la comprend-on pas tout d'abord. C'est cependant la
partie originale de la théorie, c'est une des vues les plus
profondes qu'un homme d'État ait jamais eues ; en ce
point Humboldt était d'un demi-siècle en avant de
ses contemporains.

L'idéal du moyen âge, comme du siècle de Louis XIV,
c'est l'unité, l'unité en toutes choses, en religion, en

orale, dans les sciences, dans l'industrie. Cette unité,
n cherche à l'obtenir par des moyens artificiels; c'est
'État qui l'impose et qui la maintient. On a ainsi, non
as l'unité véritable qui tient à l'accord des esprits,
ais l'uniformité, c'est-à-dire une règle extérieure, une
ormule vide qu'on fait accepter de vive force, en bri-
sant toute opposition. Le peuple ne croit pas, mais il se
tait; c'est le règne du silence et de l'immobilité. Au-
iourd'hui il n'en est plus ainsi. Une conception plus
exacte et plus vraie de l'âme humaine nous a donné
une idée plus juste de l'unité. Dans l'homme comme
dans la nature, nous admettons des variétés infinies;
c'est l'ensemble, c'est l'harmonie de ces notes diverses
qui produit l'unité vivante que nous cherchons.

Colbert croyait régénérer l'industrie en réglant par
des lois la qualité, la largeur, la couleur d'une étoffe;
nous savons aujourd'hui qu'il n'y a qu'à laisser faire;
l'intérêt personnel du fabricant suffit et au delà pour
répondre à tous les besoins. Tolérer une poignée de
protestants inoffensifs, c'était pour Louis XIV une politique aveugle qui ruinait la monarchie; nous nous
sommes résignés à ne pas être plus sages que Dieu,
nous souffrons ce qu'il permet, et l'expérience nous
apprend tous les jours que la liberté des Églises ne nuit
pas à l'État et profite à la religion. Le catholicisme est
plus vivant dans l'hérétique Angleterre que dans la
fidèle Espagne. Dans les universités d'Allemagne, chacun peut devenir professeur et enseigner ce qu'il veut;
on n'impose à l'étudiant, ni maître, ni méthode; de
quel côté du Rhin la science et les études sont-elles

florissantes? Partout, et dans toutes les branches de l'activité humaine, c'est la diversité qui fait le progrès et la vie.

Ces vues nouvelles ont ruiné l'ancienne politique. On a compris enfin, qu'imposer l'uniformité par le despotisme de la loi, c'est poursuivre une œuvre mauvaise et stérile. Pour qu'un pays soit riche, industrieux, moral, religieux, il faut que rien n'y gêne l'expansion infinie des aptitudes humaines, en d'autres termes, il faut avant tout ménager et respecter la liberté des individus.

Quel est donc le rôle de l'État? Humboldt le réduit à deux choses : au dehors, protéger l'indépendance nationale; au dedans, maintenir la paix. Voilà les limites du gouvernement. En d'autres termes, Humboldt attribue à l'État l'armée, la marine, la diplomatie, les finances, la police suprême, la justice, la tutelle des orphelins et des incapables; il lui retire la religion, l'éducation, la morale, le commerce et l'industrie; et tout cela en vertu de ses deux principes: liberté d'action, diversité de situation. Cherchez, en effet, quelle est l'influence de l'État là même où la conscience ne résiste pas. Que peut faire l'administration, sinon d'établir par des règlements je ne sais quelle uniformité mécanique, calculée sur la moyenne la plus basse? Mais agir ainsi, n'est-ce pas affaiblir l'énergie individuelle, endormir la pensée, énerver le caractère, supprimer la responsabilité? Quand on a mutilé la société sur ce lit de Procruste, qu'y gagne-t-on, sinon de charger l'État d'un fardeau qui l'écrase? Mêler le gouvernement à toutes choses, le rendre à la fois despotique, taquin et coûteux, est-ce le fortifier ou l'affaiblir? Et s'il en est ainsi quand il n'y a en jeu que des intérêts, qu'est-ce donc lorsque c'est l'âme humaine qui souffre et s'agite sous une oppression que rien ne justifie?

Est-ce à dire que Humboldt refuse à l'État un caractère moral, et réduise le pouvoir au métier d'un gendarme chargé de maintenir la police des rues? En aucune façon; comment une idée semblable serait-elle venue à l'auteur des charmantes *Lettres à une amie*, âme honnête et religieuse s'il en fut jamais? Une société ne peut vivre sans religion, sans morale, sans éducation, sans industrie, sans commerce; mais elle vit très-bien sans une Église établie, sans une morale officielle, sans une éducation nationale, sans castes industrielles, sans monopoles commerciaux. Qu'est-ce qu'un pays religieux et moral? est-ce celui où les citoyens sont pieux et sincères? est-ce celui où l'État décrète une règle de foi ou de conduite, et condamne les sujets à l'hypocrisie? Qu'est-ce qui produit la vertu, la vérité, la science? est-ce un ordre du prince, est-ce le libre travail de l'âme humaine? Toute la question est là. Humboldt ne détruit et n'affaiblit aucun des éléments de la société; tout au contraire, il veut leur donner plus de ressort et plus d'action. Ce sont des forces comprimées auxquelles il rend l'élasticité; il veut que chaque citoyen vaille davantage, afin que l'énergie de tous accroisse la puissance de l'État.

Les idées de Humboldt ont visiblement inspiré le livre de M. Mill sur *la Liberté*. Économiste hardi, philosophe

ingénieux, raisonneur subtil, M. John Stuart Mill a
étendu le problème. Ce n'est pas seulement l'État, c'est
la société qu'il veut renfermer en de justes limites; on
sent aussi à la netteté de sa parole qu'il est Anglais et
non pas Allemand, qu'il vit en un pays où chacun met
sa pensée en pleine lumière; mais ces différences ne
sont qu'extérieures; si la forme n'est pas la même, le
fond est identique; par un autre chemin, M. Mill en
arrive aux conclusions mêmes de Humboldt.

Le sujet que s'est proposé M. Mill, c'est, il le dit lui-
même, de rechercher la nature et les bornes du pouvoir
que la société peut légitimement exercer sur l'individu.
« C'est, ajoute-t-il, une question qu'on a rarement po-
sée et qu'on n'a guère discutée en termes généraux;
mais, par sa présence latente, cette question a une profonde influence sur les controverses politiques du jour,
on y reconnaîtra bientôt la question vitale de l'avenir.
Elle est si loin d'être nouvelle, qu'en un sens elle a divisé l'humanité depuis les âges les plus reculés; mais
dans la période de progrès où sont entrés les peuples
civilisés, elle se présente en des conditions nouvelles et
demande à être traitée de façon différente, et à fond. »

Quelle est donc la limite où la société doit s'arrêter,
où l'opinion même doit reconnaître son incompétence?
Suivant M. Mill, il est aisé de la déterminer. La seule
raison qui puisse autoriser un homme, ou une collection
d'hommes, à gêner la liberté d'autrui, c'est la nécessité de se défendre, la *self protection*. Dans une société
civilisée, l'État ne peut intervenir dans la vie d'un individu que pour l'empêcher de nuire à autrui. Ne peut-on

aller plus loin ? ne peut-on obliger le citoyen à agir, ou à s'abstenir, parce qu'il est de son intérêt de suivre telle ou telle direction, parce que son bonheur y est engagé, parce que l'opinion publique trouve qu'il est juste et sage d'obéir en ce point à l'autorité? Non, répond M. Mill, ces raisons particulières peuvent avoir leur mérite, mais il n'y a pas là un titre qui autorise l'action de l'État. La seule partie de notre conduite qui nous rende justiciables de la société, c'est celle qui concerne les autres; ce qui ne touche que nous ne tombe sous aucune autre juridiction que la nôtre. L'individu est maître de lui-même, de son corps et de son âme; c'est là une souveraineté que nul étranger n'a le droit d'entamer.

Il y a donc pour chacun de nous un domaine réservé où la société ne peut entrer sans injustice; c'est toute cette part de notre vie qui ne touche que nous-mêmes, ou qui ne touche les autres qu'indirectement. Voilà l'empire de la liberté. Rien ne doit donc entraver la conscience ni la pensée, qui sont choses personnelles; rien ne doit empêcher un homme d'exprimer ses opinions sur toute espèce de sujet; rien ne doit s'opposer à ce que chacun choisisse à son gré sa profession, et règle sa vie comme il l'entend; rien non plus ne doit arrêter un citoyen qui veut s'associer à d'autres citoyens pour jouir en commun de ces libertés individuelles. Que certaines personnes, que la majorité même de la société trouve notre conduite sotte, perverse, dangereuse, il n'importe; aussi longtemps que nous n'empiétons pas sur la liberté d'autrui, chacun a le droit de nous blâmer, mais nul n'a le droit de nous dire: *Tu feras ou tu ne feras point cela.*

Quelle que soit la forme de son gouvernement, toute société qui ne respecte pas ces libertés n'est pas une société libre; aucune société n'est entièrement libre, si ces libertés n'y sont absolues et sans condition. Poursuivre notre propre bien par la voie qu'il nous plaît de choisir, et n'avoir rien à craindre tant que nous n'envahissons pas le domaine d'autrui, voilà la seule liberté qui mérite ce nom. Tout le reste est un vain simulacre, bon pour amuser ceux qui se payent de mots.

En théorie on ne conteste pas le principe, et cependant, comme le remarque M. Mill, il y a aujourd'hui chez tous les peuples civilisés un penchant à soumettre l'individu à la société par la force de l'opinion aussi bien que par celle des lois. En certains points il y a plus d'intolérance aux États-Unis que dans la vieille Europe. Quand la démocratie croit qu'elle a raison, elle devient aisément despotique, et ne supporte même pas une diversité de sentiment. Il y a là un germe de tyrannie que M. Mill signale; c'est contre cet envahissement social qu'il proteste avec toute l'énergie de son talent.

Avant tout il défend la liberté de pensée et de parole. En apparence, c'est une thèse philosophique; au fond, c'est la grande question du jour, la question pratique par excellence, car cette liberté comprend la liberté religieuse, la liberté d'enseignement, et la liberté de la presse, condition et garantie de tous les droits. M. Mill traite le problème avec autant de décision que de finesse. Pour lui, la liberté de pensée et de parole est

un droit absolu. Quand toute l'humanité serait d'un
côté, moins un seul homme, cet homme, on n'aurait
pas le droit de lui imposer silence ; car, en parlant, il
use de ses propres facultés, et n'empiète sur personne.
M. Mill va plus loin ; pour lui ce n'est pas seulement le
droit individuel, c'est l'intérêt social qui est engagé en
ce point. Pour démontrer cette vérité trop peu sentie,
M. Mill examine trois hypothèses, afin de prouver qu'en
aucun cas il n'est bon de faire taire celui qui veut professer publiquement son opinion.

D'abord, il est possible que cette opinion soit vraie ;
nier cette supposition, c'est nous attribuer l'infaillibi-
lité. Il est inutile de faire de grandes phrases, d'invo-
quer la religion, la morale, l'intérêt de la société. So-
crate a été mis à mort comme athée et corrupteur de la
jeunesse, Jésus-Christ a été crucifié comme blasphéma-
teur. Avons-nous plus d'esprit que les Athéniens ? Sommes-nous plus religieux que les Juifs ? Quel a été l'un
des premiers persécuteurs ? Saint Paul avant sa conver-
sion. Qui a martyrisé les chrétiens comme des impies et
des séditieux ? Marc-Aurèle. Après de pareils exemples,
que nous reste-t-il à faire, sinon d'être modestes, et de
nous résigner à la libre discussion ? Combien de vérités
anciennes qui ne sont plus pour nous que de grossières
absurdités ! Dans vingt ans, combien d'opinions, aujourd'hui sages et indubitables, qui ne seront plus que
de vieilles et dangereuses folies !

Supposons maintenant que l'opinion qu'on proscrit
soit erronée ; elle peut néanmoins contenir une part de
vérité ; c'est l'histoire ordinaire des connaissances hu-

maines; l'erreur n'est, en général, qu'une vue incomplète des choses, un côté de la vérité démesurément grossi. La science politique est encombrée de prétendus axiomes qui ne sont ni tout à fait faux ni tout à fait vrais; ils nous trompent par ce mélange même de justesse et d'erreur; empêcher la discussion, c'est nous condamner à ne jamais sortir de la confusion.

Enfin, supposons que l'opinion reçue soit la vérité complète, supposons, de plus (l'hypothèse est hardie), que nous en ayons l'entière certitude, il faudrait encore accepter la discussion. Pourquoi? c'est que la vérité n'est pas une chose extérieure, une formule magique dont le seul nom fasse des miracles. Pour que la vérité agisse sur notre esprit, il faut qu'elle devienne une conviction, il faut que notre cœur s'en pénètre et en fasse une part de notre vie. Il n'y a que la contradiction qui nous rende ce service. L'histoire ne nous dit-elle pas qu'en tout pays où l'hérésie est proscrite, la foi s'affaiblit? ne voyons-nous pas que partout où la presse est muette, la corruption arrive et la décadence à la suite? Il n'y a pas plus de vérité sans erreur qu'il n'y a de lumière sans ombre; étouffer l'une, c'est les étouffer toutes deux.

En passant, M. Mill fait justice d'un sophisme qui, pour être à la mode, n'en est pas moins faux. La discussion est permise, dit-on, pourvu qu'elle soit modérée. Soit; mais qu'est-ce qui constitue la modération? Ne négliger aucun argument, ne supprimer aucun fait, ne point défigurer l'opinion contraire, ne point raisonner à faux, ce sont là d'excellentes conditions pour trouver la vérité; mais on est obligé de reconnaître qu'en toute polémique, on les oublie des deux côtés avec une égale bonne foi. Au moins, dira-t-on, respectez le caractère, point de sarcasmes, point d'injures. Très-bien, répond M. Mill, pourvu que les armes soient égales des deux parts, et qu'on n'appelle pas violence, excès, perfidie chez les uns, ce qu'on appelle zèle, ardeur pieuse, ou sainte indignation chez les autres. Qui ne voit qu'en tout ceci, il n'y a qu'un juge des convenances : ce n'est pas la loi, c'est le public.

De la liberté de pensée et de parole, M. Mill passe à la liberté d'action; c'est le même problème, ce sont les mêmes raisons de décider. S'il est utile qu'il y ait différentes opinions, il n'est pas moins nécessaire qu'il y ait des existences diverses, et que, le droit des tiers toujours réservé, on laisse pleine carrière à tous les caprices comme à tous les talents.

L'individualité, ou, sous un autre nom, l'originalité, c'est la condition, l'élément nécessaire de tout ce que nous nommons sciences, arts, éducation, civilisation. C'est ce que ne voient pas les socialistes, qui veulent jeter l'humanité dans un moule invariable; c'est ce que ne comprennent pas les politiques, qui se croient toujours les seuls sages et les seuls raisonnables, et qui feraient volontiers de la société un régiment; c'est ce que ne sent pas la société elle-même, qui s'étonne de ce que les grandes routes ne plaisent pas à tout le monde, et qui a l'horreur des esprits originaux, quoiqu'elle n'avance que par eux.

La chose importante, dit M. Mill avec sa profondeur

habituelle, ce n'est pas ce que font les hommes, mais ce qu'ils sont. De toutes les œuvres qui sortent de nos mains, la plus grande, c'est l'homme lui-même. Si demain on inventait des automates semant le grain, livrant des batailles, plaidant et jugeant des procès, bâtissant des églises et s'y mettant à genoux, ces automates, qui feraient tout ce que nous faisons, vaudraient-ils autant que le dernier des humains? Il y a donc dans l'homme autre chose que l'effet produit, il y a la force qui produit cet effet; cette force, c'est l'individualité, ou, sous un autre nom, la liberté. La nature humaine n'est pas une machine, invariable dans sa marche et dans son travail, c'est une chose vivante qui grandit et varie sans cesse; elle a besoin d'indépendance pour s'épanouir dans tous les sens.

Mais, disent les politiques, pourquoi l'État ne réglerait-il pas ce développement, lui qui dispose de toutes les lumières, de toutes les ressources de la société? Pourquoi? Parce qu'il ne sait pas et qu'il ne peut pas savoir où se jettera cette séve qui bouillonne dans l'arbre. Il n'en est pas de l'humanité comme d'une machine. Dans une machine, on connaît le jeu de chaque organe, mais ce qui fermente dans l'esprit de l'homme, qui le sait? L'État vit du passé, il ne sait rien de l'avenir; tout ce qu'il peut faire avec sa prétendue sagesse, c'est d'arrêter la société dans le sillon déjà creusé, et de la condamner à l'immobilité, ce qui, pour un être vivant, est la mort.

« Prenez garde à la Chine, ajoute M. Mill; les Chinois sont un peuple de beaucoup de talent, et, à certains égards, de beaucoup de sagesse; ils ont eu la

bonne fortune de recevoir dans les temps anciens de
très-bonnes coutumes, œuvres d'hommes à qui l'on ne
peut refuser le titre de philosophes. Les Chinois ont inventé un excellent système pour imprimer leur sagesse
et leur science dans l'âme et dans l'esprit de chaque citoyen ; ils ont assuré les places, l'honneur et le pouvoir
à ceux qui possèdent le mieux cet antique savoir. Un
peuple qui a fait cela a sans doute découvert la loi du
progrès humain, il doit tenir la tête de la civilisation ;
pas du tout, il est stationnaire, il en est resté au même
point depuis des milliers d'années ; si jamais il s'amé-
liore, il le devra aux étrangers. Les Chinois ont réussi
au delà de toute espérance à atteindre le but que les
philanthropes anglais poursuivent avec tant de zèle, ils
ont fait un peuple tout pareil ; les mêmes maximes, les
mêmes usages règlent la pensée et la conduite de chacun des Chinois ; on voit quel est le fruit de ce système.
Eh bien ! qu'on ne s'y trompe pas. Le despotisme de
l'opinion, c'est le régime chinois, moins l'organisation ;
si l'individualité ne secoue pas le joug, l'Europe, malgré son noble passé, quoiqu'elle se dise chrétienne,
finira comme la Chine. »

On voit que M. Mill arrête la société aux limites que
M. de Humboldt pose à l'État, et il a raison. Que je
sois pieux, instruit, honnête, laborieux, cela, sans
doute, est dans l'intérêt de tous ; mais cet intérêt donne-
t-il à mon voisin le droit de me dicter ma conduite et
mes idées ? De mon côté, ai-je le droit d'obliger personne à penser et à agir comme moi ? Et si un individu
n'a point cette autorité, comment appartiendrait-elle à

la société, qui n'est qu'une agrégation d'individus, à l'État qui n'est que l'organe de la société? Y a-t-il dans la somme de ces unités indépendantes une vertu mystique, un droit, qu'aucune de ces unités ne possède? Relisez l'histoire. C'est au nom de l'intérêt social que l'État a pris en sa main la religion, la morale, l'industrie; où en est-il arrivé? Pour contraindre les gens à être religieux, il a fallu recourir aux bûchers, à l'exil, à l'inquisition; on a récolté l'incrédulité, la superstition et l'ignorance. Le soin des mœurs a amené la plus immorale de toutes les institutions, la police. Les nations éclairées sont sans doute celles où le gouvernement réprime les désordres de la presse et dispense seul la vérité? Demandez à l'Autriche et à la Russie? Cherchez enfin un pays où le travail national soit protégé par des prohibitions et des monopoles, y trouverez-vous des citoyens riches et actifs, ou, tout au contraire, un peuple indolent et misérable? La raison de ces éternels mécomptes est visible; on ne force pas la nature des choses; la religion, la morale, la vérité, l'art, la science, ne sont pas des cocardes qu'on porte au chapeau par ordre supérieur, ce sont des sentiments, des idées, des volontés qui ont leur siége dans le cœur et dans l'esprit de l'individu. C'est la liberté seule qui les enfante et qui les nourrit. Contraindre les gens à croire, à sentir, à vouloir, c'est les forcer d'être libres. Rousseau, qui ne craignait pas le paradoxe, allait jusque-là dans son *Contrat social*, sans voir qu'il y a là une impossibilité logique aussi bien que matérielle, et qu'on ne peut concilier deux termes qui se contredisent et s'excluent. Ce sont des vérités évidentes; mais en France, elles ont contre elles trois siècles d'habitudes et de préjugés.

Il est un dernier point qu'Humboldt a négligé, que M. Mill a touché avec une finesse admirable. Déterminer le domaine de l'État et celui de l'individu ne suffit pas; il y a entre les deux un terrain neutre où depuis longtemps l'État s'est installé. M. Mill veut en écarter l'administration pour faire plus de place à la liberté. Voici les objections qu'il adresse à l'intervention de l'État, objections originales et qui méritent l'attention.

« En premier lien, dit-il, toutes les fois que la chose sera mieux faite par les particuliers que par l'État, et c'est l'ordinaire, confiez-vous à l'industrie privée. C'est là un problème économique qui a été cent fois débattu et que l'expérience a cent fois résolu contre l'administration; il est inutile d'insister. »

La seconde objection tient de plus près à notre sujet. Il y a dans la société une foule de choses que les particuliers feront peut-être moins bien que des fonctionnaires publics; cependant il est désirable qu'on s'en remette aux citoyens. M. Mill cite pour exemple le jury civil, l'administration municipale, les hospices, les bureaux de bienfaisance, les caisses d'épargne. On pourrait y joindre certaines industries telles que les assurances, les banques, les grandes compagnies de chemins de fer ou de navigation. Ce ne sont pas là seulement des questions de liberté, ce sont des questions d'éducation et de développement. La commune et l'association, voilà les deux écoles où le citoyen doit s'instruire et s'habituer à la vie publique, voilà l'occupation qui le tire de son égoïsme ou du cercle étroit de la famille; c'est là qu'il apprend à agir par des motifs d'intérêt général; c'est là qu'il trouve et qu'il sent la patrie. Otez ces habitudes, une libre constitution ne peut ni marcher ni durer; en France nous en avons fait l'épreuve. Quand toute la vie politique est concentrée dans une tribune, le pays se coupe en deux, opposition et gouvernement; contre cette opposition, grossie de tous les mécontentements particuliers, de toutes les ambitions et de toutes les rancunes de clocher, le gouvernement se trouve réduit à une résistance aveugle, et tôt ou tard impuissante. Diviser le fleuve en mille canaux qui portent partout la fécondité, c'est le seul moyen d'empêcher qu'à un jour donné les flots accumulés n'emportent et ne ravagent tout.

Une dernière raison, et non pas la moins forte, pour réduire l'intervention de l'État, c'est qu'il est mauvais d'augmenter sans nécessité la puissance de l'administration. Toute fonction nouvelle attribuée au gouvernement ajoute à l'influence qu'il exerce, et appelle à lui toutes les ambitions et toutes les convoitises. « Si, dit M. Mill, si les routes, les chemins de fer, les banques, les assurances, les grandes compagnies par actions, les universités, les hospices devenaient des branches de gouvernement; si, en outre, les corporations municipales et les bureaux qui en dépendent devenaient autant de départements d'une administration centrale; si les employés de toutes ces entreprises diverses étaient nommés et payés par l'État, si c'est de l'État seul qu'il leur fallait attendre l'avancement et la fortune, ni la

liberté de la presse, ni la constitution populaire de notre
législation n'empêcheraient que l'Angleterre ne fût libre
que de nom. Plus la machine administrative serait ingénieuse et efficace, plus on y réunirait d'intelligence
et d'énergie, et plus le mal serait grand.

« S'il était possible que tous les talents du pays fussent enrôlés au service du gouvernement, si toutes les
affaires qui dans la société demandent un concours or-
ganisé, des vues larges et compréhensives étaient dans
la main de l'État, si les emplois publics étaient remplis
par les hommes les plus habiles, toute l'intelligence et
toute la capacité du pays, hormis la pure spéculation,
seraient concentrées en une nombreuse bureaucratie
vers laquelle le pays tournerait sans cesse les yeux, la
foule pour en recevoir l'ordre et la direction, les gens
capables ou cupides pour en obtenir un avancement
personnel. Entrer dans l'administration, et une fois
entré, s'y élever, ce serait la seule ambition. Sous un
pareil régime, non-seulement le public, à qui manque
la pratique, est mal qualifié pour critiquer ou arrêter
les bureaux; mais alors même que les circonstances
amènent au pouvoir un chef ayant le goût des réformes,
nulle réforme ne peut se faire si elle contrarie l'intérêt
de la bureaucratie. Telle est la triste condition de l'empire russe; le czar peut envoyer en Sibérie qui il veut,
mais il ne peut gouverner ni sans les bureaux ni contre
eux. Sur chacun des décrets impériaux, ils ont un *veto*
tacite, il leur suffit de ne pas l'exécuter. En des pays
plus avancés et moins patients, où le public est accou-
tumé à ce que tout se fasse par l'État, ou du moins est

habitué à ne rien faire sans demander à l'État une permission et une direction, on tient naturellement le gouvernement pour responsable de tout le mal dont on souffre; quand ce mal est plus fort que la patience, on se soulève, on fait ce qui s'appelle une révolution; sur quoi une autre personne s'installe dans le siége royal, envoie des ordres aux bureaux, et tout marche comme devant, les bureaux ne changeant pas et personne n'étant capable de les remplacer.

« Un peuple habitué à faire ses propres affaires offre un spectacle tout différent. Laissez des Américains sans gouvernement, aussitôt ils en improvisent un, et mènent les affaires communes avec intelligence, ordre et décision. Voilà comme doit être un peuple libre, et tout peuple qui a cette capacité est certain d'être libre; il ne se laissera jamais asservir par un homme ou par une corporation, parce qu'il saura toujours prendre et tenir les rênes de l'administration centrale. Mais en un pays où tout est conduit par les bureaux, on ne fera jamais rien contre leur opposition. Concentrer l'expérience et l'habileté de la nation en un corps qui gouverne le reste du pays, c'est une organisation fatale; plus le système est parfait, plus on réussit à dresser et à enrôler les hommes capables, et plus est grande la servitude de tous, y compris les fonctionnaires publics eux-mêmes. Les administrateurs sont aussi esclaves de leur machine que les administrés sont esclaves des administrateurs. Un mandarin chinois est l'instrument et la chose du despotisme tout autant que le plus humble paysan. Un jésuite est l'esclave de son ordre, quoique l'ordre lui-même existe pour la puissance et l'importance collective de tous les membres.

« Ce qui finit toujours par faire la valeur d'un État, c'est la valeur des individus qui le composent. Un État qui sacrifie l'élévation et l'élasticité intellectuelle des citoyens à un peu plus d'habileté administrative, ou à cette apparence d'habileté que donne toujours la pratique des détails, un État qui, même avec des vues bienfaisantes, rapetisse les individus pour en faire des instruments plus dociles, verra un jour qu'avec de petits hommes on ne fait pas de grandes choses; la perfection mécanique à laquelle il immole tout finira par ne lui servir de rien, faute de cet élément vital qu'il a chassé pour que la machine marchât plus aisément. »

Telle est la conclusion de M. Mill : c'est un démenti donné à la sagesse du jour; l'auteur se met en travers du courant, il résiste à une opinion toute-puissante sur le continent, et qui gagne du terrain même en Angleterre. Il n'aura pas pour lui les politiques. On répétera sur tous les tons que les peuples sont incapables de se conduire, on criera au théoricien : tout cela est peu effrayant; une fois le mal signalé, une fois la vérité connue, le succès n'est plus qu'une question de temps; ces théoriciens que dédaignent des esprits courts et superbes, sont toujours ceux qui écrivent la pièce que jouera l'avenir.

Le seul reproche que je ferais à M. Mill, en lui laissant la responsabilité de quelques idées particulières, c'est que son livre ne montre qu'un côté de la question; on y voit la liberté, on n'y voit pas l'État. Le gouverne-

ment y paraît comme un ennemi qu'il faut combattre,
l'administration comme une plaie qu'il faut réduire.
C'était l'opinion des économistes français au commencement du siècle; elle n'a pas réussi parce qu'elle va
trop loin; aujourd'hui on a tort de se jeter dans l'excès
contraire, mais tout n'est pas erreur dans ce penchant.

C'est ce qu'a senti M. le baron Eœtvœs[1], c'est ce qui
lui a fait écrire le livre intitulé : *De l'influence des idées
régnantes au dix-neuvième siècle sur l'État.* M. Eœtvœs
est peu connu en France; c'est cependant un des hommes
les plus remarquables et les plus célèbres de la Hongrie.
Poëte, romancier, écrivain politique, il a joué un assez
grand rôle dans la dernière révolution, il a même été
ministre de l'instruction publique. Aujourd'hui il est
président de l'académie de Pesth; il a été appelé au
conseil de l'Empire, et sans doute sa vie politique est
loin d'être achevée. Toutefois, si M. Eœtvœs est su-
perstitieux, il doit avoir une ambition modérée. En effet,
si l'on en croit une légende que Pulszky a mise en tête
de la traduction anglaise du *Notaire de village*, le meilleur roman qu'ait écrit M. Eœtvœs, une devineresse
française a tiré la bonne aventure du politique Hongrois
en 1837, et lui a dit : « Vous êtes riche, vous serez
pauvre; vous épouserez une femme riche; vous serez
ministre, et vous mourrez sur l'échafaud. » La prédiction s'est accomplie, dit-on, sauf le dernier point, qui,
il faut l'espérer, n'est qu'un mensonge. Mais quand on

---

1. Prononcez *Etvesch.*

se rappelle le martyre du noble Bathyani, l'ami de
M. Œtvœs, on est obligé de se dire qu'avec le gouvernement autrichien ni la modération ni le patriotisme ne
peuvent garantir à un honnête homme qu'il ne mourra
point par la main du bourreau.

Quoi qu'il en soit de cette prédiction, M. Œtvœs a
écrit un livre considérable qui, sous une forme un peu
savante pour nous autres Français, contient des vues
très-justes sur les trois grandes questions qui agitent
les peuples modernes, la nationalité, l'égalité, la liberté.
Le problème de la liberté, auquel l'auteur donne le premier rang en y ramenant tous les autres, est envisagé
d'une façon plus large que dans l'écrit de M. Mill. Placé
sur un théâtre différent, M. Œtvœs a mieux défini le
rôle de l'État; la politique qu'il défend, sans être fon-
cièrement différente de celle de M. Mill, est plus tempérée et va mieux au continent.

L'histoire en main, M. Œtvœs démontre qu'aujour-
d'hui l'existence des grands empires est chose nécessaire; c'est la garantie de la nationalité et de l'indépendance; mais il n'y a pas de grands empires, sans
que l'État n'ait une grande puissance. Les idées du
moyen âge, les idées municipales et fédérales ont fait
leur temps; le problème n'est plus de briser la force
centrale par des priviléges locaux; le problème, c'est
de favoriser le développement de l'individu, sans affaiblir la légitime autorité de l'État.

Sur ce problème, voici quelles sont les idées de l'auteur, idées aussi ingénieuses que neuves et bien dé-
duites.

La fin de l'État, c'est la protection des intérêts moraux et matériels de tous les citoyens. Le maintien de l'État est donc la première garantie de la liberté ; sans lui point de sécurité.

Pour défendre au dehors l'indépendance nationale, pour protéger au dedans les droits de chacun, il faut à l'État une force considérable. Or, il n'y a de force que là où on réunit les moyens et la volonté. Mais avec la multiplication et la complication des éléments dont se compose la civilisation moderne, le temps des héros, qui voient et font tout par eux-mêmes, est passé; aujourd'hui il n'y a qu'une organisation, un système qui puisse donner l'unité de moyens et de volonté : c'est la centralisation. Pour que l'État remplisse la fonction que personne ne lui dispute, il faut donc qu'il repose sur une centralisation énergique.

Seulement cette centralisation a des limites, elle ne comprend pas tout. Quelles sont ces limites? Celles même de l'action légitime de l'État. Le problème est identique. L'État n'est pas la société, ni l'individu; par conséquent il y a une vie sociale et individuelle qui n'est pas de son ressort; mais partout où l'État doit agir, il faut qu'il ait le dernier mot. Son pouvoir doit être absolu, ou sous un autre nom, centralisé. *Imperium nisi unum sit, esse nullum potest,* disait déjà Scipion dans la République de Cicéron[1].

C'est en ce point que les théories de Rousseau sont vraies. Dès que l'indépendance et la paix publique sont

---

1. *De rep.*, I, 30, 60.

en jeu, on a raison de dire que l'État est la somme de
tous les citoyens, que le bien commun est le bien de
tous, que la volonté générale est la volonté de chacun.
Vienne la guerre ou l'émeute, qui donc n'est pas menacé?

Mais il n'en est plus de même quand on entre sur un
autre terrain et qu'on parle seulement au nom de l'intérêt général; c'est ici que le système de Rousseau ne
se soutient plus. Dès qu'il s'agit de questions intérieures
qui ne touchent plus à la sécurité commune, il est visible que, même en un pays de suffrage universel, la
volonté de l'État n'est plus que le vœu d'une majorité.
Ce vœu, l'expérience le prouve, est souvent injuste, il
tourne facilement à l'oppression des minorités et des
individus.

Où trouver des garanties contre cette tyrannie des
majorités? Dans le gouvernement constitutionnel? Non,
c'est un gouvernement de majorités; lui aussi peut se
montrer inique et violent. Ce n'est pas que M. Eœtvœs
estime peu les institutions constitutionnelles; depuis
douze ans, il les défend, et on avouera qu'en Hongrie,
et de notre temps, cette fidélité suppose un amour sincère; mais M. Eœtvœs ne demande pas à ces institutions ce qu'elles ne peuvent pas donner. Une représentation nationale, une presse et une tribune libres
tempèrent le gouvernement à l'intérieur, et le rendent
tout-puissant pour défendre l'honneur national contre
l'ennemi; mais, si grandes et si nécessaires que soient
ces garanties, elles ne suffisent pas à la protection de
l'individu. Quand les passions religieuses ou politiques
enflamment un pays, qui empêche l'opinion de pousser

à la violence, qui empêche les chambres de voter la persécution? Au dix-septième siècle, les lois anglaises qui atteignent les catholiques sont aussi dures et aussi injustes que les lois françaises qui écrasent les protestants; cependant elles ont été rendues par un parlement. Je choisis cet exemple un peu loin, pour éviter une critique trop vive; mais on n'aura pas besoin de chercher longtemps dans sa mémoire pour s'assurer qu'à certains moments la presse n'est pas infaillible, et qu'il ne faut pas toujours demander aux chambres l'impartialité.

Où donc trouver des garanties efficaces qui protégent l'individu contre l'administration et contre les majorités politiques? Il n'y a qu'un moyen, c'est de limiter l'État, c'est de déterminer la sphère où il exerce une autorité absolue, mais dont il ne doit pas sortir. En d'autres termes, à la centralisation, bonne et légitime quand elle défend l'indépendance et la paix du pays, despotique et révolutionnaire quand elle sort de son domaine, il faut opposer le libre gouvernement de l'individu par lui-même, le *self government;* le mot nous manque, parce que nous n'avons pas la chose.

La liberté individuelle, la liberté religieuse, la liberté d'enseignement, la liberté de la presse, la liberté municipale, la liberté d'association arrivent à la suite, comme les conséquences naturelles et nécessaires de ce régime individuel. Sur ce terrain, M. Eœtvœs parle comme Humboldt et M. Mill; marque certaine de la vérité, lorsque des esprits divers, partis de points différents, se rencontrent ainsi sans se chercher.

Ces idées ont-elles la sanction de l'expérience? Il suffit d'ouvrir les yeux. Quels sont les pays qui souffrent de la maladie révolutionnaire? est-ce l'Angleterre ou l'Autriche? est-ce la France ou l'Amérique? est-ce Naples ou la Belgique? On dirait que la centralisation et la révolution s'appellent mutuellement.

Qui s'oppose à cette réforme, dont l'État n'a point à souffrir, puisqu'il gagne en influence et en force véritable ce qu'il perd de prérogatives embarrassantes et dangereuses? Ce qui s'y oppose, c'est le préjugé. Nous sommes imbus des idées grecques et romaines, ce sont elles qu'on trouve au fond des théories démocratiques et socialistes. Tous ces systèmes, prétendus libéraux, donnent au peuple une souveraineté illusoire, et fondent en réalité le despotisme de l'État. Si l'on veut que la civilisation entre dans une voie de progrès, si l'on veut désarmer la révolution, il faut affranchir l'individu, il faut développer les libertés personnelles.

Des gens qui ont peu de foi ou peu de courage nous répètent sans cesse qu'aujourd'hui le progrès est impossible. On compare notre âge aux derniers temps de l'empire romain, on parle d'une décadence qui sortit aussi d'un excès de civilisation; même appétit des jouissances matérielles, nous dit-on; même absence de principes chez l'individu et chez les masses; même bassesse devant le pouvoir, quel qu'il soit; même mépris de tout ce que les siècles ont respecté; même vide dans l'âme humaine. Ce sont là des vues superficielles; heureusement pour nous, il y a un abîme entre les deux sociétés.

Quand l'antique civilisation a péri, son œuvre était

achevée; elle avait asservi l'individu à l'État. Tous ces
fameux jurisconsultes, les Papinien, les Paul, les Ul-
pien, n'ont jamais enseigné que le citoyen, en sa qualité d'homme, eût des droits que l'empereur lui-même
fût obligé de respecter; cette sainteté de l'individu est
une idée chrétienne, le paganisme ne l'a pas même soupçonnée. Aujourd'hui cette idée fait le fond de notre civilisation. Le dogme a faibli peut-être, mais les sentiments
d'humanité, de fraternité, d'égalité qui sont l'essence
du christianisme, sont plus vivaces que jamais.

Dans les derniers temps de l'empire, l'étreinte du
despotisme avait étouffé l'amour de la patrie et de
la liberté, l'âme de l'ancienne civilisation s'était éva-
nouie. Aujourd'hui la passion de la liberté, mais de la
liberté civile, individuelle, chrétienne, grandit et gagne du terrain. Au travers de toutes les révolutions,
sous le nom d'égalité, de nationalité, de constitution,
que cherchent, que demandent les peuples, sinon
la liberté? Une société qui a de pareils désirs n'est
pas une société qui s'éteint. Une civilisation tombe
quand vient à lui manquer l'idée qui la faisait vivre;
nous, au contraire, nous sommes dans le pénible en-
fantement d'une idée nouvelle, c'est elle que nous pour-
suivons sans qu'aucun échec nous lasse, sans qu'aucune misère nous abatte. Ne nous laissons pas effrayer
par de vaines apparences. Un vin vieilli et qui s'altère,
un vin nouveau et qui fermente, sont également troubles, mais de l'un sort la corruption, et de l'autre une
liqueur généreuse. Ayons foi dans l'avenir.

La lutte est difficile, le jour est sombre; ce qui émeut

e continent, ce n'est pas un combat entre deux partis qui
e disputent le pouvoir, c'est un combat entre deux civi-
isations. Rome et la Germanie recommencent leur duel
'ternel; une fois encore, l'idée païenne et l'idée chré-
ienne, le despotisme et la liberté se disputent l'empire
du monde; mais, si terrible que soit l'épreuve, l'issue
n'en peut être douteuse. Quand une vérité se fait jour,
quand les yeux se tournent vers un nouvel astre qui se
lève, le succès n'est plus qu'une question de temps. Les
passions vieillissent et changent, les partis s'affaiblissent, la vérité ne meurt pas. Sans doute en un pays
comme la France (c'est toujours M. Eœtvœs qui parle),
où l'on a détruit toute organisation particulière, où l'on
a habitué le citoyen à la tutelle de l'État, où l'on a pour
ainsi dire ôté à l'individu la capacité de se gouverner
lui-même, il faudra plus d'un jour pour changer un
système envieilli. L'arbre que pendant un demi-siècle
on a taillé à la française ne poussera pas en une nuit
des branches libres et vigoureuses; il fera longtemps
attendre son ombre protectrice; mais qu'importe? L'idée
fera son chemin, elle s'emparera des esprits; l'État finira
par comprendre son véritable intérêt, dès lors la révolution sera faite; aussitôt que l'État ne pèsera plus sur
le citoyen, la liberté sortira du sol avec une prodigieuse
énergie.

« Du courage, » dit en finissant M. Eœtvœs; « nous ne
marchons pas à la destruction, mais à l'achèvement du
christianisme; plus le flot est menaçant, plus le navire
est battu, et plus nous sommes assurés que nous appro-
chons du port. Les déceptions qui nous ont atteints, les

révolutions qui nous ont abattus, étaient des épreuves nécessaires pour nous tirer de la fausse voie où la politique était engagée; il ne faut plus qu'un peu d'énergie et de dévouement. Le devoir est tracé, la victoire certaine. Dans le monde des idées elle appartient toujours à la vérité, et au courage mis au service de la vérité. C'est sur le christianisme et sa morale que des mains pures élèveront la demeure où s'abriteront nos enfants. »

Il y a six ans que M. Eœtvœs écrivait ces paroles éloquentes; c'était alors un rêveur; l'Autriche croyait grandir en forçant vingt peuples divers à subir le joug de la centralisation; aujourd'hui c'est ce théoricien dédaigné dont les idées triomphent. Puisse seulement la Hongrie écouter ces sages conseils, et comprendre qu'en notre siècle il y a d'autres conditions de liberté qu'au temps des vieilles constitutions féodales; aujourd'hui, comme le dit si justement M. Eœtvœs, le problème n'est plus d'affaiblir l'État, mais de fortifier l'individu.

III

Rentrons en France, nous y trouverons le même courant d'idées. Peut-être n'a-t-on pas encore une conviction aussi nette des droits individuels, mais on a le sentiment que nos pères ont fait fausse route. Il y a soixante-dix ans qu'on vit sur le thème de la révolution; on commence à faire un triage nécessaire; c'est avec des réserves qu'on accueille ces dogmes que pendant longtemps il a été interdit de discuter. C'est surtout

dans les études historiques qu'on peut saisir ce retour
de l'opinion. M. Thierry, qui a laissé un nom si justement respecté, ne voit dans toute l'histoire de France
qu'un mouvement irrésistible vers l'unité; il est toujours prêt à amnistier les hommes d'État qui ont tout
réduit au même niveau; aujourd'hui on distingue la
fin et les moyens; on demande si cette unité, que la
royauté établit à son profit, n'a pas été trop chèrement
vendue au pays. Louis XI est redevenu un tyran; on
est tout près de juger Richelieu comme le faisait Montesquieu; le terrible ministre n'est plus qu'un homme
qui avait le despotisme dans la tête et dans le cœur.
Sous la Restauration, Louis XIV était encore un demi-
dieu; maintenant on est plus sévère que Saint-Simon
lui-même; il y a contre le grand roi une réaction violente jusqu'à l'injustice. C'est un signe du temps; l'histoire est comme une galerie où sont réunis tous les
portraits des ancêtres; chaque génération y met au
grand jour l'aïeul qui lui ressemble, et laisse dans
l'ombre l'image où elle ne se reconnaît plus. Dites-moi
les noms que vous honorez dans le passé, je vous dirai
les vices ou les vertus que vous avez dans le cœur.

Ce changement d'idées n'est pas ancien; en politique,
je ne vois pas qu'il remonte plus haut que M. de Tocqueville. On n'a pas oublié l'effet produit, il y a vingt-
cinq ans, par le livre *De la Démocratie en Amérique.*
Ce qui fit le succès de l'ouvrage, ce ne fut pas seulement
le talent de l'auteur et la nouveauté du sujet; on se
sentait en présence d'une société à laquelle appartient
l'avenir. Plus que personne, M. de Tocqueville avait ce

pressentiment. De famille noble, de goûts élégants, il n'avait aucun faible pour la foule, je dirais presque qu'il avait peur de la démocratie ; cependant il était attiré vers elle par un charme inconnu ; c'est que l'ancienne aristocratie, comme la démocratie américaine, ont un point de ressemblance : la grandeur de l'individu.

Chose étrange ! M. de Tocqueville ne sut point dégager le sentiment qui l'obsédait. La cause du prodigieux spectacle qu'il a devant les yeux, il la cherche tour à tour dans la race, dans le pays, dans la croyance, dans l'éducation, dans les institutions, tandis qu'un même principe, une même loi eût tout expliqué. En Amérique, tout part de l'individu ; dans notre vieille Europe, tout vient de l'État. Là-bas la société, sortie de l'Église puritaine, ne connaît que l'homme, et lui laisse le soin de sa vie comme de sa conscience ; ici nous sommes emprisonnés dans le cercle étroit et variable que trace autour de nous la main du pouvoir. Cette vérité reconnue, tout devient clair dans l'apparente confusion de l'Amérique ; c'est là qu'il faut chercher l'ordre véritable, l'ordre qui naît de la communauté des idées, du respect mutuel de la liberté individuelle. En France, on allègue avec un certain plaisir les troubles d'une ville sans police, comme New-York, ou les violences et les outrages de quelques planteurs perdus dans les solitudes du Sud ; mais c'est par l'ensemble des choses qu'il faut juger un pays. Où la vie est-elle plus intense, et le progrès plus visible ? Avec nos procédés réguliers et artificiels, qu'avons-nous fondé en Algérie depuis trente ans ? Voyez, au contraire, ce qu'une poignée d'Américains, prise au hasard, a fait en quelques années des rivages déserts de la Californie.

Tandis que M. de Tocqueville cherchait en tâtonnant la loi de la civilisation moderne, un moraliste admirable, Channing, la faisait luire à tous les yeux. Channing partait de l'Évangile. Il montrait que le christianisme est par essence une religion individuelle; mais il allait plus loin, il annonçait que si le monde voulait échapper à la décadence, il lui fallait imprégner de l'esprit chrétien les mœurs et les institutions. Qu'on lise ce qu'il a écrit contre l'esclavage et contre la guerre, on sentira que la politique moderne est trouvée; pour la faire triompher, il ne faut qu'un peu de courage et de foi.

Le dernier livre de M. de Tocqueville, *l'Ancien régime et la Révolution*, est une attaque des plus vives contre la centralisation. Prouver que cette administration trop vantée est un legs de la monarchie, et non pas une conquête de la révolution, c'était détruire un préjugé funeste, et enlever à la centralisation la popularité qui la protége. Le coup a porté; aujourd'hui les partisans de la centralisation en sont réduits à se défendre contre des assauts sans cesse répétés. C'est une situation difficile quand la place est faible; on peut prévoir qu'avant peu il faudra céder à l'opinion; on ne tient pas longtemps en tutelle un peuple qui se sent majeur et veut user de ses droits.

A côté de M. de Tocqueville, il faut citer M. Jules Simon. Son livre de *la Liberté* a le grand mérite d'être complet; morale, histoire, jurisprudence, vues d'avenir, tout s'y trouve; c'est là qu'il faut mesurer le che-

min que nous avons parcouru et celui qui nous reste
à faire. Le seul reproche que j'adresserais à M. Simon,
c'est que ses premiers principes ne sont pas aussi nets
que ceux de M. Mill ou de M. Eœtvœs. Dites-moi que
la conscience, la pensée, la volonté, l'action sont choses
individuelles, et que l'État n'y peut toucher qu'autant
qu'elles débordent sur la liberté d'autrui, voilà une idée
qui m'entre dans l'esprit. Dès que l'administration se
met à ma place, je sens l'usurpation. Si, au contraire,
comme fait M. Simon, on me parle de la loi naturelle
qui doit régir la société, je ne vois plus clairement
ce que je puis prétendre, car, cette loi naturelle, chacun l'entend à sa façon. Qui empêche l'État de s'en déclarer l'interprète et l'exécuteur? N'est-ce pas ainsi
qu'on a tourné la religion en instrument de despotisme,
et qu'on l'a fait servir au bon plaisir des gouvernements?

Je n'aime pas non plus qu'on nous dise que « les
droits de l'État, naissant uniquement de la nécessité
sociale, doivent être strictement mesurés sur cette nécessité, de telle sorte qu'à mesure que cette nécessité
diminue par le progrès de la civilisation, le devoir de
l'État est de diminuer sa propre action, et de laisser
plus de place à la liberté. En d'autres termes, l'homme
a droit en théorie à la plus grande liberté possible;
mais, en fait, il n'y a droit qu'à mesure qu'il en est
capable. » Si ma capacité d'être libre est la mesure de
mon droit, et si l'État est juge de cette capacité, j'imagine qu'il faudra plus d'un jour pour obtenir l'indépendance. L'État est comme les tuteurs et les pères; ceux

qu'il a élevés sont toujours pour lui des enfants; on nous fera vieillir dans une éternelle minorité. Depuis trente ans, toutes les fois qu'on réclame une liberté, j'entends toujours la même réponse. L'État ne demande pas mieux que de l'accorder, mais le peuple n'est pas mûr; il faut attendre une sagesse qui ne vient jamais. C'est ce qu'on dit aux nègres pour se dispenser de les affranchir. Combien la doctrine de M. Mill et de M. Œtvœs n'est-elle pas plus juste et plus vraie! plus juste, car, en renfermant l'État dans ses attributions nécessaires, on en finit avec une tutelle fatale; plus vraie, car il est faux que le progrès de la civilisation réduise l'action de l'État. Nous en voyons quelque chose. A mesure que les rapports des hommes se développent et se compliquent, la tâche du gouvernement devient nécessairement plus considérable; toute la question est que l'accroissement se fasse dans la sphère de l'État. La vie des peuples n'est pas une quantité fixe qui ne peut augmenter d'un côté sans diminuer de l'autre, c'est une force qui croît indéfiniment; on conçoit donc sans peine que dans une civilisation avancée le peuple soit très-libre, et le gouvernement très-occupé.

Tandis qu'un philosophe politique comme M. Jules Simon rassemble en un faisceau toutes les libertés, et nous montre le lien commun qui les unit, des publicistes, à vues moins larges, combattent séparément pour chacun de ces droits. Il y a là des efforts divers, inégaux, qui, par leur diversité même, nous donnent une indication exacte de l'opinion.

Et d'abord, il est remarquable qu'on ne parle plus de

libertés politiques. C'est un fait que je constate sans le
juger. Il y a trente ans, on ne trouvait pas un homme
bien élevé qui n'eût fait sa constitution. Les questions
à l'ordre du jour, c'était la nature du pouvoir royal, le
droit de paix et de guerre, l'initiative des chambres, la
responsabilité des ministres et des agents du pouvoir, la
juridiction administrative; aujourd'hui de pareilles discussions n'ont plus d'écho. De cette indifférence on
pourrait donner plus d'une raison ; mais il en est une
qui me frappe entre toutes, c'est que nous avons eu de
telles déceptions, que nous n'attachons plus qu'une valeur médiocre aux théories politiques. Nous sentons par
instinct qu'avec deux chambres, une tribune et la
presse, un peuple sera toujours libre, si l'esprit public
est vivant, si l'opinion est active ; nous sentons aussi
que des députés et des journaux ne serviront de rien à
un peuple qui s'abandonne, et qui n'a plus le goût de
la liberté.

On ne se passionne donc plus pour ces garanties politiques, si dignes cependant d'intéresser le citoyen, et
dont l'heure reviendra; en revanche, on se préoccupe
plus qu'on ne faisait autrefois des libertés civiles, individuelles, de ces droits qui nous touchent dans la vie de
tous les jours ; c'est ainsi que, sans concert arrêté, on
en arrive à agiter l'un après l'autre les problèmes qui
occupent M. Mill et M. Eœtvœs.

De toutes ces libertés, celle que l'on réclame avec le
plus de vivacité, c'est la liberté religieuse. Il y a trente
ans, quand Vinet demandait la séparation politique de
l'Église et de l'État, quand Samuel Vincent exposait

ses vues profondes sur le *protestantisme français*, leur voix se perdait dans le désert; aujourd'hui il n'en est plus de même, chacun écoute M. de Pressensé, M. Jules Simon, M. Paradol; on sent que nous sommes dans une période de transition, et par cela même dans une situation fausse. On veut en finir avec les restes d'un système que la révolution a renversé. Autrefois, quand l'Église et l'État étaient unis par un véritable mariage, quand le roi de France était un personnage sacré, l'oint du Seigneur, le fils aîné de l'Église catholique, on comprend que la religion soutînt la royauté, et que la royauté défendît la religion. C'était une erreur, mais une erreur logique. Aujourd'hui l'État protége également les catholiques, les protestants, les juifs, et au besoin les musulmans. L'esprit du gouvernement est un esprit laïque, la loi est indifférente. Que peut être la protection dont on couvre ces églises diverses, sinon une servitude administrative? Pour l'État, ce n'est pas un avantage; son intervention encourage des prétentions qu'il ne peut satisfaire, et l'encombre de difficultés qu'il ne peut éviter. Voyez les émotions diverses, les passions brûlantes que soulèvent les affaires d'Italie. A l'intérieur, il y a aussi plus d'un inconvénient; les lois ne sont plus d'accord avec ce grand principe de liberté religieuse qui est la gloire des temps modernes. Des protestants ou des catholiques se détachent d'une Église autorisée, et se réunissent afin de lire en commun l'É-vangile. On les traduit en police correctionnelle pour un acte que la loi qualifie de délit, et que tout honnête homme respecte. Condamnée par le magistrat, amnistiée par l'opinion, la nouvelle Église recommence ses réunions; on envoie en prison pasteurs et fidèles. Sur cet éclat, l'esprit public s'éveille, et quand les prétendus coupables ont perdu leur procès, le gouvernement leur accorde l'autorisation qu'ils avaient en vain sollicitée. Qui donc gagne à cette façon d'agir? Est-ce la religion, est-ce la magistrature, est-ce le pouvoir? Ne serait-il pas plus simple et plus équitable de laisser chacun maître de sa foi, en confiant à la justice le soin de punir ceux qui, par impossible, établiraient un simulacre d'Église pour y cacher un club politique. Certes, une pareille réforme n'affaiblirait en rien l'État; elle n'en aurait pas moins une portée immense. On ne sait pas jusqu'à quel point la religion domine et règle toutes nos idées. Si déchue qu'on la croie, elle est encore la reine des âmes; pour ressaisir l'empire, il ne lui faut que la liberté. D'ailleurs, ce n'est pas aux seuls chrétiens que profiterait cette émancipation; quand on reconnaît au fidèle le droit de se réunir et de s'associer, comment le refuser au citoyen?

La liberté de réunion et d'association est inconnue en France, si inconnue qu'à peine on y songe. Le peu qui en subsistait a été supprimé sous le dernier règne par une loi rigide qui n'aurait pas dû survivre aux circonstances. Dans un passage de ses Mémoires où il se juge lui-même avec une sévérité de bon goût, M. Guizot regrette qu'on ait entravé indéfiniment et de façon générale un des droits civiques les plus précieux, une des conditions essentielles de la civilisation moderne. Il suffit de regarder l'Angleterre pour y voir les miracles que produit l'association. C'est la force des pays libres ; elle contribue plus que tout le reste à contenir l'État, en faisant faire volontairement par la société ce que l'administration fait sans nous, quelquefois malgré nous, et toujours avec notre argent. Aux États-Unis, comme en Angleterre, l'association suffit à tout. Religion, éducation, lettres, sciences, arts, hospices, établissements de bienfaisance, caisses d'épargne, assurances, banques, chemins de fer, industrie, navigation, tout cela vit et prospère par le libre effort des citoyens. Voit-on que les églises y soient moins nombreuses et moins bien dotées, les missions moins ardentes, la charité moins active, l'esprit d'entreprise moins répandu? C'est une nouvelle preuve d'une vérité qu'il ne faut pas se lasser de répéter. Les adversaires de la centralisation ne veulent pas affaiblir ce que je nommerai l'œuvre sociale ; tout au contraire, ils entendent la fortifier et l'agrandir. En demandant que le pouvoir agisse moins, ils entendent bien que la société agira davantage.

La France, dira-t-on, est habituée à compter sur l'État ; je le sais, c'est là notre faiblesse. Mais, sous prétexte d'une mauvaise éducation qu'on nous a donnée et des fâcheuses habitudes qu'on nous impose, il ne faut pas nous déclarer incapables. Les compagnies de chemins de fer et de navigation ont réussi ; les sociétés de secours mutuels sont en pleine activité ; jamais nous n'avons manqué à la liberté quand on nous a laissés faire. On pourrait se fier davantage au pays. L'État, dira-t-on, ne refuse pas d'autoriser ce qui est bon, honnête et sage ; soit, c'est toujours la tutelle, et une

tutelle que rien ne justifie. Pour éclairer ou servir mes
concitoyens, pour fonder une école, un hospice ou une
église, pour dépenser ma fortune à mes risques et périls, il me faut solliciter l'autorisation des bureaux et
me plier à leurs préjugés. Trop heureux si, après mille
délais et mille ennuis, on m'accorde comme une faveur
ce qui m'appartient comme un droit. L'administration,
ajoute-t-on, est composée d'hommes de talent, animés
des meilleures intentions; soit encore; mais, outre
qu'ils ne sont pas infaillibles, et que leurs devanciers se
sont trompés plus d'une fois, il y a déjà plus de vingt
siècles que les anciens définissaient la liberté un régime
où l'on obéit non pas à l'homme, mais aux lois.

Les catholiques ont attaqué le monopole de l'Université; ils ont fini par y faire brèche. Sous la monarchie
de 1830, on a résisté à leurs prétentions; on y a vu la
manœuvre d'un parti, et ce qui n'est pas rare en France,
on a rejeté la liberté, de peur qu'elle ne profitât à d'autres qu'à des amis. Si les chambres avaient eu plus de
confiance dans le pays, M. Guizot aurait achevé la réforme qu'il avait heureusement commencée; nous joui-
rions aujourd'hui d'institutions qui nous seraient fort
nécessaires, quoiqu'en ce point l'opinion publique soit
tout à fait endormie. Nous n'avons pas la moindre idée
de ce que doit être l'enseignement supérieur chez un
peuple civilisé; cependant c'est dans nos Facultés que
la génération qui, un jour, viendra aux affaires devrait
prendre des idées larges et saines. Y a-t-il donc un
danger politique à émanciper les professeurs et les étu-
diants? La Belgique a laissé le clergé fonder une uni-

versité libre à Louvain, les libéraux en ont établi une autre à Bruxelles : voit-on que l'esprit de désordre règne à nos portes? En Allemagne le professeur est dix fois plus indépendant qu'en France; on y parle de tout avec une hardiesse qui nous étonne. Quel est le résultat de cette prétendue licence? c'est que grâce à elle l'Allemagne trompe ce besoin de liberté politique qui l'agite depuis 1815; la révolution est en permanence dans les universités; mais ce qu'on y renverse, ce sont des systèmes de philosophie, et non pas des gouvernements. Quand la première furie de la jeunesse est passée, on rentre dans la vie réelle avec le goût de la science et l'amour de la patrie. Est-ce là ce que nous rapportons de nos établissements si bien réglementés?

La liberté de la presse est une des conquêtes que nous devons à la charte de 1830. C'est une des grandes causes de l'influence française en Europe. Grâce à la clarté de notre langue, au talent de nos écrivains, nos idées s'insinuent chez les gouvernements qui nous craignent le plus, chez les peuples qui nous aiment le moins. Mais la liberté de la presse est incomplète aussi longtemps que n'existe pas l'entière liberté du journal. Je sais qu'on distingue et qu'on fait du journal une espèce d'instrument politique, un organe privilégié, un monopole concédé par l'État et que l'État a droit de régler. Ce sont là des théories si ingénieuses et si subtiles que leur mérite m'échappe; je n'en vois que la fausseté et le danger. Le journal est le *forum* des peuples modernes, la place publique où chacun a droit de proposer ses idées et de faire entendre ses plaintes. S'il est autre chose, la faute en est, non pas à lui, mais aux lois jalouses, qui depuis trente ans n'ont accordé qu'une demi-liberté. Quand avec le timbre, le cautionnement, l'autorisation administrative, l'avertissement, le privilége du gérant et de l'imprimeur, on a réduit le nombre des journaux, qu'a-t-on fait, sinon de contraindre les partis à se réunir autour d'un petit nombre de drapeaux? Il leur faut oublier leurs dissensions intestines, effacer les nuances qui les divisent, accepter une direction commune, prendre une cocarde, recevoir un mot d'ordre, en un mot agir comme une armée. Cette discipline, cette unité qui effraye l'État, c'est lui qui la constitue. Ce qui lui donne l'horreur du journal, c'est la force factice qu'il a créée.

En Angleterre, où la presse est entièrement libre, les divisions sont infinies; ce n'est pas un parti qui a un organe, c'est chacune des petites Églises qui appartiennent de nom au même parti. Il n'y a pas une nuance religieuse, politique, littéraire, qui ne soit représentée par un journal. Qu'en arrive-t-il? c'est que la presse n'est pas un pouvoir politique. Le *Times* ne fait ni ne défait de ministères. La presse est mieux qu'un quatrième pouvoir dans l'État, c'est la voix même de l'opinion, cette voix qu'un gouvernement a toujours besoin d'entendre. Chaque matin, ces milliers de feuilles imprimées apprennent à l'Angleterre ce que pense, ce que veut, ce que fait, ce que souffre le moindre de ses enfants; c'est la police la mieux faite, et une police qui ne coûte rien, c'est une éducation universelle et gratuite, c'est la garantie de tous les droits et une garantie que rien ne remplace; en deux mots, c'est la liberté en action. Il en est de même aux États-Unis. Tandis qu'en France le journal fait l'opinion, et par conséquent est une puissance avec laquelle il faut compter, en Amérique, c'est l'opinion qui fait le journal; le journal, par lui-même, n'est rien. Il en sera ainsi partout où à peu de frais chaque citoyen pourra s'adresser librement au public. J'évite de toucher aux côtés brûlants de la question; il serait facile de prouver, l'histoire à la main, qu'une presse libre est une force pour l'État, tandis qu'une presse administrée le compromet au dehors, sans le servir au dedans. Elle trompe le gouvernement et l'enivre, elle ne trompe pas le public. Quand donc sentirons-nous que la vérité est à l'intelligence ce que la liberté est à l'activité humaine? Tout ce qui la comprime énerve l'individu ; ce qui affaiblit le citoyen ne peut fortifier l'État.

La liberté individuelle est un sujet qui passionnait nos pères; aujourd'hui il n'y a guère que des jurisconsultes qui s'en occupent; on est habitué à un régime qu'on entend souvent louer comme une des conquêtes de la Révolution. Le caractère honorable de nos magistrats, leur douceur que je ne saurais trop approuver, l'indulgence et quelquefois même la faiblesse du jury, nous cachent heureusement le défaut de nos lois criminelles. L'esprit de ces lois est encore le vieil esprit d'inquisition, elles cherchent des coupables plus que des innocents. La prison préventive y est prodiguée, l'instruction faite en secret ne laisse à l'accusé d'autre garantie que l'honneur et les lumières du juge. En cour d'assises, c'est le président seul qui dirige l'interrogatoire des prévenus et des témoins, c'est lui qui par son résumé tient d'ordinaire en ses mains le sort de l'accusé; tout cela est le contraire des lois anglaises et américaines. Elles favorisent la liberté sous caution, elles mettent la publicité à tous les degrés de la procédure, elles font du président d'assises le protecteur de l'accusé. Il n'y a pas d'accusé qui en Angleterre puisse s'en prendre aux institutions ou aux hommes; s'il tombe, c'est sous le poids de sa propre infamie. Combien il serait à désirer que l'opinion s'animât comme autrefois pour ces grandes réformes! nos magistrats, j'en suis sûr, s'y associeraient volontiers; l'État n'y perdrait rien de sa puissance; le triomphe de la justice et de l'humanité est le sien.

Parlerai-je de la liberté industrielle et commerciale? cela est peu nécessaire; c'est une cause gagnée. De toutes les libertés individuelles, c'est celle que l'État comprend le mieux. L'intérêt financier l'a rendu clairvoyant. On sait enfin que la richesse des particuliers fait la fortune publique, et que cette richesse est toujours en proportion de la liberté. Venise, la Hollande, l'Angleterre, sont des exemples frappants de cette vérité.

Que de temps il a fallu pour en venir là! Pendant combien de siècles l'administration, aveuglée par sa propre sagesse, n'a-t-elle pas considéré l'individu comme incapable de marcher sans lisières! Que de règlements dont le moindre défaut était l'inutilité! Lois de culture, lois de fabrication, lois de navigation, rien n'a lassé le zèle malheureux de nos rois et de leurs

conseillers. C'est avec l'amour du bien, avec une bonne
foi parfaite qu'ils ont perpétué l'ignorance, la routine
et la misère. Enfin la lumière s'est faite, elle nous est
venue du dehors. On a compris qu'il n'y avait pas de
science ni d'habileté administrative qui valût l'intérêt
privé; ce désordre apparent qui terrifiait nos pères s'est
montré plus fécond que l'uniformité stérile où se com-
plaisait la prudence des hommes d'État. Grande leçon,
si on avait le courage de suivre jusqu'au bout un principe qui ne s'applique pas seulement à l'industrie.

Rendons justice aux économistes français, à MM. Du-
noyer, Michel Chevalier, Passy, Wolowski, Baudrillart;
tous ont senti que l'économie politique était moins la
science de la richesse que la science de l'activité
humaine; le pays le plus riche est toujours celui où
l'homme travaille et produit le plus. Par là ils ont rattaché l'économie politique à la morale, et la liberté industrielle à toutes les libertés. Y a-t-il pour un État un
intérêt plus pressant que l'alimentatation publique?
Tibère, seul maître du monde, ne tremblait-il pas à la
pensée qu'un jour de retard dans sa flotte d'Alexandrie
pouvait renverser l'empire et mettre Rome en cendres?
Notre ancienne monarchie a-t-elle eu de souci plus
cuisant que de songer à ce difficile problème [1]? N'est-ce
pas un de ceux qui occupèrent le plus la Convention?
Depuis quand, néanmoins, ne craint-on plus la famine,
sinon depuis que l'État a remis à l'industrie privée un

1. Voyez les excellents articles de M. Charles Louandre sur l'*Ali-
mentation publique sous l'ancienne monarchie; Magasin de Librairie*,
tomes X et XI.

soin si délicat? Du jour où le pouvoir ne s'en est plus
mêlé, la question a été tranchée. Mais si les citoyens sont
capables de se nourrir seuls et sans la main de l'État,
pourquoi seraient-ils moins capables de connaître seuls
le Dieu qu'ils adorent, le culte qui répond aux besoins
de leur âme, la vérité qui doit éclairer leur intelligence?
La religion souffre-t-elle aux États-Unis, la science est-
elle étouffée en Allemagne, l'opinion est-elle moins sage
en Angleterre que sur le continent? Quand donc aurons-
nous foi dans l'humanité?

Il y a longtemps qu'on demande la liberté municipale, la France en a grand besoin; mais en ce point je
me rattache aux idées de M. Ecetvces, je crois qu'il y a
ici deux éléments en présence, deux éléments que con-
fondent trop souvent les partisans et les adversaires de
la centralisation. On attaque et on se défend sur un
terrain mal défini.

Convaincu que, dans l'intérêt même de la liberté, il
faut à l'État un pouvoir énergique, et que ce pouvoir ne
peut exister que par la centralisation, il me semble
qu'on ne peut revenir aux idées municipales du moyen
âge; il faut que l'action politique du gouvernement arrive jusque dans la commune la plus oubliée; rien ne
doit affaiblir cette unité qui fait la force et la grandeur
de la France; mais l'unité politique n'est pas l'uniformité administrative. Charger l'État du soin des affaires
locales, l'encombrer d'une foule de questions qui ne le
touchent pas et qu'on ne peut juger que sur place, c'est
l'affaiblir en l'embarrassant d'une inutile responsabilité.
Là est la réforme possible, réforme demandée par toutes

les opinions, et qui ne serait pas moins utile au gouvernement qu'aux citoyens.

C'est aujourd'hui une vérité triviale que la commune
est l'école de la liberté. C'est là que se forment les esprits pratiques; c'est là qu'on voit de près ce que sont
les affaires, qu'on en connaît les conditions et les difficultés. On y vit avec ses concitoyens, on s'y attache à
la petite patrie, on y apprend à aimer la grande; on y
satisfait honorablement une légitime ambition. Quarante mille municipalités, c'est de quoi intéresser deux
cent mille personnes à la chose commune; c'est satisfaire ce besoin d'activité politique qui agite les âmes
ardentes et les nobles cœurs. Tel est venu se perdre à
Paris ou y pousser au désordre, qui dans sa petite ville
eût été un maire honorable ou un conseiller édifiant.

Qu'oppose-t-on à cette reforme? que les communes
seront des foyers de révolution. Cela n'est pas à craindre;
ce qui fait les révolutions, c'est la réunion de tous les
mécontentements. Voilà pourquoi les pays centralisés
sont les plus exposés aux émeutes et aux coups de
main. Les pays où la vie municipale est énergique
sont à l'abri de ces terribles maladies. N'y a-t-il pas là
une leçon? Diviser pour régner est une maxime abominable quand elle s'applique aux mauvaises passions des
hommes; diviser les intérêts, c'est-à-dire les satisfaire
en détail, et ne garder en main que la souveraineté politique, c'est au contraire un principe excellent. C'est ce
qui explique la force et la durée des institutions britan-
niques. Pour un Français imbu des préjugés de son
enfance, qu'y a-t-il de plus faible que cette royauté an-

glaise dont on sent à peine l'action? Pour un observateur impartial, qu'y a-t-il de plus fort que ce pouvoir
que rien n'embarrasse? Gardien des libertés publiques,
soutenu par l'affection raisonnée de tous ceux qui jouissent de ces libertés, il est le pays tout entier. Il peut
s'engager dans une guerre ou dans une réforme sans
craindre que l'opinion l'abandonne ni que l'émeute éclate
sous ses pas. Sur le continent, l'administration est un
corps, je dirais presque une armée, qui a un esprit et
des intérêts particuliers; elle a des lois, des tribunaux,
des priviléges qui la mettent en dehors et au-dessus
du droit commun; aussi a-t-elle pour ennemis tous
.ceux que gêne ou que blesse le moindre de ses agents;
nous nous en prenons à l'État de l'injure que nous fait
un garde champêtre. En Angleterre, on peut se plaindre
d'un fonctionnaire quelque petit ou quelque grand qu'il
soit, on peut l'attaquer en justice; mais là s'arrêtent la
plainte et la rancune; l'État, qui n'est pour rien dans
l'acte incriminé, n'en est point responsable aux yeux
mêmes de celui qui souffre. Où est le germe d'une révolution?

On cherche une autre raison, qui cette fois n'est plus
politique; les communes, dit-on, seront mal adminis-
trées, elles se ruineront. C'est l'éternelle réponse de l'administration à toutes les demandes d'indépendance,
réponse éternellement démentie par les faits. Si l'État
se mêlait de nos fortunes, il y en aurait sans doute un
certain nombre qui seraient mieux conduites; combien
n'y en aurait-il pas qui dépériraient, grâce à cette tutelle de tous les instants! C'est toujours le même pro-

blème. Laissez aux communes, laissez aux individus la liberté de se ruiner, car c'est cette même liberté qui leur permet de s'enrichir ; fiez-vous à cette force qui maintient l'homme dans les voies de la raison, et le garantit de ses propres folies : la responsabilité ! Cherchez dans l'histoire les pays qui ont fait de grandes choses et qui sont la gloire de la civilisation. Athènes, Rome, Venise, Florence, la Flandre, la Hollande, la Suisse, l'Angleterre, les États-Unis, tout cela ce sont des pays municipaux, où la commune, abandonnée à elle-même, a toujours eu le droit de se ruiner ; cherchez maintenant les États qui, malgré une apparente grandeur, se sont affaissés sans pouvoir jamais se relever de leur décadence : l'Égypte, l'empire romain, Byzance, la Chine ; ce sont des gouvernements sans vie municipale, des États centralisés. Ou l'expérience est un mensonge, ou il faut toujours en revenir à la liberté.

Résumons ce long travail. En toute l'Europe on sent aujourd'hui la nécessité d'un pouvoir fort ; c'est la garantie de l'indépendance et de la liberté. A ce pouvoir personne ne dispute ce qui lui assure le respect au dedans comme au dehors : l'armée, la marine, la diplomatie, les finances, la législation, la justice, l'administration et la police suprêmes. Sans doute, chez tous les peuples libres, on veut que les représentants du pays aient un contrôle effectif sur l'administration, l'impôt et la guerre ; nos longues misères ne nous ont pas réconciliés avec le pouvoir absolu ; mais ce contrôle n'affaiblit en rien la souveraineté de l'État. Une fois la décision prise, tout plie devant la volonté suprême, car elle est la volonté même du pays. Le peuple le plus libre est celui qui, une fois engagé, donne le plus facilement son dernier homme et son dernier écu. La force d'un État est donc en proportion même de sa liberté. Il suffit d'un coup d'œil jeté sur la carte de l'Europe pour n'en pas douter.

Mais en même temps on a senti que pour donner à l'État le plus haut degré de puissance, il fallait ne le charger que de ce qu'il doit faire nécessairement; autrement, c'est employer les forces de tous à paralyser l'énergie de chacun, et détruire ce qu'on croit élever. De là l'idée de déterminer les limites naturelles de l'État, et de l'y renfermer. Représentant de la nationalité et de la justice, l'État est ce qu'il y a de plus grand et de plus saint parmi les institutions humaines; c'est la forme visible de la patrie. Jeté hors de son domaine, ce n'est plus qu'une tyrannie; il est malfaisant, ruineux et faible; rien ne l'arrête, il est vrai, mais rien ne le soutient.

Quelles sont les libertés que le citoyen peut revendiquer? nous les avons énumérées : ce sont toutes celles qui ont pour objet la conscience, la pensée, l'activité individuelle. Ce n'est pas là, dira-t-on, une grande découverte; il n'y a pas de *déclaration de droits* qui ne renferme toutes ces libertés. Ce sont les principes de 1789. Il est vrai; c'est la preuve, qu'au travers de toutes nos révolutions, ce sont toujours ces libertés que nous avons désirées; mais il sera permis d'ajouter que toutes les constitutions nous les ont promises, et qu'aucune ne nous les a données. Ce sont de magnifiques inscriptions qu'on met au fronton de l'édifice, mais le dieu est absent du temple qui porte son nom; ce qu'on adore à sa place, c'est un fantôme qui nous échappe et nous trompe, c'est la souveraineté.

Encore une fois, je ne méconnais pas l'œuvre de nos pères; ils ont sincèrement voulu la liberté, ils ont cru l'établir. Ce que je leur reproche, c'est d'avoir abordé le problème par le mauvais côté, et de n'en avoir saisi que la moitié. Je n'attaque aucune des garanties constitutionnelles qu'on réclamait il y a quinze ans, je crois même qu'on n'allait pas assez loin, et que, notamment, sans une responsabilité effective de tous les agents du pouvoir, et sans une indépendance absolue de la presse, un pays n'est pas en possession complète de la liberté politique; mais à ces garanties je voudrais donner un fonds solide; en deux mots, je voudrais que ces garanties ne fussent pas des formes vides et qu'elles protégeassent des droits vivaces. Ce sont ces droits qu'il faut établir; quand ces libertés particulières auront pris racine dans nos mœurs, il y a dans la constitution de 1852 assez d'élasticité pour qu'elle se prête sans peine à tout ce que l'opinion en exigera.

Mais ces libertés, jetées à un pays qui n'en a pas l'usage, ne sera-ce pas le désordre? Hommes de peu de foi, il serait aisé de prouver que jamais une liberté franchement et complétement accordée n'a troublé la France, tandis que le refus de ces libertés a été la cause de presque tous nos désastres. Qu'y a-t-il d'ailleurs de si terrible dans ce qu'on réclame? Demande-t-on l'anarchie et l'impunité? non, on demande simple-

9

ment que la justice remplace l'administration, et que la tutelle de l'État cède à la responsabilité du citoyen. En appeler aux lois, grandir la magistrature, c'est, ce me semble, donner à la paix publique des gages suffisants. Prévenir, dit-on, vaut mieux que réprimer; c'est là un paradoxe dont on ne veut même plus en éducation. Empêcher le bien pour empêcher le mal, c'est l'enfance de la politique; à suivre ce système brutal, le monde se serait arrêté au lendemain de la création. Ce qu'il faut, au contraire, c'est arrêter le mal et laisser pleine carrière au bien. Est-ce chose difficile? Le moyen est trouvé depuis longtemps; on l'applique de plus en plus dans les sociétés civilisées; ce moyen, c'est la responsabilité, une responsabilité sérieuse, qui, sans entraver l'honnête homme, effraye le méchant, et au besoin le frappe et l'abatte. Que cette responsabilité soit lourde, que la loi soit sévère et le magistrat rigide, il n'importe; la loi la plus dure vaudra toujours mieux que l'arbitraire le plus doux. La loi est connue, elle est égale pour tous, elle laisse au citoyen la dignité et l'indépendance, elle ne le force pas à intriguer, à plier ou à ne rien faire qu'au gré d'autrui. De là le faible que les vrais libéraux ont pour la justice, le peu de goût qu'ils ont pour l'administration. Liberté et justice sont deux termes inséparables; elles se supposent et s'appellent mutuellement: l'une est le droit, l'autre est la garantie. Ce sont les deux faces d'une même médaille, elles ont même centre et même rayon.

Est-il vrai qu'aujourd'hui l'opinion, si faible qu'elle soit, commence à s'inquiéter de ces libertés indivi-

duelles? c'est au lecteur à en juger. Pour moi, simple
observateur, il me semble qu'il y a un certain réveil de
l'esprit public; si je ne me trompe, c'est de ce côté
qu'on tourne les yeux. Depuis douze ans une génération nouvelle est entrée sur la scène du monde. Cette
génération n'a pas eu nos illusions et nos déboires; elle
n'a pas non plus nos regrets et nos souvenirs. Les hommes de trente ans ne savent que par ouï-dire ce qu'était
cette tribune qui passionnait leurs pères, j'ignore ce
qu'ils pensent du gouvernement parlementaire dont ils
n'ont vu que la ruine. Mais, quelle que soit l'idée qu'ils
se fassent du passé, une chose est certaine, c'est qu'en
pleine civilisation, dans une société qui vit par l'intelligence et le travail, il est impossible que ces hommes
nouveaux ne désirent pas la liberté. Les idées et les intérêts en font une nécessité. Hier c'était la liberté industrielle qu'on saluait avec transport, demain on demandera la liberté municipale. La vie religieuse se ranime
de toutes parts; refusera-t-on de briser ce reste de
chaîne qui entrave l'autorité non moins que le citoyen?
Et si chacun de son côté réclame la liberté qui le touche,
ira-t-on loin sans s'apercevoir que toutes les libertés
se tiennent, et qu'il y a un intérêt commun à ne pas
les séparer? La grande industrie est-elle possible, peut-
on engager des affaires de longue durée si la presse ne
peut toucher hardiment aux questions politiques, contrôler les dépenses, faire entendre la voix du pays sur
la paix et la guerre, blâmer ou défendre l'administration et ses projets? La liberté religieuse n'entraîne-
t-elle pas la liberté d'éducation? Que sont ces deux li-

bertés si on n'a pas le droit de s'associer et de se réunir?
A quoi servent-elles si la commune ne peut s'intéresser
ni à l'Église ni à l'École? Plus on avancera sur le terrain de la pratique, plus on sentira combien M. Mill
a raison de dire que cette question des libertés individuelles se trouve au fond de toutes nos préoccupations;
elle est le problème vital de l'avenir.

Ajoutez que les peuples sont solidaires, et que jamais cette solidarité n'a été plus visible qu'en notre
temps. Il n'est pas une découverte scientifique, industrielle, maritime, militaire, que les nations civilisées ne
s'empruntent aussitôt; leur grandeur est à ce prix.
Qu'on aime ou qu'on haïsse ses voisins, il faut vivre de la
vie commune et marcher du même pas. S'isoler, c'est
déchoir. En serait-il autrement de la liberté? Serait-ce
un outil qu'on puisse dédaigner? Voyez ce qui se passe
en Autriche; les hommes d'État y sentent ce que Napoléon nommait si justement l'impuissance de la force;
pour se défendre contre le flot qui monte, l'Autriche
fait appel à ces institutions qu'elle écrasait il y a douze
ans, et que hier encore elle faisait insulter par ses
journaux officiels ou officieux. Que de cruautés, de
misères et de hontes elle se serait épargnées si elle eût
compris plus tôt ce que demande aujourd'hui la civilisation!

Est-ce l'État qui doit s'effrayer de semblables réformes? S'appuyer sur l'intérêt commun, garder pour soi
la puissance publique dans toute son intégrité, rester
l'organe de la volonté nationale, mais laisser les intérêts
privés chercher eux-mêmes une satisfaction que l'ad-

ministration la plus sage ne leur donnera jamais, est-ce
là un programme qu'un gouvernement ne puisse avouer?
Est-ce une politique à courte vue ou une politique d'a-
venir? En France, quand on parle de la liberté, chacun se figure aussitôt cette divinité farouche qu'on
nous peint le bonnet rouge en tête et la pique au poing;
ce n'est pas cela qu'ont désiré nos pères, ce n'est pas
cela que nous demandons. Que chacun de nous soit
maître de sa pensée et de ses actes, sauf à en répondre
devant les tribunaux; qu'on nous donne une part dans
les affaires de la commune qui sont les nôtres, qu'on
laisse à nos représentants le contrôle effectif des
affaires publiques, voilà notre idéal, il n'a rien de révolutionnaire. C'est celui de tous les constitutionnels
depuis 1789, c'est ce qu'ont voulu Mirabeau, Malouet,
Clermont-Tonnerre, Royer-Collard, Benjamin Constant,
le général Foy, tout ce que la France a aimé, tout ce
que la France a respecté! Ne se trouvera-t-il jamais un
gouvernement pour exaucer un vœu si profond et si
légitime? Chez nous la politique est toujours armée, il
semble que l'État soit en duel réglé avec les partis; à
leurs passions, à leurs idées, il oppose des passions et
des idées contraires; c'est une lutte acharnée qui finit
d'ordinaire par la ruine commune des combattants. Ce
n'est pas ainsi qu'on fonde un édifice durable et qu'on
assure l'avenir. Laissez aux partis leurs passions, em-
parez-vous de leurs idées, quand elles sont justes et généreuses, vous aurez bientôt désarmé et noblement
vaincu ceux que vous craignez. Pourquoi ne pas entrer
dans cette voie féconde, pourquoi ne pas chercher à

pacifier les âmes, à faire enfin de la France un seul peuple et un seul pays? *J'ai toujours défendu la liberté
des autres*, disait Burke, noble devise que devraient
prendre tous les hommes d'État. Il est beau de présenter au monde un pays riche et industrieux, une armée
héroïque, une marine puissante, des villes embellies,
des monuments splendides; mais il y a quelque chose
de plus admirable et de plus grand que toutes ces merveilles, c'est la force qui les produit. Cette force, qu'on
ne peut trop ménager (c'est là tout le secret de la politique), cette force que trop de gouvernements mécon-
naissent et négligent, c'est l'individu, et s'il est une
vérité que la science démontre et que l'histoire nous
crie, c'est qu'en religion, en morale, en politique, en
industrie, dans les sciences, dans les lettres, dans les
arts, l'individu n'est rien que par la liberté.

Novembre 1860.

LA LIBERTÉ ANTIQUE

ET

LA LIBERTÉ MODERNE

Pour étudier la politique, c'est-à-dire la science du ouvernement, c'est aux Grecs qu'il faut remonter. Ils nt été nos maîtres, soit que nous ayons puisé leurs dées à la source même, soit que nous les ayons reçues es Romains, qui en philosophie politique, comme en oute autre doctrine, n'ont rien inventé. L'Orient a vu de vastes empires, mais ces grandes monarchies n'ont été que des despotismes politiques et religieux. Hormis la Chine, il ne paraît pas qu'on ait rien écrit sous ces gouvernements. La raison en est simple. D'une part il est difficile de rassembler des règles générales et d'édifier un système chez des peuples où règne le caprice d'un maître ; de l'autre il n'est pas facile de juger un pouvoir absolu. Le despotisme aime par-dessus tout le silence, les éloges même l'inquiètent ; la lumière l'effraye ; si on le discute, il est perdu.

Il en fut tout autrement en Grèce. Dans ce pays, partagé entre tant de peuples et de gouvernements divers, l'attention des philosophes fut appelée de bonne heure

sur la société, l'État et ses lois. Une démocratie aussi
mobile que celle d'Athènes, une cité où les révolutions
se succédaient sans cesse, c'était là un sujet d'études
qui s'imposait forcément aux esprits réfléchis. Si le
pays était petit, l'expérience était grande; Athènes
épuisa vite toutes les formes de la liberté. Son histoire
mettait en plein jour les vices de la démagogie; il était
aisé de reconnaître, dans les convulsions de la république, cette loi naturelle qui de l'anarchie tire l'ordre, et
fait succéder la tyrannie à la licence d'un peuple que
les flatteurs ont enivré.

De tous les hommes qui ont étudié la politique, le
plus profond et le plus sage est Aristote; ni Machiavel,
ni Montesquieu ne l'ont égalé. Que des philosophes et
des théologiens préfèrent Platon à son disciple, je ne
critiquerai pas leur opinion; je n'entends point décider un procès qui occupera encore nos arrière-neveux;
mais en politique, la question me paraît jugée sans
appel. Platon, ce *poëte décousu*, comme le nomme
Montaigne, est un admirable moraliste. Malgré la bizar-
rerie de certaines idées, on lira toujours avec plaisir la
République et les *Lois* : mais si Platon nous inspire
l'amour de la justice, il ne nous apprend que peu de
chose sur la science du gouvernement; Aristote, au
contraire, décrit ce qu'il a sous les yeux. L'étude et la
comparaison des constitutions libres lui font découvrir
des règles qui n'ont pas vieilli, des lois naturelles qui
n'ont pas changé plus que l'humanité. Ce n'est pas
un idéal qu'il imagine, c'est une histoire qu'il écrit.
Par sa façon d'étudier, Aristote est un moderne; le

champ d'observations a grandi, la méthode n'a point
varié.

De toutes ses comparaisons, de toutes ses remarques,
Aristote tire un État modèle, un gouvernement parfait.
Quel est cet État? C'est quelque chose qui, aujourd'hui,
ne répond plus à nos besoins ni à nos idées ; il est visible que toutes les conditions de la liberté ont changé ;
le mot même de liberté n'a pas le même sens chez
les anciens et chez les modernes. Faute d'avoir fait
cette distinction, Rousseau et Mably se sont tout à
fait égarés, et des disciples maladroits et fanatiques
nous ont fait payer cher l'erreur de leurs maîtres. En
politique comme dans les arts, il sera toujours utile
d'étudier l'antiquité, il sera toujours puéril et dangereux de l'imiter.

Chez les Grecs (Aristote regarde le reste des peuples
comme des barbares) la société se divise en hommes
libres et en esclaves. Ces derniers ne sont que des instruments vivants, des animaux domestiques. La loi ne
les connaît pas.

Parmi les hommes libres, le législateur et le politique
ne considèrent que ceux qui ne vivent pas d'un travail
manuel, et qui par conséquent peuvent se donner tout
entiers aux affaires générales. L'artisan, pour Aristote,
n'est qu'un esclave sous un autre nom ; il *sert* le public ;
jamais dans une république parfaite on ne fera un citoyen d'un ouvrier [1]. Des gens de loisir, des propriétaires qui vivent de leur revenu et du travail de leurs

1. *Polit.*, III, ch. III.

esclaves, voilà l'élément actif de la cité. Le reste est fait pour obéir. La plus démocratique des républiques grecques n'est qu'une étroite aristocratie.

Ce peuple de privilégiés est souverain, c'est lui qui fait les lois, décide de la paix et de la guerre, nomme les généraux et les magistrats, et au besoin les destitue et les juge. Tout part du peuple et tout y aboutit. Cette souveraineté, qui s'exerce sur la place publique, est ce qu'Aristote et les Grecs appellent la liberté. Être libre à Athènes, c'est être un membre du souverain.

Telle est la conception générale des républiques grecques; c'est la même idée qui règne à Rome, avec cette différence qu'aux beaux jours des Scipions, le patriciat et la noblesse ont une puissance qu'Athènes n'a point connue. Quand Cicéron écrit sa République, et met dans le passé l'idéal de la grandeur et de la liberté romaine, il ne fait que copier Polybe et mêler ensemble Aristote et Platon. Les Romains sont de bien plus grands administrateurs que les Grecs; ils ont poussé plus loin l'art de gouverner et de s'assimiler les peuples vaincus; mais leur notion de la liberté est la même; la théorie n'a point fait un pas en avant.

De ce principe que la liberté est la souveraineté, et que le peuple est roi, résulte tout un ensemble d'usages et de lois qui nous étonne à première vue, et qui cependant s'explique aisément. Ce n'est point la logique qui a manqué aux anciens.

S'il est une vérité confirmée par l'expérience, c'est qu'un roi ne s'appartient pas; il est fait pour l'État qu'il gouverne. La religion, l'éducation, les idées, la fortune du prince, sont choses d'intérêt public, et dont s'occupent les constitutions modernes.

Transportez cette idée à Athènes, songez que le *prince* est l'ensemble des citoyens, vous ne serez point surpris que la loi règle la religion, l'éducation, et jusqu'à la propriété du moindre Athénien.

De là ce spectacle étrange d'un peuple à la fois très-libre et très-esclave ; libre jusqu'à la souveraineté, pour tout ce qui touche au gouvernement, esclave à l'endroit de la religion, de l'éducation, de la vie. Sparte se croit libre et n'est qu'un couvent de soldats.

L'antiquité ne s'est jamais élevée au-dessus de cette notion : ni les Grecs, ni les Romains n'auraient rien compris à notre théorie des droits individuels. Chez eux le citoyen est fait pour l'État, et non point l'État pour le citoyen [1]. Des intérêts particuliers distincts de l'intérêt général, c'eût été une hérésie à Athènes comme à Rome. Membre du souverain, le citoyen a toutes les charges et tous les devoirs de la souveraineté.

La petitesse des cités grecques diminuait le danger de ce système et n'en faisait sentir que la grandeur. C'est ce que Benjamin Constant a très-bien vu et très-bien exprimé. « La part que, dans l'antiquité, chacun prenait à la souveraineté nationale, n'était point comme de nos jours une supposition abstraite. La volonté de chacun avait une influence réelle, l'exercice de cette

---

1. Aristote, *Polit.*, I, ch. ii.

volonté était un plaisir vif et répété. En conséquence,
les anciens étaient disposés à faire beaucoup de sacrifices pour la conservation de leurs droits politiques et
de leur part dans l'administration de l'État. Chacun,
sentant avec orgueil tout ce que valait son suffrage,
trouvait dans cette conscience de son importance personnelle un ample dédommagement [1]. »

Être tour à tour, et quelquefois tout ensemble, gou-
vernant et gouverné, souverain et sujet, tel est l'idéal
de la liberté antique. C'est ce qui nous explique comment, chez les Grecs et les Romains, on passe sans
transition de l'extrême liberté à l'extrême servitude. Il
suffit qu'un tyran s'empare du pouvoir, pour qu'aussitôt le despotisme s'établisse; la seule garantie du
citoyen, c'est sa part de souveraineté.

L'exemple de Rome est la preuve de ce fait curieux.
A Rome le citoyen est roi, aussi l'entoure-t-on de priviléges de toute espèce. La liberté individuelle n'a jamais
été plus énergiquement garantie. Les lois Valériennes
sont de véritables lois d'*habeas corpus;* la *custodia
libera* exclut toute prison préventive; les tribuns, per-
sonnages sacrés et inviolables, sont toujours prêts à
protéger le citoyen menacé; ce sont des jurés, *judices
iurati,* qui prononcent dans les procès criminels; enfin
l'exil volontaire soustrait l'accusé à toute vengeance
populaire, et équivaut à l'abolition de la peine de mort
en matière politique. Cicéron a pu rendre cette justice
aux vieux Romains, que chez aucun peuple il n'y avait

1. *De la Liberté des anciens comparée à celle des modernes,* Cours
de politique constit., t. II, p. 547. Paris, 1861.

eu des lois et des peines plus douces; mais qu'on ne s'y trompe pas, toutes ces libertés ne sont que des priviléges de la souveraineté.

Du jour où Sylla s'empare du pouvoir, la tyrannie entre dans Rome, pour n'en plus sortir. Les tribuns réduits au silence, les comices dominés, séduits ou supprimés, il n'y a plus de place que pour la servitude, et quelle servitude! On ne voit même pas que les anciens disputent au maître du monde ce qui nous semble aujourd'hui le droit le plus sacré de l'individu; je veux dire : la conscience, l'intelligence, le travail. Religion, éducation, lettres, commerce, industrie, tout est dans la main de l'empereur, le jour où le peuple, volontairement ou non, a transmis aux Césars sa souveraineté. Ni Trajan, ni Marc-Aurèle ne doutent un instant que leur pouvoir ne soit sans bornes. Ils gouvernent au nom du peuple; prétendre limiter cette puissance infinie, c'est un crime de lèse-majesté.

Si Jésus-Christ n'avait point paru sur la terre, j'ignore comment le monde aurait résisté à ce despotisme qui l'étouffait. Je ne parle point ici en chrétien, je laisse de côté toute question religieuse, et ne suis qu'historien. C'est en cette qualité que j'affirme qu'en politique, aussi bien qu'en morale et en philosophie, l'Évangile a renouvelé les âmes. C'est avec raison que nous datons de l'ère chrétienne; car une société nouvelle est sortie de l'Évangile.

Ce n'est point qu'à première vue l'Évangile semble fait pour changer la politique. *Mon royaume n'est pas de ce monde; rendez à César ce qui est à César*, disait

Jésus-Christ; et Paul [1] ajoute : « Rendez à chacun ce
qui lui est dû, le tribut à qui le tribut, les impôts à qui
les impôts, la crainte à qui la crainte, l'honneur à qui
l'honneur. » L'obéissance au pouvoir établi est la loi de
l'Évangile.

Mais lorsque le Christ ajoute : *Rendez à Dieu ce qui
est à Dieu;* il proclame un principe nouveau en contradiction avec toutes les idées antiques. Chez les anciens,
les dieux sont attachés aux murs de la cité, et n'existent
qu'avec la permission du Sénat, ou de César. Proclamer
que Dieu a des droits, c'est déchirer l'unité du despotisme. Là est le germe de la révolution qui sépare le
monde ancien du monde moderne. Rousseau l'a bien
senti, mais pour s'en plaindre [2] ; il nous propose grave-
ment l'exemple de Hobbes, « le seul qui ait bien vu le
mal et le remède, qui ait osé proposer de réunir les deux
têtes de l'aigle, et de tout ramener à l'unité politique,
sans laquelle jamais État ni gouvernement ne sera bien
constitué [3]. » D'accord sur le fait avec Rousseau, nous
en tirons des conséquences toutes contraires. C'est la
souveraineté de Dieu qui a brisé à jamais la tyrannie
des Césars. En effet, du jour où cette souveraineté est
reconnue, il y a des devoirs, et par conséquent des
droits pour l'âme immortelle, droits et devoirs indépendants de l'État, sur lesquels le prince n'a point d'auto-

1. Rom., ch. XIII.
2. *Contrat social*, liv. IV, ch. VIII. « Jésus vint établir sur la terre
un royaume spirituel : ce qui, séparant le système théologique du système politique, fit que l'État cessa d'être un, et causa les divisions intestines qui n'ont jamais cessé d'agiter les peuples chrétiens. »
3. *Contrat social*, liv. IV, ch. VIII.

rité. La conscience est affranchie, l'individu existe.

Est-ce simplement le culte qui est émancipé; ce serait déjà une révolution; mais les paroles du Christ ont une tout autre portée. Le culte ancien n'est qu'une vaine cérémonie, le culte chrétien au contraire comprend une morale qui embrasse toute la vie; saint Paul nous explique la pensée du Christ [1].

« Acquittez-vous envers tous de tout ce que vous leur devez, ne demeurant redevables que de l'amour qu'on se doit les uns aux autres; car celui qui aime le prochain accomplit la loi. »

« Ces commandements de Dieu : Vous ne commettrez point d'adultère; vous ne tuerez point; vous ne déroberez point; vous ne porterez point de faux témoignage; vous ne désirerez point le bien d'autrui...., sont compris en abrégé dans cette parole : Vous aimerez le prochain comme vous-même..... L'amour est l'accomplissement de la loi. »

Au lendemain de l'Évangile, il y a donc en présence deux conceptions politiques; d'un côté l'ancienne théorie qui prend la souveraineté pour la liberté; dans ce système l'État est un, la Cité tout, le citoyen roi, et l'homme rien. De l'autre côté est l'idée nouvelle qui donne le premier rang à la conscience ou à l'individu, le système qui réduit le rôle de l'État à une mission de justice et de paix, et qui fait de la souveraineté politique la garantie des droits individuels. Dans la théorie païenne la souveraineté est absolue, rien ne la limite·

1. Rom., XIII, 8.

dans la théorie chrétienne elle a des droits limités, et des devoirs certains. Il y a une sphère où elle ne peut entrer; l'âme ne lui appartient pas.

C'est entre ces deux idées, l'une païenne, l'autre chrétienne, que la lutte s'établit dès le temps des apôtres; elle dure encore aujourd'hui dans les esprits, et, par une conséquence naturelle, dans les institutions. La plupart des politiques modernes, et non pas les moins célèbres, sont encore infectés du vieux levain de l'antiquité.

Pour faire entrer l'idée nouvelle dans l'humanité, il fallut un combat de trois siècles; c'est l'époque des martyrs, l'âge héroïque du christianisme. Les martyrs sans doute ne faisaient pas de politique, non plus que les apôtres; ils étaient même convaincus qu'il n'y avait point de place pour eux dans la société païenne, et que la chute de l'Empire serait la fin du monde et l'avénement de l'Antechrist. Ils n'en sont pas moins les précurseurs de la liberté moderne. C'est sur le terrain de la religion et de la conscience qu'ils résistaient, ils ne demandaient qu'à adorer en paix le Dieu de l'Évangile; mais la foi comprend toute la vie morale, les institutions d'un peuple tiennent toujours à sa religion. Si l'Inde n'est jamais sortie du régime des castes, si l'Orient arabe n'a pu échapper au despotisme, c'est que sa foi l'asservit. Vous ne trouverez la liberté moderne que chez les chrétiens, parce que le christianisme seul a séparé la religion de la politique, et distingué le fidèle du citoyen.

Sur quoi portait la lutte, et comment se fait-il qu'à

une époque de scepticisme universel, les Romains, très-
tolérants d'ailleurs pour toutes les superstitions, aient
déclaré au christianisme une guerre à mort? Le discours
de Mécène à Auguste, tel que le rapporte Dion Cassius [1],
montre que dès le premier jour, et même avant le
christianisme, les empereurs avaient senti qu'il leur
fallait dominer l'âme humaine tout entière; la sécurité
du despotisme est à ce prix.

« Honore les dieux partout et toujours, suivant les
rites de la patrie, et force les autres à t'imiter. Déteste
les novateurs et punis-les, non-seulement à cause des
dieux, mais parce que l'introduction de nouveaux dieux
amène à sa suite des coutumes étrangères. De là des
associations, des confréries, des conciliabules, toutes
choses qui ne conviennent pas à la monarchie. Ne souffre donc ni athées, ni devins qui par leurs mensonges
poussent aux nouveautés. Et méfie-toi des philosophes,
car ils en font autant. »

Que Mécène eût peur des philosophes, cela n'a rien
de singulier; ils représentaient la liberté d'opinions; ils
étaient la presse de ce temps-là. Un préfet de la ville, un
homme qui voulait l'ordre à tout prix, ne pouvait avoir
aucun goût pour cette agitation de la pensée qui pré-
cède toutes les autres. Il lui fallait le silence et le repos
de la mort. Mais ce qui est plus étrange, c'est qu'en
fait de religion, Cicéron parle comme Mécène, Trajan
parle comme Cicéron. Il ne leur vient pas à l'esprit que
chacun ait le droit d'adorer Dieu à sa façon. Qu'on croie

1. Dion Cassius, LII, 36.

en son for intérieur ce qu'on voudra, personne ne s'en soucie; l'impiété même est de bon goût; mais il y a un culte public qui fait partie des institutions. Celui qui ne respecte pas les dieux de la patrie, les dieux officiels, celui-là est un athée.

Ainsi s'explique un des faits les plus tristes de l'histoire, la persécution des chrétiens. Si l'on excepte Néron, les princes qui envoient les chrétiens au martyre sont de grands hommes, des administrateurs habiles, des politiques austères; c'est un Trajan, un Marc-Aurèle, un Sévère, un Décius, un Dioclétien; les mauvais princes sont tolérants, c'est-à-dire indifférents. Commode a des chrétiens autour de lui; Héliogabale ne leur fait point de mal. Les empereurs, qui sont tout entiers à leur plaisir, laissent aller les choses; l'empire n'est pour eux qu'une possession viagère; ceux qui sont plus soucieux de la grandeur romaine rêvent un retour au passé. Ce qu'il leur faut, c'est le rétablissement d'une impossible unité. Pour eux les chrétiens sont des athées et des ennemis, double reproche où la politique a plus de place que la haine, quoi qu'en disent les apologistes. Aux yeux des vieux Romains, les chrétiens sont des athées, car ils n'adorent point les dieux nationaux; des ennemis, car ils portent un coup de mort au système impérial et païen. La vue était juste; ce qui ne l'était point, c'était la prétention de réduire par le fer et le feu des gens qui, après tout, ne réclamaient que la liberté. Ce n'était point à la conscience à plier, c'était à l'empire à se transformer. D'un côté il y avait un intérêt, de l'autre il y avait un droit.

Dans cette lutte entre la force et la conscience, entre la raison d'État et la foi, je ne sais rien d'aussi beau que le courage des martys. L'antiquité n'a rien de plus glorieux. Mourir comme Caton, pour ne pas voir un maître, est un trait d'héroïque désespoir; mourir pour ne pas offenser Dieu et ne pas manquer à la vérité, c'est quelque chose de plus grand : c'est la sainteté.

C'est à cette sainteté que nous devons la liberté moderne. Il y a là des souvenirs que rien ne peut effacer. Si grande qu'ait été plus tard l'ambition des papes, quelques fautes que cette ambition leur ait fait commettre, la Rome chrétienne n'a pu prescrire contre ses origines. Les palais des papes ont remplacé les palais des Césars, le Vatican parle de puissance à l'Église; mais au-dessous de cet édifice splendide il y a les catacombes, qui parlent de liberté.

Quand une idée est vraie, elle s'empare des âmes, et finit toujours par triompher. Les politiques tuent les hommes, mais le sang des martyrs est la semence des fidèles; peu à peu les passions s'usent, les intérêts changent, l'idée envahit et conquiert jusqu'à ses ennemis. Il vient un moment où la force d'attaque s'équilibre avec la force de résistance, prête à l'emporter le lendemain.

Dans les affaires du monde, c'est ce moment indécis que saisissent les habiles. C'est ce que fit Constantin. Il n'était pas chrétien, il tenait à plus d'une superstition païenne; mais il sentait que le parti chrétien, jeté dans la balance, lui donnerait l'empire. Il se mit à la tête des novateurs et devint le maître de l'univers.

Après la victoire, quelle fut sa politique? Cette politique, qu'on loue encore aujourd'hui, fut de faire cesser le divorce nécessaire de la conscience et de l'État.
Constantin ne voulut pas seulement donner la paix aux
chrétiens, en leur garantissant la liberté, ce qui eût été
admirable, il voulut rétablir l'unité de gouvernement,
en faisant entrer l'Église dans les cadres de l'empire, et
par malheur il y réussit.

Constantin, ou plutôt l'empereur, fut alors une espèce
de Janus religieux, un personnage à deux faces, l'une
tournée vers le passé, l'autre tournée vers l'avenir. Grand
pontife des païens, évêque extérieur et protecteur des
chrétiens, arbitre entre deux sociétés, les ménageant
et les dominant toutes deux, essayant de balancer le
mensonge vieilli et la vérité nouvelle, Constantin établit
cette alliance intime de l'Église et de l'État qui a été la
grande erreur du moyen âge; car elle allie ensemble
des intérêts passagers, changeants, misérables, et des
droits éternels, sur lesquels on ne transige pas.

L'effet de cet accord fut désastreux. Les évêques de-
venus fonctionnaires et la religion loi de l'État, le mouvement des esprits s'arrêta; l'Église grecque fut pétri-
fiée du jour où Constantin l'épousa. Ce bras humain l'a
desséchée. Une fois constituée à la façon impériale et
païenne, la société chrétienne resta immobile; et pour
les sociétés comme pour les hommes, ne plus croître,
c'est mourir.

L'empire tombait pas sa propre décrépitude, quand
les Barbares l'envahirent. Ces hommes à cheveux roux,
qui sentaient l'ail et le suif, et qui ne connaissaient

d'autre plaisir que la bataille et le pillage, apportaient dans le monde effrayé un principe nouveau, qui en plus d'un point s'accordait avec le christianisme; c'est ce qui explique le penchant que dès le premier jour l'Église eut pour les Germains. C'étaient des auxiliaires puissants et des écoliers dociles que la fortune lui donnait.

Ces Barbares ne savaient pas ce que c'est que l'État, les villes même leur faisaient horreur; c'était pour eux des piéges à loup, *busta ferarum.* Ils ne connaissaient que l'individu. Chez les Grecs et les Romains, c'est la cité qui est souveraine; chez les Germains, c'est l'homme; chacun est roi dans son domaine et dans sa maison.

C'est là une liberté farouche, qui ne pouvait donner que l'anarchie; mais dans ce désordre il y avait un germe d'indépendance, une force et une énergie individuelle, que le monde antique n'a jamais connue.

Restés païens, les Barbares avaient peu changé. Les Germains de Tacite ressemblent à ceux de César; les Francs d'Ammien-Marcellin rappellent les Chérusques de Tacite. Le christianisme les transforma; la conquête, en mettant à leur portée les ressources d'une vieille civilisation, acheva cette métamorphose. La corruption mêlée à la barbarie la rendit plus hideuse; mais cette corruption raffinée fut le vice des grands; le peuple prit le germe chrétien, et entra résolûment au service de l'Église. Ainsi commença, au milieu des ténèbres et des désordres, une nouvelle civilisation.

De là deux façons de juger les Barbares. Si l'on ne considère que ce qu'ils ont détruit, ce reste d'art et de richesse, leur brutalité nous effraye; si l'on regarde les qualités solides qu'ils apportaient avec eux, le courage, l'indépendance, l'honneur, on sent que l'avenir leur appartient. C'est comme un vase qui sort de la fonte couvert de poussière et de scories; mais déjà le connaisseur devine le chef-d'œuvre et regrette presque ce que l'art du ciseleur enlèvera à la naïveté du premier jet.

Une fois maîtres de l'empire, les Barbares organisèrent la souveraineté à leur mode ou plutôt ils la détruisirent pour la remplacer par l'idée de propriété. La liberté pour eux, ce fut le domaine; l'indépendance et le pouvoir tenaient à la propriété. De là sortit la féodalité, régime qu'on peut blâmer ou louer, suivant le point de vue où l'on se place. Parle-t-on des propriétaires: Églises, Universités, barons féodaux, communes, corporations, il y a partout une liberté d'action qu'on peut regretter aujourd'hui; parle-t-on des non-propriétaires: serfs, vilains, il y a une oppression et des misères sans nombre. Cherche-t-on l'État; il est en pièces: la nation, elle n'existe pas. Mais si ce régime, qui eut sa grandeur et sa floraison au treizième siècle, nous est resté justement odieux par la façon dont il pesa sur nos pères, il faut cependant reconnaître qu'il y avait là des germes excellents que nos rois ont écrasés et dont les Anglais ont tiré toutes leurs libertés. En Angleterre on a réformé peu à peu les abus, on a élevé les classes opprimées au rang et aux priviléges de la noblesse; chez nous on s'est rattaché violemment à l'antiquité, on a tout nivelé par en bas, tout abattu, tout rasé. La vieille théorie de l'unité de l'État a reparu de bonne heure en France ; dès Philippe le Bel, les légistes ont été rechercher à Bologne les traditions de la *Lex regia* et de la souveraineté absolue.

Comment ces traditions impériales, et avant tout païennes, se sont-elles relevées? Ce fut l'Église qui reprit l'héritage romain. L'unité lui était chère, c'était pour elle la condition de la vérité ; l'Église voulut remplacer le vieil Empire par l'unité de foi, et donner à tous les chrétiens une même patrie qui serait la Chrétienté. Établir la Cité de Dieu sur la terre, c'était une idée qui ne manquait pas de grandeur; elle fut soutenue par de nobles esprits. Les papes n'épargnèrent rien pour civiliser les Germains. Le droit canonique fondit ensemble les idées romaines, germaniques et chrétiennes; c'était une œuvre excellente : il serait ingrat et puéril de nier que l'Église ait élevé et civilisé les nations modernes; mais l'erreur des papes fut de prendre modèle sur le passé, et de ressusciter la politique des Césars. Non contente de conserver dans les diocèses les cadres de l'administration romaine, ils s'imaginèrent, et l'Église avec eux, qu'il appartenait à l'autorité matérielle de garder et de maintenir la vérité. Au lieu de comprendre l'unité à la façon de l'Évangile, comme l'accord moral des âmes rapprochées par la même foi et le même amour, l'Église voulut établir l'uniformité, à la mode impériale et païenne, en faisant décréter la vérité, comme une loi, par les conciles, en la faisant respecter comme une loi, à l'aide de la force et du bourreau.

Cette conception de la vérité, ce désir de façonner la société chrétienne à l'image de l'empire romain, expli-

que les fautes, les misères, l'impuissance du moyen
âge. Convaincue qu'elle possédait la vérité absolue, et
que cette vérité était une loi que des scélérats seuls pouvaient méconnaître et violer, l'Église arrêta court la
pensée humaine. Elle s'empara de la science non moins
que du dogme; elle voulut faire régner dans les âmes
une foi immobile, et enfermer la raison humaine dans
des bornes qu'elle ne franchirait plus.

C'est ainsi que la Bible et Aristote devinrent la loi suprême des esprits. Tout était fixé, et fixé à jamais, le
dogme et la science. On pouvait tout expliquer, on ne
pouvait rien changer. Voilà pourquoi toute la théologie
et toute la philosophie du moyen âge se réduit au syl-
logisme. La vérité, donnée par la Bible ou par Aristote,
est une majeure infaillible, il ne reste plus que les conséquences à en tirer.

Ce n'est pas là sans doute la liberté que promet l'É-
vangile; nous sommes loin de la touchante parabole
qui ordonne d'attendre la moisson pour séparer l'ivraie
et le bon gain. Ce n'est pas davantage ce qu'Aristote
avait enseigné, lui, l'intelligence la plus large et la plus
chercheuse que le monde ait jamais vue. Il eût certes
désavoué des disciples qui adoraient jusqu'à ses fautes,
ce n'est pas le maître de la science qui eût enchaîné
l'esprit humain. Cette étrange transformation tenait à
cette fausse conception qui, faisant de la vérité une loi,
la pétrifiait du même coup.

Le docteur, ou, pour lui laisser son titre, l'ange de
cette école, c'est saint Thomas. Il est impossible d'étudier ce vigoureux logicien, sans admirer sa patience,

sa force et son labeur ; mais il est trop visible que le dernier mot de sa science, c'est l'immobilité, le dernier mot de sa politique, la souveraineté du pape, maître de la conscience et de la pensée humaine, véritable empereur de la chrétienté.

Du douzième au quinzième siècle, les légistes de Bologne reprirent, avec le droit romain, la théorie impériale, mais non plus au compte de la papauté. Saint Thomas donne tout au vicaire de Jésus-Christ, en vertu de sa suprématie spirituelle. Dans son fameux traité *de la monarchie*, Dante, le philosophe de l'autre école, donne tout à l'empereur en vertu de sa supériorité temporelle. Un Dieu, une loi, un empereur, telle est sa devise. Au fond, c'est la doctrine de saint Thomas, mais retournée au profit d'un autre maître. Des deux parts, sans doute, ce n'est pas le despotisme qu'on revendique, c'est la suprême juridiction ; mais la différence est dans les mots plus que dans les choses. C'est toujours l'humanité condamnée à obéir aveuglément, et à ne plus sortir des remparts qu'on dresse autour de la pensée. Il y a lutte entre le pape et l'empereur ; c'est la querelle de deux ambitions qui se disputent le monde ; la liberté n'y gagne rien, ou, pour mieux dire, la querelle lui permet de respirer ; le succès d'un des deux rivaux, quel qu'il fût, l'eût étouffée.

En ramenant aux idées de l'antiquité, la Renaissance contribua sans doute à émanciper l'esprit humain ; ce n'est pas en vain que les sciences et les lettres reconquièrent leur indépendance et qu'elles vont se retremper aux sources les plus pures ; mais on ne voit pas que la Renaissance ait beaucoup servi la liberté. Elle coïncide avec l'avénement des grandes monarchies qui apportent aux peuples l'unité nationale qui est un bien, le despotisme administratif qui est un mal. Le philosophe de cette école est Machiavel; son dernier mot est le *Prince.* On avait subordonné la politique à la religion; Machiavel l'affranchit de la religion et de la morale, et réduit tout à l'habileté. Cette triste conclusion a effrayé les amis de Machiavel, ils lui ont prêté des intentions que selon moi il n'avait pas, et qu'il ne pouvait pas avoir. « Machiavel, dit Rousseau, était un honnête homme et un bon citoyen; mais, attaché à la maison de Médicis, il était forcé, dans l'oppression de sa patrie, de déguiser son amour pour la liberté. Le choix seul de son exécrable héros (César Borgia) manifeste assez son intention secrète; et l'opposition des maximes de son livre du *Prince* à celles de ses *Discours sur Tite-Live* et de son *Histoire de Florence*, démontre que ce profond politique n'a eu jusqu'ici que des lecteurs superficiels et corrompus. La cour de Rome a sévèrement défendu son livre; je le crois bien, c'est elle qu'il dépeint le plus clairement [1]. »

N'en déplaise à Rousseau et à son dédain, l'opposition de maximes qu'il attribue à Machiavel n'existe point. Que le secrétaire florentin ait eu l'âme d'un patriote, qu'il ait chéri par-dessus tout l'indépendance nationale, je l'accorde; mais la liberté qu'en des temps plus heureux il eût aimée dans une république, il l'at-

---

1. *Contrat social*, liv. III, ch. VI, à la note.

tendait et il l'acceptait de la main d'un maître plus adroit ou plus scélérat que les autres. Avant tout, Machiavel veut la grandeur et l'unité de l'Italie. Ce qu'il y a de moral et de divin dans la liberté, il ne le voit pas ; sa politique est matérialiste, et, à l'exemple de toute doctrine matérialiste, elle aboutit, comme conclusion dernière, au règne de la force. Un héros qui mène la triste humanité, c'est le dernier mot d'une école qui n'a et qui ne peut avoir ni le respect ni l'amour de l'individu. Si cette terre fragile qui fait le corps de l'homme ne contient pas une essence immortelle, quel en peut être le prix ?

Avec la Réforme, nous entrons dans un monde nouveau. C'est le réveil de l'esprit germanique et de l'esprit chrétien ; c'est la véritable renaissance, celle qui, en émancipant la conscience, revivifie le catholicisme lui-même, et du même coup brise le vieux joug des Césars.

Ce ne fut pas, sans doute, la pensée des premiers réformateurs ; mais les idées nouvelles portent toujours plus loin que leurs premiers inventeurs ne l'ont vu. On croyait retourner au primitif Évangile, à la pure doctrine des apôtres ; on ne s'inquiétait point de la politique. Tout au contraire, pour résister au pape, on ne s'appuyait que trop sur le bras séculier ; mais comment revenir aux premiers temps de l'Évangile sans proclamer que l'âme n'appartient qu'à Dieu, qu'elle est libre de se sauver ou de se perdre, et que personne, par conséquent, n'a droit de lui imposer la vérité ?

Pour qui ne réfléchit pas, il semble qu'il n'y ait là

que des questions théologiques ou dogmatiques, qui ne doivent pas sortir du sanctuaire; mais quoi! si l'homme a le droit de chercher la vérité librement, il a droit de répandre et de communiquer cette vérité; il a droit de se réunir à ceux qui pensent comme lui, de les aider, de les secourir. Église libre, éducation libre, libre association, droit de parler et d'écrire, voilà les conséquences de cette liberté de la conscience que proclamaient les réformateurs. Sans le savoir et sans le vouloir, ils apportaient avec eux une révolution.

On s'en aperçut bientôt. L'Angleterre surtout en fit l'expérience. Les doctrines du droit divin, de la légitimité, de la toute-puissance des rois, tombèrent avec le vieil édifice catholique. Le droit naturel, c'est-à-dire le droit pour chaque individu de vivre et de développer ses facultés, devint le fondement du droit politique. En théorie, l'ordre social fut renversé; jusque-là tout partait du pape ou du roi, la liberté était une gracieuse concession du souverain; après la réforme, et surtout après la révolution de 1688, tout partit de l'individu. Le gouvernement ne fut plus qu'une garantie des libertés particulières, le prince ne fut plus qu'un mandataire, qu'on pouvait révoquer pour cause d'incapacité ou d'infidélité.

Locke est le politique de cette nouvelle école. Le traité du *Gouvernement civil* a été le manuel de la liberté moderne. Sans doute il y a plus d'une erreur dans ce livre; la théorie qui fait sortir la société d'un contrat a mené Rousseau aux abîmes; mais, si la société est un fait naturel, comme l'a déjà vu Aristote, et non pas un contrat, comme l'ont supposé Locke et Rousseau, il n'en est pas de même du gouvernement. Qu'il y ait eu ou non un pacte signé à l'origine, le droit et le devoir des princes n'en est pas moins le même en tout pays. C'est pour le peuple et non pour eux qu'ils règnent, et par une conséquence forcée leur pouvoir n'est pas absolu. Leur autorité s'arrête là où finit l'intérêt commun, la où commence le droit naturel de l'individu.

Tandis que l'Angleterre, envahie par l'idée nouvelle, se débattait au milieu des révolutions, tandis que la Hollande grandissait au milieu des orages, et ouvrait à tous les persécutés ses villes hospitalières, l'Espagne resserrait son unité et fortifiait l'Inquisition ; la France se mettait tout entière dans la main de Louis XIV ; Bossuet, ce grand défenseur de la tradition, écrivait la *Politique tirée de l'Écriture sainte* ou fulminait contre les protestants ce *sixième avertissement*, chef-d'œuvre d'éloquence, mais impuissant défi jeté à la force nouvelle qui s'emparait de l'humanité.

Depuis lors, ce souffle puissant et qui ne s'arrête pas a renouvelé le monde. Jetons les yeux autour de nous ; ce qui fait la grandeur et la richesse des nations modernes, ce n'est ni le territoire, ni le climat, ni l'ancienneté, ni la race ; c'est la liberté. L'Espagne, dernier rempart de l'uniformité, est tombée, malgré sa bravoure et sa chevalerie ; tandis que l'Angleterre a pris le premier rang. Depuis deux siècles, cette prospérité étonne des gens qui ont des yeux pour ne point voir ; depuis deux siècles, des prophètes mal inspirés nous annoncent la décadence et la ruine prochaine de l'Angleterre, et cependant ce peuple vivace, qui a résisté à Louis XIV comme à Napoléon, semble se jouer des orages ; il est aujourd'hui plus riche, plus fort, et surtout plus libre et plus moral que jamais.

D'où vient ce démenti donné aux politiques de la vieille école? Comment se fait-il qu'un pays, sans unité matérielle, sans uniformité administrative, soit animé d'un patriotisme si jaloux? Comment se fait-il qu'un peuple rempli de dissidents, d'illuminés, de charlatans, fasse à la religion une si grande place dans la vie? Comment se fait-il que la presse soit agitée, les chambres émues, et les esprits tranquilles? Tout cela tient à la liberté. On aime d'autant plus la patrie, qu'on est plus fier de ses droits de citoyen. On est d'autant plus religieux qu'on a choisi soi-même sa foi, et que la main des hommes ne vient point troubler nos rapports avec Dieu. On est d'autant plus tranquille qu'on a plus de moyens de défendre ses idées, et qu'on attend de son courage et de sa patience le triomphe de la vérité.

Voyez l'Amérique, cette fille de l'Angleterre, ou pour mieux dire l'Angleterre elle-même émigrée dans le Nouveau Monde, mais laissant dans la vieille patrie l'Église établie, la noblesse, les priviléges et les abus. C'est une pure démocratie, mais une démocratie chrétienne. Elle nous paraît faible, parce qu'elle n'a pas ces institutions romaines, cette centralisation administrative qui, chez nous, entre dans l'idée de l'État ; mais elle est forte par ce qui nous manque, par la liberté de la commune et de l'Église, par l'éducation populaire, par l'association, par le faisceau de toutes les libertés individuelles. L'État est petit; l'individu est grand. Aussi quelle vitalité dans une lutte gigantesque? Quel autre pays aurait soutenu deux ans de guerre civile, et quelle guerre! sans que l'ordre public soit troublé, sans que la liberté soit menacée par le pouvoir, trahie par les ambitieux ou insultée par les poltrons?

Voilà le triomphe de la liberté moderne; mais, si nous remontons le chemin que nous avons parcouru, il est facile de voir que cette liberté est le contre-pied des idées d'Aristote. C'est la souveraineté de l'individu, opposée à l'antique souveraineté de l'État.

Cette différence des deux libertés, Benjamin Constant l'a exprimée, il y a plus de quarante ans, dans un passage qui n'a rien perdu de sa vérité [1].

« Demandez-vous ce que de nos jours un Anglais..... entend par le mot de liberté?

« C'est pour chacun le droit ne n'être soumis qu'aux lois, de ne pouvoir être ni arrêté, ni détenu, ni mis à mort, ni maltraité d'aucune manière, par l'effet de la volonté arbitraire d'un ou de plusieurs individus. C'est pour chacun le droit de dire son opinion, de choisir son industrie et de l'exercer; de disposer de sa propriété, d'en abuser même; d'aller, de venir, sans en obtenir la permission et sans rendre compte de ses motifs ou de ses démarches. C'est pour chacun le droit de se réunir à d'autres individus, soit pour conférer sur ses intérêts, soit pour professer le culte que lui et ses associés préfèrent, soit simplement pour remplir ses jours et ses heures d'une manière plus conforme à ses inclinations et à ses fantaisies. Enfin c'est le droit pour chacun d'influer sur l'administration du gouvernement, soit par la nomination de tous ou certains fonctionnaires, soit par des représen-

---

1. *De la Liberté chez les anciens comparée à celle des modernes*, Cours de politique constit., t. II, p. 541.

tations, des pétitions, des demandes que l'autorité est plus ou moins obligée de prendre en considération.

« Comparez maintenant à cette liberté celle des anciens.

« Celle-ci consistait à exercer collectivement, mais directement, plusieurs parties de la souveraineté tout entière, à délibérer, sur la place publique, de la guerre et de la paix, à conclure avec les étrangers des traités d'alliance, à voter les lois, à prononcer les jugements, à examiner les comptes, les actes, la gestion des magistrats, à les faire comparaître devant tout le peuple, à les mettre en accusation, à les condamner ou à les absoudre; mais en même temps que c'était là ce que les anciens nommaient liberté, ils admettaient comme compatible avec cette liberté collective, l'assujettissement complet de l'individu à l'autorité de l'ensemble..... Toutes les actions privées sont soumises à une surveillance sévère. Rien n'est accordé à l'indépendance individuelle, ni sous le rapport des opinions, ni sous celui de l'industrie, ni surtout sous le rapport de la religion. La faculté de choisir son culte, faculté que nous regardons comme l'un de nos droits les plus précieux, aurait paru aux anciens un crime et un sacrilége. Dans les choses qui nous semblent les plus futiles, l'autorité du corps social s'interpose et gêne la volonté des individus. Terpandre ne peut, chez les Spartiates, ajouter une corde à sa lyre sans que les Éphores ne s'en offensent..... Les lois règlent les mœurs, et comme les mœurs tiennent à tout, il n'y a rien que les lois ne règlent.

« Ainsi chez les anciens l'individu, souverain dans les affaires publiques, est esclave dans tous ses rapports privés..... Chez les modernes, au contraire, l'individu, indépendant dans la vie privée, n'est, même dans les États les plus libres, souverain qu'en apparence. Sa souveraineté est restreinte, presque toujours suspendue; et si à des époques fixes, mais rares, durant lesquelles il est encore entouré de précautions et d'entraves, il exerce cette souveraineté, ce n'est jamais que pour l'abdiquer. »

Cette conception si nette de la liberté moderne, ces idées si simples, si vraies, si pratiques, sont-elles entrées dans notre esprit et dans nos institutions? Il s'en faut de beaucoup, et, depuis 1789, on peut dire que la

France, travaillée en sens contraire, a penché tantôt vers la liberté moderne, et tantôt vers l'antique souveraineté. Des politiques entichés de l'antiquité n'ont jamais pu s'élever jusqu'à comprendre que dans nos grands États modernes, où le peuple vit d'industrie et ne se rassemble pas à toute heure sur la place publique, la souveraineté à la grecque n'est qu'un leurre et un danger.

En 1789 on en est aux idées de la liberté moderne. L'influence de Montesquieu, celle des physiocrates, celle de Lafayette et de ses amis, les Américains comme on les appelle, est prépondérante. Les fameux principes de 89, si souvent loués sur parole, comme une admirable invention du génie français, ne sont qu'une traduction du bill des droits de 1689, ou des articles additionnels de la constitution des États-Unis. Par malheur, nous en sommes restés à une proclamation stérile; nous attendons encore ces libertés dont nos pères ne se croyaient pas indignes il y a soixante-dix ans.

Avec la Législative et la Convention, nous retombons, par Rousseau et Mably, dans la souveraineté antique; nos institutions, comme nos modes, sont renouvelées des Grecs; ridicule et fausse imitation.

C'est Robespierre, fanatique élève de Rousseau, qui, à l'exemple de son maître, veut une religion civile et une éducation de l'État, afin de réunir entre les mains du souverain les deux têtes de l'aigle que Jésus-Christ a séparées; ce sont des disciples de Mably, qui, à la suite de ce grave rêveur, nous déclarent que la liberté individuelle est un fléau, que la propriété est un mal, et enfin que l'autorité législative est illimitée et s'étend à tout. Plus on est esclave comme individu, plus on est souverain comme peuple, et par conséquent plus on est libre. En vain on réclame contre cette singulière liberté qui naît de la servitude; Saint-Just et Robespierre ont une phrase de Rousseau pour fermer la bouche à quiconque ose murmurer : « Les lois de la liberté sont mille fois plus austères que n'est le joug des tyrans. » Songez que ces terribles logiciens ont, à l'appui de leur raisonnement, la confiscation, l'exil et la guillotine : vous comprendrez comment la France a pris en horreur une liberté qui n'était qu'une des plus mauvaises formes de la tyrannie.

Avec la Constitution de l'an III, on retourne aux idées modernes; aussi Montesquieu redevient-il populaire, et fait-on son éloge dans les assemblées. Il y a là une œuvre d'honnêtes gens et de patriotes éclairés; on y sent la main de Daunou. Si cet essai de liberté échoue, c'est qu'il y a en France des souvenirs sanglants, c'est que les passions et les haines sont soulevées, c'est que le pays a soif de repos et d'oubli.

Ce repos, le Consulat le donne à la France, en y ajoutant la gloire; mais c'était nous vendre la gloire trop cher que de nous la faire payer au prix de la liberté. Dans toutes les histoires, il est de mode d'exalter le génie organisateur du premier Consul; on fait de Napoléon un Lycurgue imaginant des institutions nouvelles, pour un peuple que les révolutions ont réduit en poudre; c'est aller trop loin. On peut louer l'énergique volonté, mais non pas les idées politiques de Bonaparte, car toutes ces idées se réduisent à une seule : Faire rentrer la France dans le sillon de l'ancienne monarchie.

Sans doute le premier Consul ne rétablit ni l'ancienne noblesse avec ses priviléges féodaux, ni le clergé avec ses grandes propriétés, ni les États provinciaux avec leurs priviléges politiques, ni le Parlement avec ses droits surannés. Il respecta tout ce que la Révolution avait fait en faveur de l'égalité, par la raison toute simple que l'égalité plaisait à la France, et ne gênait en rien, si même elle ne servait la suprême puissance du chef de l'État. Mais l'administration religieuse, politique, financière, judiciaire fut un emprunt ou une imitation de l'ancienne monarchie ; on reprit les institutions, les idées et les hommes ; ce fut une véritable restauration. Le bras était énergique, la France avait besoin d'ordre, mais on ne fit rien pour l'avenir. Comme le disait Napoléon lui-même : « Je suis un signet mis au livre de la Révolution; après moi elle recommencera à la page et à la ligne où je l'ai laissée. » Cette phrase d'une parfaite vérité porte avec elle le jugement de l'Empire; chez le plus grand nombre elle excitera l'admiration de cette main puissante qui arrête le pays tout entier et le fait rebrousser en arrière; chez des esprits plus difficiles elle éveillera quelque doute. On se demandera si un politique qui a dix ans devant lui, et un peuple docile et confiant, n'a pas un champ d'expériences suffisant pour faire l'éducation de la liberté, et pour transformer une révolution en une réforme, c'est-à-dire pour changer une malédiction en bienfait.

Avec la Charte reparaissent les principes de 1789; Benjamin Constant et madame de Staël en sont les défenseurs les plus éclairés et les plus habiles; mais sans parler des souvenirs et des passions qui devaient troubler le règne des Bourbons, il est visible que dès le premier jour la lutte s'engage entre les traditions du passé et la liberté moderne, entre l'individu qui veut se gouverner lui-même, et l'administration qui veut tout confisquer et tout diriger.

Depuis cinquante ans cette guerre a duré avec des fortunes diverses. Le commerce et l'industrie ont de plus en plus répandu le goût de l'action individuelle; mais, d'un autre côté l'administration a de plus en plus étendu son réseau. Si l'on mesure le terrain que la centralisation a conquis, il semble qu'il lui reste peu de chose à faire pour nous rendre l'État antique sous une forme adoucie. L'administration appelle et concentre en elle toute la souveraineté, toute la vie politique; c'est elle qui est la nation.

S'il n'y avait point l'énergique résistance de l'intérêt privé, si l'industrie, par sa nature même, n'échappait au contrôle de l'administration, si surtout on écoutait une école qui se croit nationale, parce qu'elle vit de vieux préjugés, l'État, personnification de la nation, représentant du peuple français, serait bientôt maître de tout. Protecteur des Églises reconnues, il écarterait au besoin le schisme et l'hérésie, comme des causes de trouble et d'agitation; chargé de l'éducation, il instruirait tous nos enfants, et façonnerait leur esprit à une triomphante uniformité; ordonnateur de la charité, il ferait pour nous l'aumône et remplacerait l'association libre par une administration réglée; tuteur des communes, il prendrait soin de tous les intérêts locaux; seul gardien de l'ordre, il organiserait une police universelle, qui veillerait pour nous, en nous dirigeant comme des enfants, se chargerait de notre bonheur et ne nous demanderait que de vivre et d'obéir en paix.

Cette forme de gouvernement sourit aux libéraux classiques, qui, au fond, n'ont pour la liberté qu'une médiocre estime. On est persuadé que non-seulement c'est là un système qui convient au tempérament de la France, mais que ce système est le dernier mot de la civilisation. Je connais de très-honnêtes gens qui comptent bien qu'avant peu l'Angleterre, renonçant à sa barbarie féodale, et l'Amérique, abdiquant sa sauvage anarchie, viendront à l'école de la France, et lui emprunteront sa centralisation. C'est tourner le dos à la lumière, c'est ne pas voir que l'idée chrétienne, sortie du dogme, est passée dans les mœurs; que le règne de l'individu approche, et que tout l'effort de la politique doit être de seconder ce nouveau progrès de l'humanité.

Déjà dans l'industrie et le commerce la révolution est faite. C'est à l'individu, c'est à la libre association que nous abandonnons le soin de notre corps et de notre vie. On a brisé les dernières barrières de la protection, l'État en a-t-il souffert? En est-il moins tranquille ou moins riche? Pour ne parler que du pain, la principale nourriture des Français, jamais l'approvisionnement a-t-il été plus abondant, plus régulier et

plus sûr que depuis que l'administration forcée, bien
malgré elle, d'abdiquer son rôle de providence, a tout
abandonné à l'anarchie des intérêts privés? Quel démenti donné à la sagesse de Colbert et à la science de
ses héritiers!

Est-ce là un phénomène isolé? Ce qui est vrai en industrie est-il faux en religion ou en politique? Non,
toutes les libertés se tiennent; car, sous des noms divers,
toutes les libertés ne sont que le jeu de notre activité,
l'effort de notre esprit plus que de nos bras. Liberté
religieuse, liberté d'éducation, liberté d'association,
liberté communale, liberté de la presse, tous ces fantô-
mes qui effrayent de prétendus sages, seront des forces
bienfaisantes, le jour où une politique intelligente leur
ouvrira pleine carrière. Non-seulement elles élèveront
les esprits, mais elles les purifieront; loin d'être un danger pour l'État, elles seront pour lui une cause de sécurité. En divisant l'activité humaine, en l'occupant ré-
gulièrement, en créant à l'individu des intérêts nouveaux
et considérables, elles préviendront ces espèces d'épidémies politiques, qui à un moment donné s'abattent sur
un peuple lassé de son repos et corrompu par son loisir.

C'est ce que prouve l'exemple de tous les peuples
qui, au lieu de combattre et d'entraver la liberté, trouvent plus simple d'en vivre, et de lui demander la
fortune, le bonheur et la paix. Quel pays plus foncière-
ment tranquille et plus fort que l'Angleterre! L'orage
peut gronder au dehors, la confiance est dans les
cœurs. Alors même qu'on se querelle, le champ de la
lutte est borné; c'est un droit nouveau qu'on veut con-

quérir; ce n'est pas un gouvernement qu'on veut renverser.

La France, dit-on, n'a ni l'esprit ni les mœurs de la liberté. Je n'ai pas la modestie de ces hommes d'État qui nous délivrent généreusement un brevet d'incapacité; je tiens cet arrêt sévère pour un préjugé. Quand donc nous a-t-on laissés jouir de la liberté, pour nous déclarer incapables d'en user? Croit-on qu'en ce moment s'il était légalement permis de parler, de se réunir, de former des comités, la France saurait moins bien secourir la misère que ne le fait la libre Angleterre? Quel peuple est mieux né pour s'associer que le peuple sociable par excellence? Avant de nous déclarer incapables, que ne nous permet-on d'user un mois ou deux de l'association?

Toute liberté, dit-on, est une éducation; elle n'existe vraiment que lorsque l'usage et l'habitude l'ont fait passer dans les mœurs. Je reconnais la vérité de cette maxime, mais j'en tire une conclusion fort différente de celle qu'on en déduit ordinairement. Si toute liberté est une éducation, quel autre moyen y a-t-il d'élever et d'instruire la France, que de nous laisser vivre librement? Quand nous aurons été tenus en lisière pendant un demi-siècle de plus, serons-nous plus capables de marcher? Est-ce en ne forgeant pas qu'on devient forgeron? Est-ce en restant au coin du feu qu'on devient soldat?

Il serait bon d'en finir avec ces sophismes et de comprendre enfin son temps et son pays. En plein dix-neuvième siècle, en Europe, parmi des peuples chré-

tiens, la liberté n'est pas une question de race, c'est
une question de civilisation, c'est-à-dire de pratique et
d'éducation. Les plus instruits, les plus intelligents,
les plus hardis se servent de cet admirable outil, et
marchent à la tête des nations; les plus ignorants ou
les plus timides se défient de cette force merveilleuse,
et restent en arrière. Puissance, richesse, intelligence,
moralité, foi, tout est en proportion de la liberté individuelle. Dire à la France qu'elle n'a ni assez de modération, ni assez de prudence, ni assez d'esprit pour
prétendre au premier rang, c'est une singulière sagesse,
ou un singulier patriotisme. On me permettra d'en appeler de ces décisions rendues par des juges plus légers
que compétents. L'Angleterre nous a précédés d'un
demi-siècle dans la carrière de la liberté industrielle,
ne voit-on pas qu'avec notre furie française nous rega-
gnons à grands pas le terrain perdu? Pourquoi donc
serions-nous incapables le jour où il s'agira de religion,
d'éducation, ou de dévouement?

On suppose souvent que ce grand nom de liberté est
un de ces mots magiques qui charment la jeunesse et
la séduisent comme tant d'autres illusions. L'âge mûr,
dit-on, nous corrige de ces premières et trompeuses
amours. C'est encore là un préjugé; on peut être vieux
et libéral; j'ajoute même qu'il faut peut-être avoir vécu
longtemps pour comprendre l'impuissance de tous les
mécanismes administratifs, la féconde énergie de la
liberté. Quand on est jeune, les systèmes ont quelque
chose qui plaît, on aime la symétrie et l'unité; il semble beau de faire le bonheur des peuples avec un coup

de baguette ; c'est là qu'est le rêve. La vie des peuples, comme celle de l'homme, est le règne de la diversité ; la liberté seule peut suffire à ces besoins multiples et variés qui naissent et se succèdent à toute heure. La folie n'est pas de comprendre et d'aimer la liberté ; la folie, c'est de croire à des formules stériles, à une impuissante et mortelle uniformité.

Hier encore on nous criait que la France était perdue, si l'on abaissait nos frontières devant la liberté commerciale. L'épreuve est faite, la France n'a pas péri. Un jour viendra de même où l'on comprendra que les droits et les intérêts du moindre citoyen ont leur garantie suprême dans ces journaux qu'aujourd'hui il est de bon ton de maudire ; le plus ignorant, instruit et rassuré par l'expérience, saura que sans la liberté de la presse il n'y a ni justice complète, ni administration féconde, ni finances prospères, ni paix assurée, ni gouvernement vraiment fort ; on rira de ces oracles qui nous ont effrayés trop longtemps. Ce jour-là, peut-être, on sentira que nos erreurs sont venues de cette conception politique que nous avons eu le tort d'emprunter à l'antiquité ; on rétablira le problème dans ses données véritables, et, au lieu de s'effrayer les uns du christianisme et les autres de la liberté, on verra clairement que tous deux ont la même origine, et que si aujourd'hui l'individu a droit d'être souverain, c'est que le Christ a affranchi notre âme et brisé pour jamais le despotisme de l'État.

Janvier 1863.

ALEXIS

DE

TOCQUEVILLE

I

Quand un noble esprit quitte la terre, c'est à ses amis qu'il appartient de le louer. Seuls ils ont vu de près l'homme privé, seuls ils ont pénétré dans son âme, seuls ils peuvent révéler au pays toute l'étendue de la perte qu'il a faite. Les amis de M. de Tocqueville n'ont pas manqué à ce devoir de piété, dernière et triste consolation de ceux qui survivent. M. de Barante devant la *Société de l'Histoire de France*, M. Ampère dans le *Correspondant*, M. de Loménie dans la *Revue des Deux Mondes*, nous ont dévoilé toute la vie de M. de Tocqueville, cette vie qui n'a rien à cacher. En nous faisant mieux connaître le citoyen que la France a perdu, ces pages excellentes ont ajouté à notre admiration et à nos regrets.

Je ne viens point joindre ma voix à ces éloges trop mérités, je n'ai fait qu'entrevoir M. de Tocqueville, et n'ai pu l'aimer que de loin. Mais à présent que le silence se fait autour d'un tombeau, peut-être le moment est-il venu de rendre justice au politique et à l'écrivain; peut-être même n'y a-t-il point de temps à perdre si l'on veut être équitable envers M. de Tocqueville et reconnaître tout ce qu'on lui doit. Quand le poëte a terminé son œuvre, il nous laisse sa pensée, embaumée pour ainsi dire dans la forme qu'il a créée; sa couronne pâlit, elle ne s'effeuille pas. Racine a moins d'admirateurs qu'au siècle de Louis XIV, mais son théâtre subsiste tout entier, personne ne lui dispute *Athalie*. Il n'en est pas ainsi des hommes qui s'occupent de morale, de philosophie, de religion, de politique; avec le temps, leur œuvre s'amoindrit, et souvent la postérité se demande d'où vient cette renommée qu'elle ne comprend plus. Les idées d'un Montesquieu étonnent et quelquefois révoltent les contemporains; la nouvelle génération s'en empare, la découverte du génie devient le patrimoine de tous. A l'écrivain qui a remué son siècle les âges suivants ne laissent que ses erreurs, ou des idées incomprises; plus il a poussé la société en avant, plus vite il est distancé; il recule par son succès même, et d'ordinaire on est ingrat pour lui en raison même des services qu'il a rendus.

Déjà plusieurs des idées de M. de Tocqueville nous sont devenues si familières, que nous en avons oublié l'inventeur; c'est donc maintenant, quand la postérité commence pour l'auteur de la *Démocratie en Amérique*, qu'il convient de dire ce qu'il a apporté de nouveau dans la politique. Encore quelques années, ces idées seront à tous, ou peut-être la France, entrée dans des

voies nouvelles, se sera-t-elle éloignée de M. de Tocqueville comme d'un rêveur, double raison pour payer au
plus tôt la dette de la reconnaissance. M. de Tocqueville
a été l'un des nôtres, nous avons partagé ses espérances et ses craintes; rendons-lui justice avant d'emporter comme lui dans la tombe les convictions auxquelles il a dû son talent et sa grandeur.

M. Alexis de Tocqueville était né en 1805. Il était le
troisième fils de M. le comte de Tocqueville, préfet et
pair de France sous la Restauration. Sa mère était une
demoiselle de Rosambo, petite-fille de Malesherbes; par
sa naissance il appartenait donc à l'aristocratie. Ce n'est
pas la première fois que la noblesse a donné au peuple
ses plus sincères amis. Au besoin il suffirait de citer
Malesherbes. Il semble que quand un noble épouse la
cause populaire, il porte dans son dévouement désintéressé et plus d'ardeur et moins d'illusions qu'un nouveau venu.

Après une éducation incomplète, mais qui eut au
moins l'avantage de forcer un esprit naturellement réfléchi à rentrer en lui-même et à chercher dans les
livres ce que les maîtres n'enseignent guère, M. de
Tocqueville fut nommé juge auditeur à Versailles, dans
la ville même où son père était préfet. C'était vers la fin
de la Restauration. Jeune, intelligent, de figure et de
manières agréables, parlant avec facilité, il semble que
M. de Tocqueville, aidé comme il l'était par la naissance et la richesse, n'eût qu'à se laisser porter par la
fortune; mais il avait deux défauts dont il ne s'est jamais
corrigé, deux défauts qui ne gênent point la médiocrité,

mais qui plus d'une fois ont entravé le mérite ; il était fort indépendant de caractère ; il poussait la modestie jusqu'à la timidité. Avant 1830, on le trouvait trop libéral, il n'avait eu de sympathie que pour le ministère Martignac, ce ministère d'honnêtes gens qui donna de si belles espérances ; après 1830, on se souciait peu d'avancer un jeune homme inconnu, qui par sa naissance et ses relations tenait au parti légitimiste. M. de Tocqueville ne s'inquiéta guère de l'obscurité où on le laissa ; il n'eut jamais de goût pour être fonctionnaire : ce ne fut pas sa moindre originalité.

Quelque honorable que soit le rôle de magistrat, les occupations de juge suppléant ne pouvaient suffire à une tête aussi active. Vers la fin de 1830, M. de Tocqueville demanda une mission gratuite pour aller aux États-Unis étudier la réforme des prisons. C'était alors une grosse question. La victoire de 1830 avait ramené sur la scène l'ancien parti constitutionnel ; on reprenait avec chaleur les généreuses idées de 1789. Pour assurer le règne de la liberté, on voulait éclairer le peuple et le moraliser. Répandre l'éducation primaire, supprimer ou du moins réduire le paupérisme, multiplier les caisses d'épargne, adoucir le Code pénal, régénérer les condamnés, voilà quelques-uns des problèmes que les Chambres agitaient en ces jours d'enthousiasme qui suivirent la Révolution. La demande de M. de Tocqueville venait donc à propos ; aussi fut-elle favorablement accueillie par le ministre de l'intérieur, M. de Montalivet. Jeune lui-même et plein de bonne volonté, comment n'eût-il pas été touché de l'ardeur d'un jeune homme qui, par dévouement à l'humanité, entreprenait un voyage lointain et alors difficile et coûteux?

M. de Tocqueville partit au mois d'août 1831. Il n'était pas seul. Au tribunal de Versailles il avait rencontré chez un substitut, M. Gustave de Beaumont, une âme digne de le comprendre; il s'était lié avec lui d'une amitié que la mort seule pouvait rompre ici-bas. C'est ensemble que les deux amis voulaient étudier sur place la question pénitentiaire, unissant leurs fatigues, leurs pensées, leurs recherches. Accueillis avec une grande bienveillance par les Américains, qui étaient étonnés et charmés de voir le vieux monde venir à leur école, MM. de Tocqueville et de Beaumont employèrent près d'une année à visiter les États-Unis; le fruit de leurs études fut un livre qu'ils écrivirent en commun et qui parut en 1832 sous ce titre : *Du Système pénitentiaire aux Etats-Unis et de son application en France.*

Dès son apparition, l'ouvrage fut reçu avec faveur, et non pas seulement dans notre pays. Couronné par l'Académie française, qui lui décerna le prix Montyon, le *Système pénitentiaire* fut aussitôt traduit en anglais, en allemand, en portugais; il a toujours été considéré en Europe comme le livre classique sur cette question délicate. A l'étranger on ne se contenta pas de le traduire; l'Angleterre et l'Allemagne ne voulurent pas laisser à deux Français, inconnus de la veille, l'honneur d'avoir étudié seuls un problème aussi considérable : M. William Crawford et le docteur Julius furent envoyés officiellement de Londres et de Berlin pour examiner à nouveau les réformes américaines; leurs rapports ne

firent que confirmer les aperçus du *Système pénitentiaire,* et dès l'année 1835 l'Angleterre commença courageusement la réforme de ses prisons.

En France, on marcha moins vite, mais on marcha
cependant. Un homme dont le nom n'est pas déplacé
auprès de celui de M. de Tocqueville, car il fut aussi
jusqu'à la fin un sincère ami de l'humanité et de la liberté, M. Léon Faucher, publia un livre sur *la Réforme
des prisons* qui acheva de porter la conviction chez les
bons esprits. Le gouvernement fut plus lent à se décider, son rôle n'est pas de devancer l'opinion, mais il
fallait agir, car, à la honte de la civilisation, les crimes
croissaient (hélas! et croissent encore!) plus vite que
la population. D'un autre côté, les vœux des conseils
généraux et d'heureux essais à Paris et à Lyon ne per-
mettaient plus d'hésiter. En moins de neuf ans les théories
américaines avaient fait assez de chemin en France pour
que la Chambre des Députés fût saisie d'un projet de
loi sur les prisons. De ce projet, repris à deux sessions
différentes, et qui par malheur n'a pas abouti, M. de
Tocqueville fut deux fois le rapporteur. En 1841 comme
en 1843, il lui fut donné de défendre à la tribune les
idées qu'il avait propagées en Europe. Le rapport de
1843 n'est que son livre abrégé et triomphant.

Quelles sont les idées que soutient M. de Tocqueville,
ou, pour mieux dire, que soutiennent les deux amis,
car il n'est pas permis de distinguer dans un livre où
les deux auteurs ont confondu avec amour leur commune pensée? En relisant *le Système pénitentiaire,* ce
qui m'a frappé, aujourd'hui surtout qu'on est très-re-

froidi sur les essais d'amélioration morale, c'est la sagesse des conclusions. Certes il était permis à deux jeunes gens de s'animer pour un système qu'ils avaient été chercher au loin, un système auquel les inventeurs ne demandaient pas un moindre miracle que la régénération de ce qu'il y a de plus gangrené dans l'humanité; mais chez MM. de Tocqueville et de Beaumont, on ne voit rien de cet enthousiasme qui ne raisonne pas. Le mal qu'ils veulent guérir est un mal prochain et visible; quant à la réforme qu'ils proposent, ils n'en attendent rien que cette réforme ne puisse donner.

Le régime qu'ils défendent, c'est le régime cellulaire de Philadelphie, c'est-à-dire l'isolement du détenu durant le jour comme durant la nuit. Cet isolement n'est pas une solitude complète et sans travail, un pareil supplice serait intolérable; on en a essayé à Pittsburg, il a fallu y renoncer. Pour vivre seul, disait Aristote, il faut être un dieu ou une brute; qu'est-ce donc que la solitude doublée d'un cachot? Le désespoir accablerait les têtes les plus fortes ou les exalterait jusqu'à la folie. A Philadelphie, on sépare les condamnés de façon à ce qu'ils ne se voient jamais entre eux; mais on entoure le prisonnier des soins de la religion; on le visite, on l'instruit, on le console; on lui apprend à travailler, à lire, à réfléchir; on tâche d'éveiller le repentir dans ces âmes endurcies par le vice, par l'éducation, par l'ignorance; on essaye de reconquérir des hommes perdus pour eux-mêmes et pour la société. Tel est le système de Philadelphie; qu'on l'admette ou qu'on le repousse, on ne peut nier que l'idée n'en soit grande et généreuse; c'est la première fois que dans la peine on a vu autre chose qu'un moyen d'écraser le criminel.

Comme toutes les tentatives de même genre, cette réforme a rencontré dès le premier jour des adversaires déclarés et des amis plus dangereux que des ennemis. MM. de Tocqueville et de Beaumont ont répondu d'avance aux uns et aux autres; je ne vois pas que depuis scize ans on ait trouvé un argument qui leur ait échappé.

—L'homme est un être sociable, disaient les adversaires du système; l'isolement l'abrutit et le tue. Malgré tous les adoucissements, la cellule n'en est pas moins une peine terrible et contre nature; cette peine, la société n'a pas le droit de l'infliger. —La société, répondaient les deux amis, a le droit de se défendre contre le crime qui l'envahit; mais le crime est-il seulement à craindre quand il est libre? Si des prisons malfaisantes dépravent le détenu au lieu de le corriger, ne voit-on pas que la société nourrit à plaisir le mal qui la ronge? Il y a en France quarante mille libérés qui ont passé par les bagnes et les maisons centrales; qu'a-t-on fait pendant la durée de la peine pour désarmer ces ennemis de l'ordre et du travail? Condamnés, on les a jetés pêle-mêle dans des dortoirs et des ateliers communs; enfance et vieillesse, endurcissement et remords, faiblesse et corruption, on a tout confondu. De là une contagion effroyable. Aussitôt qu'ils vivent ensemble, les détenus, même les moins coupables, perdent ce reste de pudeur qui pouvait les sauver. L'armée du mal s'organise; au dedans comme au dehors de la prison elle a ses lieutenants et ses capitaines : ce sont les plus effrontés et les plus abominables. C'est sur ces chefs que chacun prend modèle. Il y a au bagne une opinion publique qui elle aussi donne la puissance ; cette opinion pousse au crime. Comme le plus infâme est le plus admiré, l'ambition générale, c'est de se signaler un jour par un forfait éclatant et d'effacer les plus scélérats. Quel moyen y a-t-il de briser cette association qui depuis tant d'années défie tous les efforts ? Il n'y en a qu'un : c'est d'empêcher que la conjuration ne se forme, c'est de séparer si complétement les détenus, que dans la prison comme ailleurs ils se sentent toujours seuls et n'aient d'espoir que dans une vie régulière. La cellule et la crainte qu'elle inspire, telle est la vraie défense de la société ; isoler les méchants de façon à ce qu'ils ne puissent jamais ni s'entre-corrompre ni s'unir, c'est le droit de l'État ; c'est son premier devoir.

« Plus de prisons ! s'écriaient des philanthropes qui
« avaient foi dans leurs rêves. Les condamnés sont plus
« malheureux que coupables ; la société est presque
« toujours complice de leurs fautes ; son premier de-
« voir, c'est de régénérer des âmes ignorantes ou éga-
« rées. Avec la cellule nous ferons ce miracle ! La soli-
« tude, le travail, la lecture, la réflexion réformeront
« le détenu ; en quelques années nous vous le rendrons
« repentant et corrigé. » MM. de Tocqueville et de Beaumont n'ont jamais partagé une illusion qui n'est pas sans danger. Proposer au législateur l'amélioration du coupable comme le but unique ou principal du Code pénal, s'imaginer qu'avec un règlement administratif et

quatre murailles on transformera les coquins en honnêtes gens, ce n'est pas seulement nourrir une chimère,
c'est énerver la répression, c'est détruire l'idée d'expiation, c'est affaiblir l'horreur du crime, c'est détourner
l'intérêt de la société sur la moins respectable et la
plus désespérée de toutes les misères. Que la charité
privée choisisse de préférence les maux incurables,
qu'elle descende dans les prisons, qu'elle prenne en
main la cause du repentir, rien de plus louable ; le législateur a d'autres devoirs. A lui de maintenir l'ordre
et la paix, à lui de protéger le travail et la vertu. Changer le caractère de la peine, remplacer la justice par la
miséricorde, ce n'est pas désarmer le crime, c'est désarmer la société.

Voilà ce qu'ont senti les deux amis ; voilà les idées
qu'ils ont soutenues avec autant d'énergie que de sagesse. C'est au nom de la société outragée qu'ils ont demandé l'établissement d'un régime qui, sans cruautés
inutiles, rend la peine effective et lui donne une grande
force d'intimidation. Mais en même temps il leur a été
permis de faire la part de l'humanité et de montrer
qu'une fois la justice satisfaite, la cellule était de toutes
les institutions pénitentiaires la seule qui prît soin du
condamné et lui réservât l'avenir. Rappeler à la vertu
celui qui s'en est écarté ne peut pas être le premier soin
du législateur ; mais si, tout en assurant à la société
les plus solides garanties, il y a un moyen de régénérer
le criminel, ce moyen, on ne doit pas le négliger, ne
dût-on sauver qu'une poignée d'hommes perdus. C'est
au prix qu'elle attache à l'individu que se mesure la

valeur d'une civilisation. Or, non-seulement la cellule place le détenu en face de lui-même et le force à se repentir, si son âme n'est pas entièrement pourrie; mais quand il sort de prison, elle lui rend la pleine possession de lui-même. C'est le seul régime qui ne le livre pas à la tyrannie de ceux qui sont tombés comme lui. Aux États-Unis, s'il est un condamné qui veuille remonter la pente fatale, il le peut; car il n'est pas entré dans la société des scélérats, il n'a pas à craindre qu'un ancien compagnon de bagne menace de le perdre et le place entre un nouveau crime et l'infamie. La récidive en Amérique suppose une dépravation sans remède; chez nous, elle n'est trop souvent que la suite fatale d'une première condamnation.

En Angleterre, on a conservé le système de Philadelphie; mais il y est l'objet de vives attaques. Dans la cellule, dit-on, le détenu est traité comme une bête féroce dans sa cage; on le livre sans défense aux railleries et aux cruautés de ses geôliers; de prétendus philanthropes se font un jeu de sa misère et de ses larmes. Voilà les horreurs qu'un rival de Dickens, M. Charles Read, a dénoncées à l'indignation publique dans un roman qui a fait sensation [1]. Les couleurs du tableau sont chargées, mais il y a dans ce livre un fonds de vérité. Le régime cellulaire est d'une application délicate; c'est ce qui en fait à la fois le danger et l'honneur. Pour que la cellule soit bienfaisante, il ne faut pas que le prisonnier

---

[1]. *It is never to late to mend*, ou *Il n'est jamais trop tard pour se corriger*, tel est le titre de ce roman qui prêche en faveur de la déportation ou plutôt de l'exil.

soit jeté dans une solitude qui l'effarouche et abandonné
à des mains brutales ou indifférentes ; il faut qu'on s'occupe de lui, qu'on le relève, qu'on lui rende à la fois
la honte et l'espoir. Ce n'est pas là une œuvre administrative, c'est une œuvre que la société seule peut mener
à bien, j'entends une société chrétienne et libre, qui
fait elle-même ses affaires et prend l'Évangile au sérieux. Si depuis trente ans on réussit à Philadelphie,
tandis qu'ailleurs on échoue, la faute n'en est pas aux
théories généreuses que MM. de Tocqueville et de Beaumont ont si bien défendues.

En France, la réforme n'a jamais été complète. La
loi qui devait introduire le régime cellulaire dans toutes
les prisons a été emportée par les événements de 1848;
il n'en est resté que l'excellent rapport de M. Bérenger.
Depuis lors la question a été délaissée avec tant d'autres. Je ne vois que l'Académie des sciences morales et
politiques qui s'en soit occupée. Nous lui devons la
mission de M. Bérenger en Angleterre, et le grand et
solide travail que ce magistrat a publié sous ce titre: *De
la répression pénale, de ses formes et de ses effets*[1]. C'est
la confirmation des idées de M. de Tocqueville, c'est une
défense énergique du système de Philadelphie, système
qui, pour avoir perdu la faveur passagère de l'opinion,
n'a rien perdu ni de son importance ni de sa vérité.

Dans la pratique, le régime cellulaire, abandonné par
l'État, a reçu plus d'un échec. Certains départements,
et non pas les moins éclairés, ont gardé la cellule de

1. Paris, 1855, 2 vol. in-8º.

jour et de nuit. A Paris, M. Delangle s'est prononcé fortement pour le maintien d'un état de choses éprouvé. En d'autres prisons, on a conservé l'isolement complet pour les prévenus, on y a renoncé pour les condamnés. C'est le système d'Auburn qui l'emporte : cellule pendant la nuit, travail en commun et silence absolu durant le jour. Ce régime, dit-on, est moins rude pour le prisonnier, plus commode et plus productif pour l'Administration ; je l'accorde et je reconnais que dans les maisons centrales il règne une discipline sévère qui intimide les détenus. Pendant la durée de la peine, le régime est suffisant : on a corrigé les abus et les désordres des anciennes prisons ; mais quand les portes s'ouvrent, quelle garantie nouvelle le système d'Auburn offre-t-il à la société? de quel avantage est-il pour le libéré? Au fond, rien n'a changé. Le condamné a été enrôlé dans une troupe maudite qui ne le lâchera plus. Pour se défendre contre la récidive, la société est obligée de mettre sous la main de la police l'homme qu'elle vient d'affranchir. Nous avons aboli la marque qu'un fer rouge incrustait dans la peau, mais il est resté une marque d'infamie que rien n'efface. Pour celui qui a passé dans une maison centrale il n'y a plus d'espérance : la société est son ennemie mortelle, et il demeure jusqu'à la fin l'ennemi de la société. Voilà le mal qu'évite le système de Philadelphie ; il est le seul qui, fidèle aux promesses de la loi, ne fasse pas d'un châtiment temporaire un supplice éternel : il est le seul qui protége à la fois la société et l'individu ; le seul qui prévienne une organisation fatale; le seul qui laisse place

au repentir. Quand on portera aux condamnés une pitié véritable ; quand on voudra les relever sans danger
pour les honnêtes gens, on sera forcément ramené à la
cellule de jour et de nuit. Avec son apparente rigueur,
c'est de tous les régimes le plus équitable et le plus humain.

Quel que fût l'intérêt que M. de Tocqueville prît à la
réforme pénitentiaire, ce n'était pas la seule philanthro-
pie qui le conduisait en Amérique ; il y était poussé par
une pensée plus haute, par une crainte patriotique. Ce
qu'il voulait étudier aux États-Unis, c'étaient les conditions de la liberté dans une démocratie. Si jeune que
fût M. de Tocqueville, les événements de 1830 l'avaient
trop vivement frappé pour qu'il ne réfléchît pas sur ces
perpétuelles révolutions qui depuis 1789 troublent la
France et tour à tour emportent tous les gouvernements. Dans ces convulsions qui épouvantent des esprits moins fermes, M. de Tocqueville voyait, non pas
l'agonie d'une société perdue, mais l'effort d'une société
nouvelle, qui soulève et rejette les décombres du passé.
Ce flot qui gronde et qui écume, ce n'est pas un orage
qui passe, c'est la démocratie qui monte, et qui en mon-
tant engloutit les priviléges de l'ancien régime dans sa
toute-puissante unité.

Pour ce monde nouveau qui se débat en entrant
dans la vie, M. de Tocqueville cherchait une politique
nouvelle. La démocratie ne l'effrayait pas ; il était de son
temps et de son pays. En politique il datait de 1789 ;
il aimait les conquêtes de la Révolution. C'était un citoyen de la France moderne, mais un citoyen éclairé
et qui ne se payait pas de mots. C'est un beau nom que

celui de démocratie, mais ce nom n'a pas une vertu magique qui fasse le bonheur des peuples sans qu'ils s'en mêlent. Comme tout autre régime, le gouvernement populaire a son côté faible et son danger. Ce danger, que personne ne soupçonnait au lendemain de 1830, M. de Tocqueville l'apercevait à l'horizon. Seul, au milieu de la sécurité générale, il signalait avec inquiétude ce point noir, ce nuage à peine visible qui bientôt allait grossir et tout emporter.

Le symbole politique de M. de Tocqueville était celui de la Constituante : Liberté, égalité. De ces deux mots, le second a fait fortune ; il n'est pas de révolution qui ne l'ait respecté et grandi ; du premier il n'en est pas de même ; plus d'une fois le pays l'a oublié, plus d'une fois on a voulu l'effacer de notre mémoire comme de nos monuments. Voilà ce qui troublait M. de Tocqueville : il ne séparait pas ces deux éléments essentiels de la société moderne : il ne voulait pas de l'égalité sans la liberté. Il voyait ce que peu de Français ont vu avant ou après lui, c'est que l'égalité, qui est un grand fait social, n'a qu'un rôle secondaire en politique ; tous les gouvernements peuvent l'accueillir, car elle s'accommode de tous les régimes. Aujourd'hui l'égalité existe en Turquie, en Égypte, en Chine, aussi bien qu'aux États-Unis, au Mexique, en France ou en Suisse. L'égalité régnait à Rome quand les comices envoyaient le jeune Scipion en Afrique ; mais elle régnait en Italie quand les tribus abdiquaient entre les mains de César. Loin de s'en effrayer, les successeurs d'Auguste la répandirent dans le monde entier ; ce fut sur elle qu'ils ap-

puyèrent leur despotisme. L'égalité est donc une arme
à deux tranchants : elle peut tour à tour servir la liberté ou la détruire. Peu importe qu'on donne des droits
politiques à tous les citoyens, l'égalité ne change pas
pour cela de nature. Voyez la république du *Contrat
social*, l'idéal de Robespierre et de ses amis; c'est un
gouvernement fondé sur l'égalité absolue, sur la souveraineté du nombre. C'est au peuple tout entier qu'est
remis le soin de sa propre liberté. En apparence, c'est
un système irréprochable ; Rousseau ne se croyait certes
pas le défenseur de la tyrannie. Voyons cependant où
la logique le mène une fois qu'il a fait de l'égalité,
c'est-à-dire du nombre, l'unique fondement de la société. Il s'empare de l'éducation, il confisque l'âme du
citoyen, il défend au fidèle d'avoir une autre religion
que celle de la majorité, en deux mots, n'ayant point
fait de part à la liberté, il fonde sur l'égalité le plus abominable de tous les despotismes, le despotisme d'une
foule sans responsabilité. M. de Tocqueville était de
l'école de Montesquieu, il n'avait pas de goût pour
la tyrannie, même démocratique : « Pour moi, dit-il
« avec raison, quand je sens la main du pouvoir qui
« s'appesantit sur mon front, il m'importe peu de sa-
« voir qui m'opprime, et je ne suis pas mieux disposé
« à passer ma tête dans le joug parce qu'un million de
« bras me le présentent [1]. »

La liberté et l'égalité ne sont donc pas la même chose;
mais en France on ne comprend guère cette diversité;

1. *De la Démocratie en Amérique*, 13e édition. In-12. Paris, 1850.
T. II, p. 13.

il n'est pas de pays où l'on prenne plus volontiers l'égalité pour la liberté ; il semble même qu'on n'ait tant de goût pour la première qu'afin de se débarrasser de la seconde. Cette erreur tient à notre caractère national et à notre passé. Nos pères ont longtemps souffert du privilége ; ils nous ont légué une telle haine de l'ancien régime, un amour de l'égalité si jaloux, que l'ombre même d'une distinction nous effarouche. La liberté a un faux air d'aristocratie ; en donnant pleine carrière aux facultés humaines, en encourageant le travail et l'économie, elle fait ressortir les supériorités naturelles ou acquises, elle élève le talent et la richesse, elle crée des caractères, elle enfante une noblesse personnelle ; c'en est assez pour ranger contre elle l'ambition, la médiocrité et l'envie. La liberté n'est populaire que chez les nations qui en ont la longue habitude et qui en connaissent par expérience tous les bienfaits, partout ailleurs ce n'est pas elle qui a la faveur de la foule. C'est là ce qui effrayait M. de Tocqueville. Sa crainte perpétuelle, c'était que, par ignorance ou par dégoût, la France n'en vînt un jour à repousser la liberté et n'acceptât l'obéissance universelle comme le triomphe de l'égalité.

« Les peuples démocratiques, dit-il[1], aiment l'égalité dans tous les temps ; mais il est de certaines époques où ils poussent jusqu'au délire la passion qu'ils ressentent pour elle. Ceci arrive au moment où l'ancienne hiérarchie sociale, longtemps menacée, achève de se détruire, après une dernière lutte intestine, et que les barrières qui séparaient les citoyens sont enfin renversées.

1. *De la Démocratie*, t. II, p. 108.

Les hommes se précipitent alors sur l'égalité comme sur une conquête, et s'y attachent comme à un bien précieux qu'on veut leur ravir. La passion d'égalité pénètre de toutes parts dans le cœur humain; elle s'y étend, elle le remplit tout entier. Ne dites point aux hommes qu'en se livrant ainsi aveuglément à une passion exclusive, ils compromettent leurs intérêts les plus chers : ils sont sourds. Ne leur montrez pas la liberté qui s'échappe de leurs mains tandis qu'ils regardent ailleurs; ils sont aveugles, ou plutôt ils n'aperçoivent dans l'univers qu'un seul bien digne d'envie.

« ..... Je pense que les peuples démocratiques ont un goût naturel pour la liberté; livrés à eux-mêmes, ils la cherchent, ils l'aiment, et ils ne voient qu'avec douleur qu'on les en écarte. Mais ils ont pour l'égalité une passion ardente, insatiable, éternelle, invincible; ils veulent l'égalité dans la liberté, et s'ils ne peuvent l'obtenir, ils la veulent encore dans l'esclavage. Ils souffriront la pauvreté, l'asservissement, la barbarie; mais ils ne souffriront pas l'aristocratie.

« Cela est vrai dans tous les temps et surtout dans le nôtre. Tous les hommes et tous les pouvoirs qui voudront lutter contre cette puissance irrésistible seront renversés et détruits par elle. De nos jours la liberté ne peut s'établir sans son appui, et le despotisme lui-même ne saurait régner sans elle. »

Ce n'est pas seulement la clairvoyance du politique que nous révèlent ces paroles; leur vivacité, leur trouble même nous font sentir plus fortement encore les inquiétudes du citoyen.

II

Pour conjurer le péril qui menaçait l'avenir, M. de Tocqueville se proposait d'étudier un peuple qui eût résolu le difficile problème de la liberté unie à l'égalité. Voilà pourquoi il allait en Amérique. En 1831, une pareille pensée n'était pas d'un esprit ordinaire; c'est à

l'Angleterre que nos hommes d'État demandaient alors
des leçons. On pouvait plus mal choisir ; mais, comme
le sentait M. de Tocqueville, si jamais la France se con-
vertit aux idées libérales, ce n'est pas l'exemple de l'Angleterre qui fera ce miracle. Sans parler de notre orgueil national qui craindra toujours d'imiter des rivaux,
il y a pour nous quelque chose d'étrange dans la société et dans les institutions anglaises ; nous en sommes
plus étonnés que séduits. Chez nos voisins, la liberté
règne en souveraine, mais elle est sortie du privilége, et
elle en garde un aspect suranné ; la justice jouit d'une
indépendance admirable, mais les formes en sont go-
thiques ; enfin si la liberté est partout, partout aussi nous
voyons l'aristocratie auprès d'elle ; les mœurs, sinon
les lois, soutiennent et perpétuent les distinctions sociales, rien ne se fait de grand qu'aux dépens de l'égalité.
L'Amérique nous offre un tout autre spectacle ; ses
mœurs et ses idées la rapprochent de la France : loin de
nous repousser, elle nous attire, ne fût-ce que par le
souvenir d'une vieille amitié.

Bien des gens s'imaginent qu'en politique les États-
Unis n'ont rien à nous apprendre. L'Amérique est une
terre nouvelle ; ils en concluent que le peuple qui l'ha-
bite est un peuple nouveau. Si par hasard les journaux
racontent quelque duel à la carabine qui a eu lieu dans
le désert, à huit cents lieues de Boston ou de Philadelphie, nos sages répètent qu'il y a là-bas une civilisation
au berceau, et qu'il serait puéril de l'étudier. Ce dédain,
si commode pour l'ignorance, M. de Tocqueville était
loin de le partager. Il voyait clairement que la liberté

des États-Unis n'est autre chose que la liberté anglaise
dépouillée de l'écorce féodale. L'Amérique du Nord, c'est
l'Angleterre émigrée, mais laissant dans l'ancien monde
la royauté, l'Église établie, la pairie, la noblesse et le
privilége; si j'ose le dire, c'est la libre Angleterre ac-
commodée à notre faiblesse et à nos préjugés. Loin d'être
une société nouvelle, l'Amérique est la plus ancienne
démocratie des temps modernes. Au moment où
Louis XIV dissipait jusqu'à l'ombre de nos libertés municipales, les puritains plantaient leur Église et leur
commune républicaines dans le pays qu'ils nommaient
si justement la Nouvelle-Angleterre. Aussi jaloux de l'é-
galité que nous le sommes aujourd'hui, ils n'ont jamais
connu d'autre condition; mais, plus heureux que nous,
ils n'ont pas eu besoin de façonner à la liberté un peuple
qui n'en connût que le nom. En fuyant une terre ma-
râtre, les pèlerins avaient emporté avec eux toutes les
franchises de la patrie. Le problème que nous poursui-
vons depuis 1789, il y a deux siècles que les Anglo-Américains l'ont résolu, il y a deux siècles que, sans sacrifier
la liberté ni l'égalité, ils jouissent paisiblement de ce
double bienfait. C'est donc là, et non pas en Angleterre,
qu'il faut chercher des leçons. L'Atlantique nous sépare
moins que la Manche. « En Amérique, écrivait il y a vingt-
« cinq ans M. de Tocqueville, la démocratie est livrée à ses
« propres pentes. Ses allures sont naturelles et tous ses
« mouvements sont libres. C'est là qu'il faut la juger.
« Et pour qui cette étude serait-elle intéressante et profi-
« table, si ce n'était pour nous, qu'un mouvement irré-
« sistible entraîne chaque jour, et qui marchons en

« aveugles, peut-être vers le despotisme, peut-être vers
« la république, mais à coup sûr vers un état social
« démocratique [1] ? »

Ce fut en 1835 que M. de Tocqueville publia le résultat de ses observations sous le titre de *la Démocratie en Amérique;* le succès fut éclatant, et, chose rare
pour un ouvrage aussi sérieux, ce succès fut populaire.
Le livre eut treize éditions en quinze ans. Les suffrages
les plus illustres ne manquèrent pas à l'auteur; l'Académie Française, M. Villemain le rappelait dernièrement
avec tout le charme de sa parole, voulut être la première
à couronner *la Démocratie en Amérique :* elle lui décerna le prix Montyon et sans partage. De son côté,
M. Royer-Collard, si avare d'éloges et si écouté, prononça que *depuis Montesquieu il n'avait paru aucun ouvrage pareil.* Ce n'est pas la seule fois qu'on a placé le
nom de M. de Tocqueville près de celui de Montesquieu ; mais, si j'ose le dire, ce rapprochement est plus
honorable que juste. Chez les deux écrivains tout diffère, le sujet, la conception, le style. D'un coup d'œil,
l'auteur de *l'Esprit des Lois* embrasse l'humanité tout
entière, il voit tout, il abrége tout; sa parole est aussi
variée que son sujet, il prend tous les tons, il est éloquent, il est gai, il est ironique et toujours brillant. *La
Démocratie en Amérique* est un livre fait avec une
seule idée qui revient sous toutes les formes; le style en
est quelquefois austère jusqu'à la monotonie. M. de
Tocqueville fuit les détails et les anecdotes où se plaît

1. *De la Démocratie,* t. Ier, p. 235.

Montesquieu ; il recherche les termes abstraits, il géné-
ralise chacun des faits qu'il observe, au risque de nous
donner le portrait de l'Amérique ou de la France pour
l'image de la démocratie ; son œuvre n'a ni la vivacité,
ni la grâce, ni la profonde originalité de *l'Esprit des
Lois*, mais on y trouve des qualités que n'a pas Montesquieu. Dans cette ardente poursuite d'un seul problème, dans ce perpétuel signalement des dangers qui
menacent la société moderne, il y a une passion concentrée qui manque à l'heureux président. On sent
qu'un siècle de révolutions sépare ces deux hommes.
Le génie de Montesquieu nous éblouit, la tristesse de
M. de Tocqueville nous attache, ses inquiétudes sont les
nôtres ; cet avenir qui l'effraye, c'est celui de la France
et de la civilisation.

Analyser un livre que tout le monde a lu serait chose
inutile, j'aime mieux renvoyer au spirituel jugement que
M. de Sacy en a porté [1] ; mais je voudrais indiquer la
situation d'esprit où se trouvait M. de Tocqueville en
quittant la France : c'est la situation du lecteur qui
ouvre *la Démocratie en Amérique :* de cette façon on
sentira mieux ce qui, de l'autre côté de l'Océan, frappa
le voyageur, ce qui acheva de donner à son esprit le
tour libéral qu'il a toujours gardé.

On a souvent reproché aux Français de ne connaître
que leur langue et de dédaigner les littératures étrangères ; c'est ce qu'au dehors on nomme la vanité française, et ce qui n'est le plus souvent qu'une confiance

---

[1]. *Journal des Débats* du 9 octobre 1840, réimprimé dans les *Variétés
littéraires* de M. de Sacy, t. II, p. 107.

naïve dans la supériorité de notre pays. Défaut ou vertu, ce n'est pas seulement dans les lettres que nous portons cette foi aveugle, qui fait notre force en guerre et notre faiblesse en politique. Nous savons bien que chez les Anglais et les Américains l'État est constitué tout autrement qu'en France; mais, à vrai dire, nous ne comprenons et nous n'estimons qu'un seul régime, c'est le nôtre. Dans un moment de passion, nous renversons le souverain, mais non la monarchie. Les formes politiques ont singulièrement varié depuis soixante ans; le fond même du gouvernement a peu changé. Après chaque révolution, on récrépit la façade de l'édifice, et on y met une autre dédicace; mais, malgré de longs discours et de belles promesses, on ne va pas plus loin. Une centralisation qui confisque et absorbe l'activité de la province et de la commune, un budget énorme, une Église d'État, ou du moins une religion de la majorité, une éducation officielle, une justice hiérarchique, une presse toujours réglementée et constituée en monopole, voilà ce qu'on retrouve sous tous les régimes. L'image de notre gouvernement, c'est le télégraphe électrique; l'ordre part d'un point unique, la vie se répand du centre aux extrémités. C'est l'empire romain, adouci par le christianisme et la civilisation. Dans ce réseau d'institutions dont tous les fils aboutissent à la puissante main de l'État, Auguste reconnaîtrait son esprit et ses lois.

Voilà le modèle qu'en 1831 M. de Tocqueville emportait dans sa pensée, voilà l'idéal que les libéraux du temps lui faisaient admirer. « Cette centralisation que l'Europe nous envie » était alors une phrase à effet qu'on ne répétait jamais à la tribune sans qu'elle fût saluée d'applaudissements. Je crois qu'aujourd'hui c'est encore un système populaire et qui n'a pas seulement pour lui la faveur de l'État.

Un an plus tard, M. de Tocqueville rentrait dans son pays avec la tristesse d'un homme dont la foi a fait naufrage et qui se sent étranger dans l'Église où il est né. Tous ces principes qui, disait-on, faisaient la grandeur de la France, on les lui dénonçait aux États-Unis comme une erreur fatale, comme une cause de faiblesse. Le gouvernement qu'avaient fondé Washington et ses amis, cette œuvre de justice et de raison à laquelle l'Amérique reconnaissante attribue son incomparable fortune, c'était le contre-pied du système français. Entre les institutions des deux pays il n'y avait pas seulement de profondes différences, il y avait une opposition radicale que rien ne pouvait concilier.

En France, M. de Tocqueville n'avait vu que l'État; en Amérique, c'est toujours l'individu qu'il trouvait devant lui; là-bas la religion est abandonnée aux fidèles, la loi ne connaît pas d'Église; cependant, si l'Église n'a aucune influence politique, elle est plus puissante et plus riche qu'en aucun pays du vieux continent; l'éducation, l'État ne s'en mêle pas : c'est l'affaire de la commune et de la province; et pourtant l'éducation est répandue partout avec une libéralité sans égale. Devant la justice, gardienne de la Constitution, il faut que l'administration et les Chambres elles-mêmes s'inclinent; mais le pouvoir ne souffre pas de cette obéissance, et le juge n'en abuse pas. La presse enfin est entièrement

libre, le Congrès lui-même ne peut la régler; elle est
injurieuse et violente; mais avec tous ses abus elle est
moins dangereuse qu'en France; la concurrence illimitée fait du journal non plus le maître, mais le serviteur
de l'opinion. Que de démentis donnés à notre sagesse!
Un esprit moins ferme que M. de Tocqueville en eût été
profondément ébranlé.

Combien de gens en effet qui, au lieu de se rendre à
l'évidence, aiment mieux se tromper eux-mêmes, et déclarent que le gouvernement des États-Unis est une espèce d'anarchie qui ne se maintient, depuis soixante-dix
ans, que grâce à l'immensité du territoire, à la rareté
de la population, à la facilité du travail, toutes conditions qui manquent à notre vieux continent! Singulière anarchie, qui appelle dans les déserts de la Californie tous les aventuriers de la terre, les abandonne
à eux-mêmes, et cependant, sans police et sans armée,
en moins de deux ans, tire de cette écume une société
régulière et un libre gouvernement; singulière anarchie, qui chaque année, fait reculer la solitude et répand
au loin l'abondance et la paix. Pour peu qu'elle dure jusqu'à la fin du siècle, elle nous offrira le plus grand
spectacle qu'ait jamais vu l'histoire : un peuple de cent
millions d'hommes, maître des deux océans, à lui seul
contre-pesant l'Europe, et lui disputant la suprématie
des mers, c'est-à-dire la souveraineté du monde !

Entre ces deux systèmes de gouvernement, adoptés
chacun par une société où règne l'égalité, il faut qu'un
ami de la liberté se décide. Si grande qu'on fasse la
part des diversités humaines, il est visible qu'entre

œux régimes contraires, il y en a un qui doit se prêter plus facilement à la liberté. Et si l'on va au fond des choses, on rencontre bientôt où gît l'opposition, et comment ce qui paraît admirable à un Français prend un tout autre aspect aux yeux d'un Américain.

Le système français repose sur l'idée romaine de la souveraineté de l'État. Le gouvernement n'est pas seulement le bras de la nation, il en est l'âme. Sans doute l'État cherche à s'éclairer, il s'entoure de Chambres, de conseils, d'hommes rompus aux affaires; mais politiquement c'est l'État seul qui veut et qui agit. République ou monarchie, la France est toujours une armée qui doit vivre de la pensée de ses chefs. Cette façon de concevoir le rôle du gouvernement n'est pas nouvelle : c'était celle de Richelieu et de Louis XIV ; depuis 1789, c'est celle de tous les partis.

« Les hommes de nos jours, disait M. de Tocqueville, sont bien moins divisés qu'on ne l'imagine ; ils se disputent sans cesse pour savoir dans quelles mains la souveraineté sera remise ; mais ils s'entendent aisément sur les devoirs et les droits de la souveraineté. Tous conçoivent le gouvernement sous l'image d'un pouvoir unique, simple, providentiel et créateur [1]. — La plupart estiment que le gouvernement agit mal ; mais tous pensent que le gouvernement doit sans cesse agir et mettre à tout la main. Ceux même qui se font le plus rudement la guerre ne laissent pas de s'accorder sur ce point. L'unité, l'ubiquité, l'omnipotence du pouvoir social, l'uniformité de ses règles, forment le trait saillant qui caractérise tous les systèmes politiques enfantés de nos jours. On les retrouve au fond des plus bizarres utopies. L'esprit humain poursuit encore ses images quand il rêve [2]. »

1. *De la Démocratie*, t. II, p. 330.
2. *Ibid.*, p. 329.

En Amérique, on ne connaît point cette doctrine ; on ne comprend ni la centralisation ni cette caricature de la centralisation qui s'appelle le socialisme. Cette abstraction, que nous adorons sous le nom d'État, et qui représente et concentre toutes les énergies de la nation, n'a jamais passé les mers. Là-bas le souverain, c'est le peuple, souverain toujours en action, et qui exerce son pouvoir par une suite de délégations électives, aussi bornées dans leur objet que dans leur durée. Le gouvernement y est tout-puissant, mais dans un cercle étroit qu'il ne peut franchir. C'est le gardien de la paix publique et le représentant de la nation ; à lui, l'armée, la marine, la diplomatie, les postes, les douanes. Le commerce intérieur, l'industrie, la Banque sont en dehors de sa sphère ; il ne lui appartient de diriger ni l'individu, ni la commune, ni la province ; la justice, soustraite à son influence, le domine ; enfin il lui est interdit de toucher à l'Église, à l'éducation, à la presse, c'est-à-dire à la pensée. Par la force des choses, il n'est donc que le serviteur de la volonté publique ; il suit l'opinion, il ne la dirige pas. Notre idéal à nous, c'est la hiérarchie de l'Église catholique, hiérarchie que l'Église elle-même a empruntée aux cadres de l'administration romaine ; la direction vient d'en haut. L'idéal américain, c'est l'Église puritaine, où chacun est prêtre et chargé seul du soin de son salut. En dehors des fidèles, il n'y a rien ; c'est une société qui ne reconnaît d'autre autorité que la règle qu'elle a librement acceptée. Aussi, comme le remarquait M. de Tocqueville avec une grande justesse,

« Aux États-Unis, le dogme de la souveraineté du peuple n'est pas une doctrine isolée qui ne tienne ni aux habitudes ni à l'ensemble des idées dominantes ; on peut, au contraire, l'envisager comme le dernier anneau d'une chaîne d'opinions qui enveloppe le monde anglo-américain tout entier. La Providence a donné à chaque individu, quel qu'il soit, le degré de raison nécessaire pour qu'il puisse se diriger lui-même dans les choses qui l'intéressent exclusivement. Telle est la grande maxime sur laquelle, aux États-Unis, repose la société civile et politique : le père de famille en fait l'application à ses enfants, le maître à ses serviteurs, la commune à ses administrés, le pouvoir aux communes, l'État aux provinces, l'Union aux États. Étendue à l'ensemble de la nation, elle devient le dogme de la souveraineté du peuple. »

A une société ainsi faite il ne faut demander ni la régularité ni la douceur de notre civilisation. L'individu, livré à lui-même, y est plus âpre et plus rude, l'existence y est plus bruyante et plus agitée. C'est un atelier où chacun cherche sa place, sans rien attendre que de son courage et de son travail ; mais sous ce désordre apparent qui effraye les âmes timides, comme on sent la vie qui déborde ! Combien le citoyen, maître de sa destinée, paraît-il plus énergique et plus grand !

Entre ces deux sociétés, M. de Tocqueville avait fait son choix. Au risque de blesser plus d'un préjugé, il préférait l'Amérique. Non pas qu'il entendît imposer à la France des institutions étrangères ; c'est là une vieille erreur qui ne trompe plus personne : ce qu'il admirait aux États-Unis, ce qu'il aurait voulu nous donner, c'était l'esprit de liberté. Il n'était pas de ces fatalistes qui condamnent une nation à ne jamais sortir de l'ornière que lui ont creusée ses aïeux ; il croyait que la gran-

deur des empires, comme celle des individus, dépend
toujours de l'idéal qu'ils choisissent, et qu'il suffit à un
peuple d'aimer et de comprendre la liberté, pour que
peu à peu et sans révolutions la liberté pénètre dans les
lois et crée elle-même la forme qui lui convient. M. de
Tocqueville aimait l'unité nationale ; il y voyait l'œuvre
du temps, le produit naturel du génie français ; mais
cette unité a des bornes légitimes ; ce n'est pas l'affaiblir que d'y introduire la liberté, et de rendre à la fois
le citoyen plus sage et plus fort.

Les réformes qu'il demandait ne touchaient donc pas
au vif de la souveraineté. Émanciper la commune, en
faire l'école primaire de la liberté, c'était une utopie en
1835 ; aujourd'hui c'est une réforme dont peu à peu se
rapprochent tous les partis. M. de Tocqueville ne s'en
tenait pas là. Sincèrement chrétien et catholique, il aurait voulu que la religion eût plus de prise sur la société.
« Pour moi, disait-il, je doute que l'homme puisse ja-
« mais supporter à la fois une complète indépendance
« religieuse (il entendait par là l'absence de toute reli-
« gion) et une entière liberté politique ; et je suis porté
« à penser que s'il n'a pas de foi, il faut qu'il serve, et
« s'il est libre, qu'il croie [1]. » Pour ranimer la foi,
M. de Tocqueville voulait séparer l'Église de l'État et
affranchir la religion d'un patronage qu'il regardait
comme aussi fatal pour le protecteur que pour le protégé. Il croyait grandir la religion en la retirant de l
politique ; il espérait réconcilier ainsi l'Église avec l'é

---

1. *De la Démocratie*, t. II, p. 22.

galité qu'elle aime dans le temple, et avec la liberté qu'elle maudit un peu partout, tandis qu'en imitant l'exemple de l'Amérique, il lui serait facile de s'en faire un appui.

Affranchir complétement la presse était encore une des idées favorites que M. de Tocqueville avait rapportées des États-Unis. Il ne se faisait pas illusion sur les vices de la presse ; en Amérique, les journaux, sauf quelques exceptions, ont plus de violence que les nôtres et moins de respect d'eux-mêmes ; mais, avec tous ces défauts, la presse, aux yeux de M. de Tocqueville, n'en était pas moins l'instrument nécessaire et constitutif de la liberté, la garantie des minorités, la sauvegarde des individus [1]. Au lieu donc de réduire les journaux pour en faire les organes puissants d'un parti, il voulait les multiplier indéfiniment pour que la voix de chaque citoyen trouvât un écho. Il y a vingt-cinq ans qu'avec une sagacité admirable il écrivait les lignes suivantes, dont trop peu de gens, même aujourd'hui, sentent la vérité :

« Aux États-Unis, il n'y a pas de patente pour les imprimeurs ni de timbre pour les journaux, enfin la règle des cautionnements est inconnue. La création des journaux est une entreprise simple et facile ; peu d'abonnés suffisent pour que le journal couvre ses frais ; aussi le nombre des écrits périodiques aux États-Unis dépasse-t-il toute croyance. Les Américains les plus éclairés attribuent à cette incroyable dissémination des forces de la presse son peu de puissance : c'est un axiome de la science politique aux États-Unis que le seul moyen de neutraliser les effets des journaux est d'en multiplier le nombre. Je ne saurais me figurer qu'une

1. *De la Démocratie*, t. Ier, p. 219-228.

vérité aussi évidente ne soit pas encore devenue chez nous plus vulgaire. Que ceux qui veulent faire des révolutions à l'aide de la presse cherchent à ne lui donner que quelques puissants organes, je le comprends sans peine ; mais que les partisans officiels de l'ordre établi et les soutiens naturels des lois existantes croient atténuer l'action de la presse en la concentrant, voilà ce que je ne saurais absolument concevoir. Les gouvernements d'Europe me semblent agir vis-à-vis de la presse de la même façon qu'agissaient jadis les chevaliers envers leurs adversaires ; ils ont remarqué par leur propre usage que la centralisation était une arme puissante, et ils veulent en pourvoir leur ennemi, afin sans doute d'avoir plus de gloire à lui résister [1]. »

Enfin M. de Tocqueville voulait donner à la magistrature la place qui lui appartient dans un pays libre, c'est-à-dire la rendre souveraine. En ce point, il était si en avant des idées françaises que je ne sais si on l'a compris. Notre magistrature est très-considérée, et avec juste raison ; mais si nos tribunaux assurent aux plaideurs ordinaires une justice impartiale et éclairée, ils ne constituent pas une garantie politique pour le citoyen. Toutes nos Chartes répètent à l'envi que la séparation des trois pouvoirs, exécutif, législatif et judiciaire, est la condition de la liberté ; mais depuis 1789 jamais en France la justice n'a marché de pair avec l'autorité des Chambres ou du prince ; ce pouvoir indépendant a toujours été subordonné. L'administration lui échappe par le privilége de ses juridictions, et quelquefois même le domine par des conflits. Le citoyen a beau se plaindre, le juge n'a pas d'action sur le fonctionnaire, qui obéit à un ordre régulier. Alors même

1. *De la Démocratie*, t. Ier, p. 221.

que l'officier public abuse ouvertement de son pouvoir, il faut la permission de l'État pour citer le coupable devant les tribunaux. Ce n'est pas ainsi que les choses se passent en Amérique et en Angleterre. Tout agent de l'autorité est personnellement responsable de l'ordre qu'il exécute; il n'est pas de fonctionnaire qu'un citoyen ne puisse à toute heure amener devant la justice pour le forcer à respecter la loi. Dans ces conflits inévitables qui en tout pays s'élèvent entre les particuliers et l'État, chez nous le dernier mot est à l'administration; chez les Anglais et les Américains, le dernier mot est à la justice. Il n'est guère de question politique ou administrative qui en France n'aboutisse à une ordonnance, et en Amérique à un procès. La raison en est simple: dans un gouvernement centralisé, l'intérêt général, représenté par l'État, passe avant le droit de l'individu; dans un pays libre, le droit de l'individu tient en échec les prétentions de l'État; c'est au juge qu'il appartient de prononcer. « En Amérique, disait M. de Tocqueville, « l'homme n'obéit jamais à l'homme, mais à la justice « et à loi[1]. »

De là ce profond respect qui environne le magistrat chez tous les peuples de race anglaise; c'est dans les mains du juge qu'est la garantie de la loi et de la liberté. — Nous connaissons ce régime, dira-t-on; vous nous ramenez aux Parlements. Une des conquêtes de la Révolution, c'est d'avoir réformé ce vieil abus que vous louez; c'est d'avoir séparé à tout jamais l'administra-

1. *De la Démocratie*, t. Ier, p. 114.

tion et la justice. — M. de Tocqueville avait des doutes sur cette nouvelle vérité politique qui a échappé à nos voisins; non pas qu'il réclamât pour les tribunaux une action politique dont les Parlements ont abusé; mais il ne comprenait pas que pour assurer cette division de pouvoirs il fût nécessaire, en cas de conflit, de soumettre la justice à l'administration. Il voyait bien que la séparation ainsi entendue donnait à l'État une force qui brise toutes les résistances; il cherchait seulement ce qu'y avait gagné la liberté.

Telles étaient les idées de M. de Tocqueville, idées si vieilles en Amérique, et si bien justifiées par l'expérience, qu'elles y ont passé à l'état d'axiome; idées si neuves en France, qu'après un quart de siècle elles nous étonnent encore par leur hardiesse. Sans avoir l'excuse de nos pères, nous en restons aux théories de la Révolution; nous identifions la liberté et l'égalité; nous croyons qu'il suffit de renverser ce qui dépasse le niveau commun pour qu'aussitôt la liberté sorte du sol. Attribuer à tous les citoyens les mêmes droits politiques, créer un mécanisme puissant et rapide qui transforme en loi la volonté nationale, c'est-à-dire le vœu du plus grand nombre, tel est l'idéal de nos démocrates les plus avancés; ils n'imaginent pas qu'avec tout cela un pays n'a point de liberté. Ce n'est pas pour les majorités que la liberté a été inventée; l'opinion et la force leur suffisent; c'est à l'individu, c'est aux minorités que la liberté est nécessaire. L'*habeas corpus*, la séparation de l'Église et de l'État, le droit d'association et de réunion, la liberté d'éducation, la liberté de la presse, n'ont pas pour objet d'assurer le triomphe des doctrines régnantes ni des droits reconnus : tout au contraire, c'est contre la tyrannie du nombre, c'est contre l'oppression de l'État qu'elles protégent les idées naissantes, les droits nouveaux qui essayent de conquérir une place au soleil. Pour organiser la liberté, il faut donc des garanties légales, des barrières protectrices qui arrêtent et refroidissent la passion populaire; c'est là une œuvre complexe où les Américains et les Anglais ont toujours réussi; quant aux Français, il est vrai de dire qu'ils ne s'y sont jamais essayés. De ce côté-ci de la Manche, les partis se disputent le pouvoir, mais non pas pour l'affaiblir ni le limiter une fois qu'ils en sont maîtres. M. de Tocqueville, et c'est là sa gloire, se faisait au contraire l'avocat de la liberté; avocat fort désintéressé, car c'est une clientèle qui n'a jamais donné les honneurs ni la fortune. Rompre en visière au préjugé national, remonter le courant de l'opinion n'était pas chose facile; mais ce n'est pas une vaine popularité que poursuivait l'auteur de *la Démocratie*. Servir la justice et la liberté était sa seule ambition. « En écrivant ce livre, disait-il, « je n'ai entendu servir ni combattre aucun parti; j'ai « entrepris de voir non pas autrement, mais plus loin « que les partis; et tandis qu'ils s'occupent du lende- « main, j'ai voulu songer à l'avenir[1].» Nobles et fières paroles; mais, j'en appelle aux lecteurs de M. de Tocqueville, disent-elles plus que la vérité?

---

1. *De la Démocratie*, t. Ier, p. 19.

III

En 1840, M. de Tocqueville publia une suite de son livre ; il y recherchait l'influence de la démocratie sur les idées, les sentiments et les mœurs de l'Amérique, et aussi de la France. Cette seconde partie eut moins de succès que la première ; à mon avis, on ne doit pas s'en étonner. Le sujet qu'avait choisi l'auteur n'était pas de ceux qu'on peut aborder par un seul côté. Montrer que la liberté est nécessaire pour tempérer l'égalité, c'est sans doute un problème délicat, mais ce problème est simple ; aussi M. de Tocqueville l'a-t-il résolu. Au contraire, déterminer l'action de la démocratie sur les lettres, les arts et les mœurs, c'est, selon moi, une question insoluble, tant qu'on l'étudie isolément. Combien n'y a-t-il pas d'autres causes qui modifient les idées, les goûts, les sentiments d'une nation ? La religion, l'éducation, la jeunesse ou la vieillesse d'un peuple, sa pauvreté ou sa richesse, les traditions de son passé, le siècle où il vit, sont autant d'éléments qui n'ont pas moins d'influence que l'égalité sur le caractère d'une civilisation. Ne s'occuper que d'une seule de ces forces, tout en reconnaissant les autres, c'est la grandir outre mesure ; en même temps c'est se condamner à être incomplet, et par cela même inexact.

Ce défaut est sensible dans l'ouvrage de M. de Tocqueville ; trop souvent il rend la démocratie responsable de vices et de faiblesses qui ne lui appartiennent pas. Si le goût du bien-être forme le trait saillant de notre âge, est-ce bien l'égalité qui en est coupable? Ne faut-il pas en chercher la cause dans le développement de l'industrie, les jouissances d'une longue paix, le progrès de la richesse générale? L'Angleterre n'est point une démocratie, le commerce y est-il moins ardent qu'en Amérique? L'industrie ne transforme-t-elle pas la société en Allemagne aussi bien qu'en Belgique et en Suisse? — A Boston et à New-York, dit M. de Tocqueville, on réduit les sciences à l'utile, on n'en cherche que l'application immédiate. — D'accord; mais est-ce la faute de l'état social, ou ne serait-ce pas simplement que l'esprit pratique des Anglais a émigré dans le Nouveau Monde? La petite république de Genève n'a-t-elle pas produit des naturalistes, des botanistes, des physiciens de premier ordre? Voit-on qu'en France on manque de théoriciens depuis 1789? Je ne nie pas que dans une démocratie les arts et les lettres n'aient un cachet particulier; mais je ne puis conclure, avec M. de Tocqueville, que l'agréable et le joli l'emporteront nécessairement sur le grand et le beau. Athènes et Florence ont enfanté leurs chefs-d'œuvre au milieu d'un peuple jaloux et défiant; je ne sache pas que la royauté et l'aristocratie aient produit de plus nobles poëtes que Sophocle, Dante ou Milton.

L'erreur de M. de Tocqueville, c'est de n'avoir pas senti que le nom de démocratie couvre les sociétés les plus diverses, et que dans chacune de ces sociétés il y a en jeu mille influences qui se mêlent et qui se combinent avec la vie politique : voilà pourquoi toute conclusion générale me paraît hasardée et presque toujours démentie à la réflexion. Les aperçus de M. de Tocqueville me semblent au moins contestables quand il les présente comme les lois de la démocratie ; il sont fins et presque toujours vrais quand on les réduit dans les justes limites de l'observation faite. J'accepterais presque toutes ses idées si on lisait *Amérique* là où il écrit *Démocratie*.

Toutefois, si dans cette suite d'un beau livre il y a des parties faibles, je considère le dernier chapitre, intitulé *De l'influence des idées démocratiques sur la société politique*, comme le chef-d'œuvre de M. de Tocqueville. Nulle part il n'a signalé plus vivement le danger d'une égalité que rien ne tempère ; nulle part il n'a attaqué la centralisation avec plus d'éloquence et de raison. Parvenu au terme de son œuvre, monté sur ces hauteurs sereines où n'arrivent ni le bruit dès partis ni la fumée des systèmes, toutes ses études, toutes ses réflexions le menaient vers une vérité qu'il apercevait enfin dans tout son jour : c'est que l'objet principal, l'objet essentiel de la politique, ce n'est pas l'État, mais l'individu. L'individu, c'est la seule force réelle et vivante ; l'amoindrir pour grandir l'État, c'est tout sacrifier à une stérile uniformité. Développer l'individu, lui donner le sentiment de sa puissance et de sa responsabilité, l'affranchir de tout ce qui gêne sa pensée, sa volonté, son action, ne mettre à sa liberté d'autre limite que la justice, c'est là le problème de l'avenir. Cette vérité si simple, mais si féconde, c'est l'aurore d'une politique nouvelle ; c'est là qu'il faut chercher le salut des sociétés modernes, et non pas dans ces formes vides qui tant de fois nous ont égarés et perdus. Aujourd'hui on commence à sentir que c'est de ce côté qu'il faut marcher : il y a vingt-cinq ans que M. de Tocqueville suppliait la France de s'engager dans cette voie, mais par malheur on ne l'écoutait pas. A la même époque, un grand citoyen, un vrai chrétien, Channing, se faisait aux États-Unis l'apôtre de cette grande idée. Je ne sais si M. de Tocqueville a connu Channing ; mais, placé sur le même terrain, ému des mêmes craintes, il parle souvent comme lui ; la page suivante, une des meilleures qu'ait écrites M. de Tocqueville, pourrait être signée par le Fénelon américain :

« Dans les siècles d'aristocratie qui ont précédé le nôtre, il y avait des particuliers très-puissants et une autorité sociale fort débile. L'image même de la société était obscure et se perdait sans cesse au milieu de tous les pouvoirs différents qui régissaient les citoyens. Le principal effort des hommes de ces temps-là dut se porter à grandir et à fortifier le pouvoir social, à accroître et à assurer ses prérogatives, et au contraire à resserrer l'indépendance individuelle dans des bornes plus étroites, et à subordonner l'intérêt particulier à l'intérêt général.

« D'autres périls et d'autres soins attendent les hommes de nos jours.

« Chez la plupart des nations modernes, le souverain, quels que soient son origine, sa Constitution et son nom, est devenu presque tout-puissant, et les particuliers tombent de plus en plus dans le dernier degré de la faiblesse et de la dépendance.

« Tout était différent dans les anciennes sociétés. L'unité et l'uniformité ne s'y rencontraient nulle part. Tout menace de devenir si semblable dans les nôtres, que la figure particulière de chaque individu se perdra bientôt entièrement dans la physionomie commune. Nos pères étaient toujours prêts à abuser de cette idée que les droits particuliers sont respectables, et nous sommes naturellement portés à exagérer cette autre que l'intérêt d'un individu doit toujours plier devant l'intérêt de plusieurs.

« Le monde politique change ; il faut désormais chercher de nouveaux remèdes à des maux nouveaux.

« Fixer au pouvoir social des limites étendues, mais visibles et immobiles ; donner aux particuliers certains droits et leur garantir la jouissance incontestée de ces droits ; conserver à l'individu le peu d'indépendance, de force et d'originalité qui lui restent ; le relever à côté de la société et le soutenir en face d'elle, tel me paraît être le premier objet du législateur, dans l'âge où nous vivons.

« On dirait que les souverains de notre temps ne cherchent qu'à faire avec les hommes des choses grandes. Je voudrais qu'ils songeassent un peu plus à faire de grands hommes ; qu'ils attachassent moins de prix à l'œuvre et plus à l'ouvrier, et qu'ils se souvinssent sans cesse qu'une nation ne peut rester longtemps forte quand chaque homme y est individuellement faible, et qu'on n'a point encore trouvé de formes sociales ni de combinaisons politiques qui puissent faire un peuple énergique en le composant de citoyens pusillanimes et mous[1]. »

Le succès de *la Démocratie en Amérique* ouvrit les portes de l'Institut à M. de Tocqueville. En 1839 il fut nommé de l'Académie des sciences morales ; en 1841, de l'Académie française. Son discours de réception a un cachet particulier ; c'est une profession de foi. M. Molé, qui répondait au nouvel élu, en fit la remarque avec cette politesse un peu ironique où il excellait. « Votre discours, Monsieur, c'est vous-même. Ce qui « vous distingue le plus de tous vos contemporains, ce « sont ces convictions profondes qui se reproduisent « toujours sous votre plume, et vous ramènent inces- « samment sur le même sujet. » M. de Tocqueville remplaçait M. Lacuée de Cessac, républicain fort modéré sous la République, et plus tard ministre de Napoléon. M. de Cessac laissait un nom plus connu dans l'administration que dans les lettres. Sa vie, fort hono-

---

1. *De la Démocratie*, t. II, p. 369.

rable du reste, prêtait peu à l'éloge académique. Aussi
M. de Tocqueville fut-il bref en parlant de son devan-
cier ; il le représenta comme l'exécuteur intelligent, inflexible et probe des grands desseins de Napoléon, mais
en même temps comme un de ces hommes qui mettent
leur gloire à exécuter la volonté du maître, et leur patriotisme à bien tenir le pays dans l'ordre et l'obéissance où ils sont eux-mêmes. Ce fut à peu près toute la
justice rendue à M. de Cessac, qui à l'Académie n'en
pouvait réclamer beaucoup plus. Le vrai sujet du discours fut l'Empire et l'Empereur. Là on retrouve M. de
Tocqueville tout entier.

Suivant lui, la Révolution s'est faite par un double courant d'idées : la haine du privilége, le désir de la liberté.
De ces deux courants, l'un menait aux institutions constitutionnelles, l'autre, sous le nom d'égalité et de souveraineté du peuple, entraînait le pays vers la centralisation
et le pouvoir absolu. C'est ce que sentit Napoléon ; il
laissa le flot libéral que les orages de la Révolution avaient
troublé et plus d'une fois ensanglanté ; ce fut sur l'autre courant qu'il embarqua sa fortune. Il mit son génie
au service de l'égalité, et bientôt, comme les Césars, il
put dire qu'il avait droit de tout commander parce
que seul il parlait au nom du peuple, qui l'avait choisi
pour son représentant. Tel fut le portrait de Napoléon
que M. de Tocqueville esquissa d'une main hardie,
et que, suivant l'usage académique, il acheva par un
trait à effet. « Celui qui avait fondé cet Empire, dit-il,
« et qui le soutenait, était le phénomène le plus ex-
« traordinaire qui eût paru depuis des siècles dans le

« monde. Il était aussi grand qu'un homme puisse
« l'être sans vertu. »

La réponse de M. Molé fut une défense du 18 brumaire et de Napoléon, défense ingénieuse et telle qu'on
pouvait l'attendre d'un ancien ministre de l'Empire,
que la Restauration avait converti à la liberté. Il déclara qu'au 18 brumaire la France implorait le despotisme comme un expédient nécessaire, et que l'Empereur ne s'était jamais trompé sur la nature de son
pouvoir. « Après moi, disait-il un jour à M. Molé, la
« Révolution, ou plutôt les idées qui l'ont faite, repren-
« dront leur cours. Ce sera comme un livre dont on
« ôtera le *signet*, en recommençant la lecture à la page
« où on l'avait laissée. » Qu'avait donc voulu l'Empereur et qu'avait-il fait? M. Molé le disait avec le respect d'un ancien serviteur et la sincérité d'un homme
d'État: « Napoléon employait le despotisme comme un
« moyen de raccoutumer la France révolutionnaire à
« l'ordre et à l'obéissance, de donner à chacun le temps
« d'oublier ce qu'il avait fait, ce qu'il avait dit, et d'ouvrir
« une nouvelle ère. Quant au but, il n'en eut jamais
« qu'un: sa plus grande gloire, en faisant de la France
« le pays le plus puissant de l'univers. Voilà Napoléon
« tel que je l'ai vu. »

Si je rappelle cette belle séance, c'est que les jugements contraires des deux académiciens représentent
assez bien les deux écoles qui aujourd'hui se partagent
la politique. Napoléon est la plus haute personnification d'un régime très-populaire en France : la centralisation dans toute sa force, l'action de l'État dans toute

sa splendeur, l'ordre et la gloire remplaçant la liberté.
Cette grande figure pouvait plaire à M. Molé, elle en a
séduit bien d'autres; elle ne pouvait éblouir M. de Tocqueville, dont les yeux avaient vu une lumière plus
douce et plus pure. Son idéal, c'était Washington, ce
génie bienveillant, toujours prêt à se sacrifier pour ménager l'indépendance de ses concitoyens, et plus jaloux
de la liberté commune que le peuple même qui lui remit sa destinée. M. Molé était dans son rôle ainsi que
M. de Tocqueville; chacun d'eux défendait les idées
qu'il avait adoptées comme règle de sa vie; seulement
j'imagine que, dans ce duel courtois, si les deux nobles
adversaires avaient eu pour témoins leurs ancêtres, d'un
côté l'héroïque président de la Fronde, de l'autre le
stoïque et vénérable défenseur de Louis XVI, Malesherbes est celui qui se serait le plus vite reconnu dans
son petit-fils.

Les études et les goûts de M. de Tocqueville l'appe-
laient à la vie politique. Né dans la province, vivant
dans le manoir de ses pères, connu dès l'enfance et
aimé de tous ses concitoyens, il lui fut aisé de satisfaire
une ambition légitime. Il entra à la Chambre en 1839,
libre de tout engagement, sans titre et sans fonctions.
En 1832, au retour d'Amérique, M. de Beaumont avait
quitté la magistrature par l'excès d'un scrupule honorable; M. de Tocqueville, sans avoir les mêmes motifs,
avait suivi l'exemple de son ami. La liberté lui était nécessaire pour se livrer tout entier aux grandes pensées
qui l'occupaient.

Comme député, M. de Tocqueville fut presque tou-

jours dans l'opposition. Ce n'était pas un homme de
parti ; mais il tenait au succès de ses idées, et ses
idées n'étaient pas en faveur. Loin de moi de blâmer
le sage gouvernement qui a donné à la France dix-huit
ans de prospérité et de paix ; mais, il faut le reconnaître, la garantie de la liberté était alors dans les
hommes plus que dans les institutions. On fit peu de
chose pour rompre ce réseau de centralisation qui en-
serrait toute la France ; on ne fit rien pour habituer et
attacher à la liberté la masse de la nation qui n'avait pas
de droits politiques ; tout se réduisit pour les ministres
à administrer libéralement dans les cadres de l'Empire ;
pour les Chambres, à affaiblir le pouvoir, au lieu de le
limiter. L'opinion n'en demandait pas beaucoup plus ;
mais M. de Tocqueville voyait plus loin que l'opinion,
l'avenir de la liberté l'inquiétait toujours. C'est ainsi
qu'il se trouva dans l'opposition, tandis que M. Guizot
était au ministère : spectacle étrange et trop fréquent
en politique ! Que de fois les esprits les mieux faits pour
s'entendre sont-ils séparés par les questions du jour !
Combien d'hommes d'État qui sont obligés de combattre un adversaire qui pense comme eux, et de marcher avec un parti qui les retarde et souvent ne les comprend pas !

Du reste, si M. de Tocqueville se trouvait en dehors
du gouvernement par ses opinions, il n'en jouit pas
moins d'un grand crédit à la Chambre ; on avait foi
dans ses lumières et dans son honnêteté. C'est ainsi
qu'en 1839 et en 1840 il fut rapporteur de la commission qui, sur une proposition de M. de Tracy, cherchait

à préparer l'abolition de l'esclavage dans les colonies. J'ai parlé plus haut des rapports de 1840 et de 1843 sur la réforme des prisons. En 1841 et 1846, il fit deux voyages en Algérie, avec M. de Beaumont, pour se faire une juste idée de la colonie et de son avenir. C'est en risquant une santé déjà fort ébranlée qu'il voulait acquérir le droit de parler à la Chambre sur ce sujet important ; partout et toujours on retrouve en M. de Tocqueville cet amour de la vérité et de la justice qui est la marque des amis de la liberté.

Les événements de 1848 l'attristèrent sans le surprendre ; plus que personne il avait senti le frémissement de l'orage ; dans un discours prophétique prononcé le 27 janvier 1848, il avait signalé l'approche de la révolution ; sa voix avait été étouffée par le bruit des passions. Ce n'est pas au milieu d'un combat qu'on écoute les prières d'un honnête homme qui s'effraye de l'avenir ; de tout temps les partis ont mieux aimé se perdre que de céder au cri de la raison.

Envoyé à l'Assemblée constituante par le suffrage universel, M. de Tocqueville accepta sincèrement le nouveau régime. Il ne s'abusait point sur les instincts de la France, mais ce n'était pas lui qui devait craindre un essai de république ; le pays s'en lassa le premier. M. de Tocqueville fut un des membres de la commission de Constitution. Quelle part prit-il à ce travail, je l'ignore ; il est évident que ce ne furent pas ses idées qui triomphèrent. Loin de choisir l'Amérique pour modèle, la majorité de la commission se plut à reproduire toutes les erreurs qui ont perdu nos constitutions révolutionnaires et dégoûté

la France de la liberté. Pour ne citer que l'imitation la
plus fatale, confier le gouvernement du pays et la garde
de la liberté à une chambre unique, s'imaginer que
d'une assemblée sans contre-poids il peut sortir autre
chose qu'un despotisme tour à tour incertain et violent,
c'était une illusion qui n'était plus permise. Dans toute
l'histoire il n'y a pas d'exemple qu'un pareil système
ait produit autre chose qu'une des plus mauvaises
formes de la tyrannie. Quand on donne de pareils démentis à l'expérience, le bon sens se venge par des révolutions. M. de Tocqueville ne pouvait s'y tromper ;
je regrette seulement que par amour de la concorde, par
un scrupule excessif, il ait accepté, au moins par son
silence, des institutions plus funestes encore que chimériques. On ne transige pas avec l'erreur ; si on ne
l'abat pas, elle vous dévore ; le premier devoir d'un citoyen, c'est de la combattre en face. Qu'importe la défaite du jour ! c'est souvent cette bataille perdue qui fait
la victoire de l'avenir.

En 1849, M. de Tocqueville fut élu à l'Assemblée
législative, qui le choisit pour un de ses vice-prési-
dents. Quelques jours après cette nomination, le Président de la République lui confia le département des
affaires étrangères. Il y trouva une grosse question qui
dès lors occupait les politiques : la question d'Italie.

M. de Tocqueville s'était déjà mêlé de ce difficile problème. En 1848, au moment où l'Autriche, déchirée
et affaiblie par la révolte de ses provinces, songeait à se
retirer dans la Vénétie, l'Angleterre et la France avaient
eu l'idée d'offrir une médiation commune. Le général

Cavaignac avait désigné M. de Tocqueville pour repré-
senter la France dans un congrès qui devait s'ouvrir à
Bruxelles. On sait comment l'épée de Radetzky rendit
le congrès inutile, et comment l'Autriche, une seconde
fois maîtresse de la Lombardie, usa de cette fortune
qu'elle ne devait plus retrouver.

En entrant au ministère, c'était l'affaire de Rome qui
réclamait l'attention de M. de Tocqueville; cette affaire était déjà fort engagée. Pie IX était à Gaëte, Maz-
zini dans Rome, notre armée aux portes de la ville.
L'Autriche et Naples, décidées à rétablir le pape, avaient
mis le gouvernement français en demeure de prendre
un parti; c'était l'influence séculaire de la France qui
se trouvait en jeu; la question était brûlante, et ce
n'était pas en Italie seulement qu'elle offrait des
dangers.

Je n'ai point à juger l'expédition de Rome, qui mit
en feu l'Assemblée législative; c'était le terrain que les
partis avaient choisi pour se compter. M. de Tocqueville, qui sans doute approuvait l'entreprise puisqu'il
restait au ministère, n'eut à jouer un rôle actif qu'a-
près notre entrée dans Rome, quand vint l'heure de la
diplomatie. Ce qu'il désirait, et sur ce point il était en
parfait accord avec le chef du gouvernement, c'est que
la victoire profitât aux Romains; c'est que le pape, ramené par les armes de la France, rendît à son peuple
les institutions libérales qu'il lui avait accordées de son
plein gré en 1847 ; c'est qu'on en finît avec une politique arriérée qui n'est pas moins mauvaise pour l'Église
que pour l'Italie et pour l'Europe. Si c'était une illusion,

au moins était-ce l'erreur d'une âme généreuse et qui veut toujours le bien.

On sait qu'à Rome, après le retour de Pie IX, tout se borna à une amnistie incomplète et à de vains palliatifs. Faut-il en blâmer M. de Tocqueville ou la politique qu'il représentait? Ne pouvait-on exiger davantage? Je ne le crois pas. Le pape n'est point un souverain ordinaire. On ne peut guère obtenir de lui que ce qu'il lui plaît de céder. Il en est un peu de la Cour de Rome comme des femmes : leur force est dans leur faiblesse même; elles savent qu'on ne peut employer la contrainte avec elles, et trop souvent elles se servent du respect même qu'elles inspirent pour faire leur volonté et se dispenser d'avoir raison.

M. de Tocqueville ne resta que quatre mois au ministère. Il avait espéré que l'amour de la patrie, la crainte commune d'une crise rapprocheraient les partis, et que le bon accord pourrait s'établir entre le Président et l'Assemblée. Du jour où il fallut renoncer à cet espoir, il reprit sa place sur les bancs de la Chambre, décidé, quel que fût l'avenir, à ne point se séparer des représentants du pays.

En 1851, M. de Tocqueville fut chargé du rapport sur la révision de la Constitution. On n'a point oublié cette discussion où se jouait le sort de la France. Sur ce point de la révision, comme sur la question des deux Chambres, l'Assemblée constituante, fidèle à son fétichisme révolutionnaire, avait adopté les fausses idées de nos pères; une minorité d'un tiers forçait le pays à plier indéfiniment sous une loi qui l'étouffait. L'étude et les années m'ont appris à être indulgent pour les hommes et pour les systèmes ; mais, je l'avoue, je n'ai jamais compris comment des républicains peuvent proclamer que le peuple est souverain et en même temps l'enchaîner à une Constitution qui, n'étant faite que pour lui, ne peut l'engager avec personne. C'est là une hérésie particulière à la France. Jamais nation libre n'y est tombée. Qu'est-ce qu'une souveraineté nationale qui n'a point la majorité pour organe ? En Angleterre, il n'y a point de Charte écrite ; la Constitution repose sur des précédents qu'on peut modifier tous les jours. En Amérique, la révision est facile, et dans les États particuliers de l'Union elle est journalière. Enfin si nos législateurs avaient regardé auprès d'eux, ils auraient vu comment en 1847 la Suisse s'était donné une Constitution viable. Certes M. Druey, qui eut une grande part à la nouvelle loi fédérale, ne devait pas effrayer nos démocrates par sa modération ni par ses scrupules ; mais M. Druey, au milieu de ses violences, était un Suisse, c'est-à-dire un esprit pratique. Pour que la réforme durât, il avait eu grand soin de partager le pouvoir législatif et de laisser au pays le droit de reviser la Constitution aussitôt qu'on le voudrait. Aveuglés par leurs préjugés historiques, les républicains de 1848 s'imaginèrent que, pour assurer la durée de leur œuvre, il leur suffisait d'un décret. Ce fut l'illusion de la première Constituante. Peu de gens se souviennent aujourd'hui qu'il était défendu de toucher avant 1821 à ce grand édifice qu'on mit plus de deux années à construire, et qui s'écroula dans une nuit de 1792. Comment se fait-il que de pareilles leçons soient si vite oubliées?

Que devait faire l'Assemblée en 1851, quand des milliers de pétitions lui demandaient la révision? Il me sera permis de maintenir une opinion toute personnelle, que j'ai défendue en 1851 [1], et de dire que, selon moi, dans une république, une assemblée, constituante ou non, aura toujours le droit d'en appeler au pays. La métaphysique n'est pas faite pour un peuple qui souffre; la souveraineté nationale est un principe qui ne souffre pas d'exception, quand la justice et le droit des tiers ne sont pas en jeu. Ce n'est pas ainsi qu'en jugea la commission de l'Assemblée législative; placée entre le droit imprescriptible du peuple et une légalité creuse, elle n'osa prendre un parti. M. de Tocqueville exposa avec un grand sens les difficultés de la situation; il reconnut que, par la faute des législateurs de 1848, la France n'était pas dans les conditions d'un gouvernement régulier; il dit qu'une inquiétude croissante gagnait les esprits, il prédit la ruine prochaine de la Constitution si elle n'était pas corrigée de ses vices les plus sensibles; mais, organe d'une commission divisée, il ne conclut pas, et rejeta sur l'Assemblée la responsabilité d'une décision où l'avenir de la France était engagé. Pour modifier la Constitution, il fallait les deux tiers des suffrages; on sait que la révision ne les réunit pas.

La conduite de M. de Tocqueville était dictée par le

---

1. *La Révision de la Constitution*, lettres à un ami, publiées en 1851.

patriotisme le plus pur ; et pourtant j'aurais rêvé pour
lui un rôle plus difficile et plus grand. Je me rappelais
comment, dans des circonstances presque aussi graves,
Hamilton et une poignée de citoyens dévoués avaient
fait appel au patriotisme de l'Amérique, et tiré d'une
société en ruine cette belle Constitution fédérale qui
depuis soixante-dix ans protége la liberté des États-
Unis. M. de Tocqueville avait les qualités et les vertus
nécessaires pour remplir cette mission délicate ; mais
peut-être avait-il un caractère trop chevaleresque pour
rompre en visière à son parti dans un moment de danger. Nous avons gardé en France le point d'honneur
de nos pères : quand nos amis vont à l'abîme, nous
n'osons pas nous en séparer ; plutôt que de leur résister en face, nous les suivons sans espérance, et nous
nous perdons avec eux, victimes volontaires d'un aveu-
glement que nous ne partageons pas. Il n'y a que les
cœurs généreux pour se sacrifier de la sorte ; mais trop
souvent c'est un dévouement stérile et qui ne sert ni à
la patrie ni à la liberté.

IV

Après le 2 décembre 1851, M. de Tocqueville rentra
dans la vie privée pour n'en plus sortir. Mais il n'était
pas homme à se consumer en regrets inutiles ; il reprit
ses études politiques, estimant que si la tribune lui
était fermée, il pouvait au moins servir la France avec
sa plume.

C'était un esprit réfléchi et une âme religieuse ; il

croyait à Dieu et non pas au hasard. Dans les événements qui trompaient ses calculs et ses espérances,
il cherchait une leçon pour le pays et pour lui. La révolution de 1830 lui avait appris le rôle de la démocratie
dans l'avenir ; la chute d'un gouvernement qui avait
son affection l'amena à se demander pourquoi le régime
parlementaire n'avait point jeté racine en France,
et pourquoi le peuple l'avait si peu compris et si peu
aimé.

Pour arriver à la vérité, il lui suffit de rassembler des
faits qu'il avait déjà étudiés, et de reprendre une idée
qui depuis longtemps lui était familière. Il vit bientôt
qu'en France il n'y a jamais eu de liberté politique
qu'à la surface. Nous avons eu des chartes, des constitutions, c'est-à-dire la garantie de la liberté ; mais le
fond même de la liberté nous a manqué. Ces formes
brillantes n'avaient rien à protéger ; cette machine, si
savamment combinée, s'usait en tournant sur elle-
même, au lieu de fournir des produits journaliers,
visibles, qui servissent aux plus petits comme aux plus
grands.

Le résultat de ces réflexions fut un livre qui parut
en 1856 sous le titre de *l'Ancien régime et la Révolution.*

Pour se rendre compte des principes nouveaux que
la Révolution a introduits en France, pour estimer à
leur juste prix les conquêtes qu'elle a faites, M. de Tocqueville se mit à étudier la situation de notre pays à la
veille de 1789. Il voulut pénétrer jusqu'au cœur de cet
ancien régime, si près de nous par le nombre des an-

nées, si loin déjà par la foule d'événements qui nous en sépare. Ces recherches, poussées avec ardeur et persévérance, l'amenèrent à constater un fait aussi curieux pour l'histoire qu'important pour la politique : c'est que, malgré tous les efforts qu'ils firent pour rompre avec le passé, nos pères réussirent assez mal dans cette œuvre impossible ; c'est que la France administrative du dix-neuvième siècle diffère moins qu'on ne l'imagine de la France de Louis XV ; c'est enfin que la centralisation est un legs de l'ancienne monarchie, legs accepté et grossi par la Révolution.

A première vue, ce résultat est fait pour étonner ; à la réflexion, on sent que M. de Tocqueville a bien observé et bien jugé. Que nous fait-on admirer chez Philippe le Bel, chez Louis XI, chez Richelieu, chez Louis XIV ? Quel est le grand objet de cette politique, peu difficile sur le choix des moyens, mais à laquelle les historiens pardonnent jusqu'à ses crimes, à cause du but qu'elle poursuit ? C'est l'unité française, c'est l'abaissement de la noblesse, c'est la réduction du privilége, c'est la prépondérance de la royauté, en d'autres termes, c'est un effort constant vers la centralisation. Cette politique, suivie avec tant de calcul et quelquefois de génie par nos rois et leurs ministres, enfanta la monarchie de Louis XIV. Tandis qu'en Angleterre c'était la liberté qui peu à peu faisait éclater l'écorce féodale, en France, ce fut l'État qui nivela tout à son profit. Au dernier siècle, comme aujourd'hui, les communes étaient en tutelle ; le fonctionnaire était protégé contre le citoyen par une juridiction privilégiée ; Paris impo-

sait ses idées et ses volontés au pays ; enfin, pour que
rien ne manquât à la ressemblance, il y avait une foule
de places que distribuaient les ministres et une foule
de gens qui se disputaient les faveurs du pouvoir. Les
noms ont changé, non pas les choses, ni les hommes.
Dans l'administration intérieure, la plus grande réforme
de la révolution a été d'affaiblir les provinces en les
coupant par départements, et d'appeler préfets et sous-
préfets ceux que nos pères respectaient et craignaient
sous le nom d'intendants et de subdélégués.

Est-il vrai qu'en ce point le changement n'ait été
que dans les mots ? Écoutons les hommes d'État du dernier siècle ; ils parlent comme nos contemporains. D'Ar-
genson rapporte dans ses Mémoires une conversation
qu'il eut avec Law, au moment où le contrôleur général quittait la France après l'avoir ruinée par son système : « Jamais, lui dit Law, je n'aurais cru ce que j'ai
« vu quand j'étais contrôleur des finances. Sachez que
« ce royaume de France est gouverné par trente inten-
« dants. Vous n'avez ni Parlements, ni États, ni gou-
« verneurs ; ce sont trente maîtres des requêtes, commis
« aux provinces, de qui dépendent le bonheur ou le
« malheur de ces provinces, leur abondance ou leur
« stérilité [1]. »

Quel était l'effet de ce régime qui faisait vivre la nation d'une vie empruntée, et pour ainsi dire du souffle
venu d'en haut ? Turgot va nous l'apprendre dans une
pièce peu suspecte, un rapport secret qu'il adressait au

---

1. *L'Ancien régime et la Révolution*, p. 55.

roi Louis XVI. « La nation, lui dit-il avec la tristesse
« d'un citoyen, la nation est une société composée de
« différents ordres mal unis, et d'un peuple dont les
« membres n'ont entre eux que très-peu de liens, et
« où par conséquent personne n'est occupé que de son
« intérêt particulier. Nulle part il n'y a d'intérêt com-
« mun visible. Les villages, les villes n'ont pas plus de
« rapports mutuels que les arrondissements auxquels
« ils sont attribués. Ils ne peuvent même s'entendre
« entre eux pour mener les travaux publics qui leur
« sont nécessaires. Dans cette guerre perpétuelle de
« prétentions et d'entreprises, Votre Majesté est obligée
« de tout décider par elle-même ou par ses mandatai-
« res. On attend vos ordres spéciaux pour contribuer
« au bien public, pour respecter les droits d'autrui,
« quelquefois pour exercer les siens propres[1]. »

Est-ce à dire que la Révolution n'ait été qu'un mot
vide et une œuvre stérile ? Ce n'était point la pensée de
M. de Tocqueville. La Révolution a été féconde par ses
destructions, elle a ruiné tout ce qui gênait l'égalité.
Elle a supprimé la noblesse, qui, hors de l'armée, n'était
plus qu'une caste inutile ; elle a détruit la puissance
territoriale du clergé, puissance qui n'avait plus de raison d'être ; elle a débarrassé le sol de charges lourdes
et non rachetables qui gênaient l'agriculture ; elle a
émancipé l'industrie ; elle a établi l'uniformité d'impôt ;
en deux mots, elle a été une grande réforme sociale ;
mais ce niveau passé sur toutes les conditions n'a fait

---

1. *L'Ancien régime et la Révolution*, p. 165.

que rendre l'action de l'État plus directe et plus
forte. La preuve en est qu'il n'est pas en Europe
une monarchie absolue qui n'ait pris l'administration
française pour modèle; la Russie, par exemple, s'en
rapproche sans cesse, sans qu'on puisse lui supposer
un amour immodéré pour les idées de 1789, pour
celles au moins que défendaient Lafayette, Barnave et
Mirabeau.

Détruire le privilége, dira-t-on, n'est-ce pas du même
coup affranchir le peuple et lui donner la liberté? C'est
ce que croyaient nos pères, c'est ce qu'on nous enseigne
depuis soixante ans, c'est ce que niait M. de Tocqueville. Au fond, la destruction du privilége n'intéresse
que l'égalité, et l'égalité, on l'a déjà vu, n'est pas nécessairement la liberté. L'Orient, qui ne connaît point
de distinctions sociales, n'a jamais eu que des gouvernements despotiques, tandis qu'en Occident, au moyen
âge, on trouve une foule de pays, y compris la France,
où le privilége n'empêche point qu'il n'y eût dans la nation une assez grande somme de liberté, quoique fort
inégalement répartie. Comme le remarquait justement
M. de Tocqueville, le privilége est une force double :
oppression pour ceux qui en souffrent, défense pour
ceux qui en jouissent; servitude par en bas, liberté par
en haut. Suivant le côté par où on l'envisage, on juge
de façon différente la Révolution de 1789. La France
de saint Louis, divisée en nobles, clercs, bourgeois, ro-
turiers et vilains, avec des États, des conciles, des assemblées, était sans doute une société imparfaite; les
plus pauvres y portaient seuls le poids du jour. Mais un

noble, qui ne pouvait être jugé que par ses pairs, un docteur de l'Université qui pouvait enseigner sans relever que du recteur, un bourgeois protégé par sa commune, un artisan soutenu par sa corporation, avaient à tout prendre une indépendance et une force de résistance que n'a pas aujourd'hui un simple citoyen placé seul en face de l'État. En ce sens, madame de Staël avait raison de dire qu'en France c'est la liberté qui est ancienne et le despotisme qui est nouveau.

Ces priviléges gênaient deux sortes de personnes : ceux qui en étaient victimes, et le souverain qui trouvait toujours une barrière dressée devant lui. De là un accord constant entre nos rois et le peuple pour briser le privilége et écraser les privilégiés ; de là le travail souterrain des légistes pour glisser partout les principes de la loi romaine, principes d'égalité établis en un temps où la liberté n'avait plus même de nom. Telle fut l'œuvre de la royauté française ; c'est bien là ce qu'acheva la Révolution en balayant les ruines du passé. On voulait en finir avec les restes du privilége, restes d'autant plus odieux que rien ne les justifiait plus ; on brisa la noblesse, le clergé, les Parlements ; on anéantit toute résistance ; on mit toute action, toute énergie, tout pouvoir dans la main de l'État ; et quand on eut renversé la dernière barrière, écrasé tout ce qui s'élevait au-dessus du sol, on s'imagina qu'on avait fondé la liberté.

Mirabeau y voyait plus loin ; sans cesser d'aimer la liberté, il regardait cette victoire de l'égalité comme le triomphe de la monarchie. Voici ce qu'il écrivait au roi

17

moins d'un an après la Révolution commencée : « Com-
« parez le nouvel état de choses avec l'ancien régime;
« c'est là que naissent les consolations et les espérances.
« Une partie des actes de l'Assemblée nationale, et
« c'est la plus considérable, est évidemment favorable
« au gouvernement monarchique. N'est-ce donc rien
« que d'être sans Parlements, sans pays d'États, sans
« corps de clergé, de privilégiés, de noblesse? L'idée
« de ne former qu'une seule classe de citoyens aurait
« plu à Richelieu. Cette surface égale facilite l'exercice
« du pouvoir. Plusieurs règnes d'un gouvernement ab-
« solu n'auraient pas fait autant que cette seule année
« de révolution pour l'autorité royale[1]. » C'était présenter à Louis XVI les réformes de 1789 du côté par où
plus tard Napoléon s'en saisit.

En dévoilant les origines de la centralisation, en lui
restituant sa véritable physionomie, M. de Tocqueville faisait la part de l'ancien régime et de la Révolution; du même coup il dissipait un malentendu fâcheux
qui n'a duré que trop longtemps. Après l'avoir lu, il
faut une foi robuste pour croire encore que la liberté
moderne puisse s'accommoder d'un système inventé
par les légistes pour anéantir toutes nos anciennes franchises. Nous devons à nos rois l'unité de la France,
c'est un bienfait qui mérite notre reconnaissance; mais
l'unité n'implique pas la centralisation administrative; il est aisé de concevoir un régime qui, sans
amoindrir l'État, fasse la part de l'individu. Grand par-

---

1. *L'Ancien régime et la Révolution*, p. 12.

tisan de l'unité française, M. de Tocqueville ne rêvait
pas un gouvernement qui rompît avec la tradition nationale; il laissait entre les mains de l'État l'armée, la
marine, la diplomatie, la législation, la justice, l'impôt,
les finances, la direction des intérêts généraux, la police
suprême; il demandait seulement qu'on desserrât ce
nœud administratif qui étouffe l'individu sans profit pour
la société. Il voulait qu'on laissât la commune et le citoyen régler eux-mêmes leurs propres affaires, sans que
le pouvoir se mêlât d'intérêts qui ne touchent point à la
souveraineté. L'excès de gouvernement, M. de Tocqueville n'avait point de peine à le prouver, est pour l'État
une cause de faiblesse. Au lieu d'un peuple énergique,
habitué à vouloir et à agir, il n'a devant lui que des sujets
égoïstes et énervés. Sans doute l'obéissance est plus facile, on ne discute même pas la volonté du prince; mais
la paix publique ne gagne rien à cette indifférence politique; tous les jours, il est vrai, on plie devant un
commis; mais vienne un moment d'erreur et de colère,
on renverse un gouvernement, on chasse une dynastie.
En Angleterre et en Amérique, chacun défend ses
droits; on s'agite, on crie, mais on ne fait pas de révolution; double avantage pour l'État et pour la liberté.

Comme on le voit, c'est toujours le même problème
que poursuivait M. de Tocqueville. Qu'il étudiât l'ancienne Constitution française ou les institutions des
États-Unis, ce qu'il cherchait partout et toujours, c'était
l'alliance de l'égalité et de la liberté. Des deux ouvrages
qu'il a consacrés à ce grand problème, le dernier, selon
moi, est son chef-d'œuvre. Non pas qu'il y ait progrès

dans les idées ; une fois qu'on a vu que la liberté est le ménagement de l'individu, il est difficile qu'on ne tire pas du premier coup toutes les conséquences de ce principe fécond ; mais l'auteur est plus maître de son sujet et de son talent. Sorti de la vie politique sans avoir rien à se reprocher et sans rien attendre de l'avenir, M. de Tocqueville, on le sent à la gravité de sa parole, n'a d'autre passion que la vérité. Point de regrets personnels, rien qui trahisse l'ambition déçue, tout y respire le patriotisme le plus sincère et le plus intelligent. C'est l'œuvre d'un citoyen qui a souffert sans doute ; mais de ses espérances renversées M. de Tocqueville n'accuse personne ; les épreuves même qu'il a traversées ne sont pour lui qu'un nouveau moyen d'instruire et de servir son pays.

Le livre s'arrête à la fin de l'ancien régime ; il ne nous dit pas ce que les assemblées révolutionnaires et l'Empire ont fait de la liberté et de la centralisation ; l'auteur réservait cette étude pour un second volume dont, par malheur, il ne nous a laissé que le plan.

« Dans ma pensée, dit-il[1], l'œuvre que j'ai entreprise ne doit pas en rester là. Mon intention est, si le temps et les forces ne me manquent point, de suivre, à travers les vicissitudes de cette longue révolution, ces mêmes Français avec lesquels je viens de vivre si familièrement sous l'ancien régime, et que cet ancien régime avait formés, de les voir se modifiant et se transformant suivant les événements, sans changer pourtant de nature, et reparaissant sans cesse devant nous avec une physionomie un peu différente, mais toujours reconnaissable.

« Je parcourrai d'abord avec eux cette première époque de 1789,

1. *L'Ancien régime et la Révolution.* Avant-propos, p. XI.

où l'amour de l'égalité et celui de la liberté partagent leur cœur ; où ils ne veulent pas seulement fonder des institutions démocratiques, mais des institutions libres ; non-seulement détruire des priviléges, mais reconnaître et consacrer des droits ; temps de jeunesse, d'enthousiasme, de fierté, de passions généreuses et sincères, dont, malgré les erreurs, les hommes conserveront éternellement la mémoire, et qui, pendant longtemps encore, troublera le sommeil de tous ceux qui voudront les corrompre ou les asservir.

« Tout en suivant rapidement le cours de cette même révolution, je tâcherai de montrer par quels événements, quelles fautes, quels mécomptes ces mêmes Français en sont arrivés à abandonner leur première visée, et, oubliant la liberté, n'ont plus voulu que devenir les serviteurs égaux du maître du monde ; comment un gouvernement plus fort et beaucoup plus absolu que celui que la Révolution avait renversé, ressaisit alors et concentra tous les pouvoirs et supprima toutes ces libertés si chèrement payées.....

« Je m'arrêterai au moment où la Révolution me paraîtra avoir à peu près accompli son œuvre et enfanté la société nouvelle. Je considérerai alors cette société même ; je tâcherai de discerner en quoi elle ressemble à ce qui l'a précédé, en quoi elle en diffère ; ce que nous avons perdu dans cet immense remuement de toutes choses, ce que nous y avons gagné, et j'essayerai enfin d'entrevoir notre avenir.

« Une partie de ce second ouvrage est ébauchée, mais encore indigne d'être offerte au public. *Me sera-t-il donné de l'achever ? Qui peut le dire ? La destinée des individus est encore bien plus obscure que celle des peuples.* »

Dans ces dernières paroles il y a une tristesse visible. Atteint d'une de ces terribles maladies qui ne trompent que leur victime, M. de Tocqueville, tout en comptant sur un avenir qui lui a manqué, ne pouvait se défendre d'une secrète inquiétude. La faiblesse de sa poitrine l'obligeait à chercher des hivers moins rudes que les nôtres ; une fièvre lente, tout en excitant chez lui la pensée, lui ôtait la force nécessaire pour achever l'œuvre qui l'occupait tout entier. Le temps lui échappait, et il en avait besoin, car il était difficile avec lui-même; il lui fallait voir le fond des choses, rien ne le contentait que la vérité. Cette année les médecins l'avaient envoyé à Cannes pour chercher sous un ciel plus doux un peu de calme et de loisir. C'est là que la mort l'attendait. Il s'est éteint le 16 avril dernier. Il n'était âgé que de cinquante-trois ans.

A considérer les choses humainement, il semble que M. de Tocqueville ait à se plaindre de la fortune. L'élévation et la droiture de son caractère, la solidité de son esprit, l'étendue de ses connaissances, la facilité de sa parole lui assuraient un bel avenir politique. La tribune s'est fermée pour lui au moment où son expérience l'appelait à servir et peut-être à diriger son pays. Réfugié dans l'étude, il ne lui a pas été permis de donner toute sa pensée; le travail, qui a été sa consolation, a peut-être achevé la ruine d'une santé toujours délicate et trop peu ménagée. Deux fois ses plus légitimes espérances ont été brusquement brisées, par la Révolution et par la mort.

Et cependant quelle carrière plus digne d'envie que celle de cet homme qui a sacrifié à la plus belle des causes son ambition, sa santé, sa vie ! M. de Tocqueville a été emporté par l'orage; il a vu sombrer les institutions qu'il aimait; les événements l'ont trahi; mais il a été grand par lui-même; ses travaux, inspirés par une seule idée, sa constance d'opinion, sa foi sincère dans la liberté, son amour des hommes lui ont valu l'affection universelle. L'Amérique l'avait adopté comme un de ses plus dignes enfants ; l'Angleterre, si dédaigneuse des étrangers, lui portait une estime profonde ; l'Europe tout entière écoutait sa voix et pesait ses avis. Il y a eu de nos jours des noms qui ont fait plus de bruit ; je ne connais pas de gloire plus pure et plus respectée.

La fin prématurée de M. de Tocqueville a été pour ses amis un coup terrible, pour toutes les opinions un deuil public. Mais dans cette mort que de grandeur et de noblesse ! La vie du meilleur d'entre nous est mêlée de fange et d'écume ; notre cœur n'a pas toujours gardé ses premières affections, notre esprit a varié comme notre cœur. Où sont les croyances et les amis de notre jeunesse ? Que de fois, par faiblesse, par dégoût, par lâcheté, nous avons transigé avec le monde et la fortune ! Qui de nous peut rentrer en soi-même sans avoir rien à regretter du passé ? Dans l'enivrement du succès, nous avons peine à regarder au fond de notre conscience ; que sera-ce donc dans le trouble de la mort, quand notre vie tout entière se dressera devant nous et nous jugera ?

M. de Tocqueville n'avait point changé ; la main qui essuyait la sueur de son front mourant, c'était la main de la seule femme qu'il eût aimée, de la compagne qu'il avait choisie pour les qualités de l'âme, de celle qui depuis vingt-cinq ans l'environnait de bonheur et d'amour. Les amis qui accouraient pour le voir une fois encore, c'étaient les amis de sa jeunesse, ceux qui depuis trente ans partageaient ses idées et ses rêves. Sa foi religieuse était celle de ses pères ; sa foi politique était celle de son grand aïeul ; comme Malesherbes, il avait voué sa vie à la liberté, et c'est encore à la liberté qu'il voulait consacrer cet avenir qui ne lui appartenait plus. En paix avec Dieu et avec lui-même, entouré de tout ce qu'il aimait, bercé par les illusions les plus douces, il s'est endormi plein de confiance pour se réveiller en ce monde meilleur où les belles âmes assouvissent enfin cette soif de justice et de vérité qui les a consumées ici-bas.

Non, de pareilles morts ne sont qu'apparentes. C'est le privilége de ces nobles natures, que leur départ même a une action bienfaisante. Sorties de nos misérables querelles, élevées au-dessus de nos passions et de nos vices, elles brillent d'un éclat plus pur, comme ces clartés sereines qui dans l'obscurité des nuits sont l'espoir et le guide du marin battu par les flots. Quand un homme de talent, quand un écrivain patriote quitte la terre, son œuvre prend quelque chose de la sérénité et de la sainteté de la mort. Les sages du jour n'écartent plus ses idées comme d'importunes rêveries : c'est une autorité qu'on invoque, un appui dont on a besoin. Vivant, on ne l'écoute guère ; mort, le silence se fait autour de lui ; c'est le pays tout entier, ce sont les générations nouvelles qui veulent entendre cette voix qui sort du tombeau. Pour tous ceux qui ont connu M. de Tocqueville, rien sans doute ne peut remplacer l'ami qu'ils ont perdu ; pour nous, il vit plus que jamais dans ses livres ; ses idées nous appartiennent, sa gloire est notre héritage. Son nom n'est pas de ceux qui s'éteignent avec les années ; désormais il est inséparable de la cause qu'il a défendue. Aussi longtemps qu'il y aura en France des cœurs généreux, on conservera avec un respect religieux la mémoire de celui qui, au travers de toutes les épreuves, s'attacha à la liberté avec un amour invincible, et qui essayait encore de la servir quand la mort lui a glacé la main.

Octobre 1859.

L'INSTRUCTION PUBLIQUE

ET

LE SUFFRAGE UNIVERSEL

Sous le titre de *l'Instruction publique et le suffrage universel*, un anonyme, que tout le monde a reconnu, M. Hachette, vient de publier une brochure qu'on ne saurait trop recommander à l'attention des esprits libéraux. Ce ne sont que quelques pages; mais elles sont écrites par un homme de sens et d'expérience. Elles disent beaucoup, et font encore plus réfléchir. Elles touchent à la liberté de la presse par le côté le mieux fait pour intéresser les honnêtes gens. On se défie de la presse, on lui reproche des désordres dont elle n'est pas la plus coupable, on ne lui sait pas gré du bien qu'elle a fait, du mal qu'elle a empêché; il faut pourtant se réconcilier avec elle, puisqu'aussi bien on ne peut s'en passer. C'est la grande question du jour; quoi qu'on fasse, on y est sans cesse ramené. Qu'on ait peur de la presse, ou qu'on la haïsse, elle seule, on le sent chaque jour davantage, elle seule peut résoudre le mystérieux problème de l'avenir.

Qu'est-ce, en effet, qu'un gouvernement fondé sur le suffrage universel? S'imagine-t-on qu'il y ait dans le

nombre une vertu magique, et qu'il suffise d'assembler
les hommes pour les rendre infaillibles? N'y a-t-il jamais eu de démocraties violentes, injustes, tyranniques?
N'y a-t-il pas mille exemples de peuples qui ne se sont
servis de leur vote que pour ruiner la liberté et se déchirer de leurs propres mains? Le suffrage universel
n'est bon qu'à une condition, c'est que la grande majorité des citoyens soit sage, modérée, amie de la justice et de la vérité. D'où peut venir cette sagesse, sinon
de l'éducation? Où a-t-on jamais vu des démocraties
raisonnables, sinon en Hollande, en Suisse, aux États-
Unis, c'est-à-dire partout où l'instruction du peuple a
été considérée comme le premier intérêt et le premier
devoir du gouvernement?

I

La question de l'éducation publique est de date ré-
cente dans l'histoire. Avant la Réforme, on ne voit pas
qu'on s'en soit occupé. Le moyen âge mettait la puissance et la vie sociale dans la royauté, l'Église, la noblesse, et quelques corporations privilégiées; le peuple
était fait pour servir. Le laboureur et l'ouvrier n'avaient
voix ni dans l'Église ni dans l'État. Comme on ne leur
donnait aucune part au gouvernement, on ne s'inquiétait guère de les instruire; au fond même on regardait
l'éducation comme plus nuisible qu'utile, car l'éducation avait le danger d'éveiller des idées nouvelles; elle
donnait au peuple des goûts et des désirs au-dessus de
sa condition.

Il en fut autrement quand l'invention de l'imprimerie eut mis à la portée de chacun les moyens de s'instruire; et surtout quand Luther introduisit dans la société chrétienne un principe nouveau. Appeler tous les chrétiens à lire la Bible, et à juger par eux-mêmes du mérite de leur foi, ce n'était pas seulement fonder une Église nouvelle, et forcer le catholicisme à se régénérer pour soutenir une terrible concurrence; c'était, que Luther en eût ou non conscience, c'était donner l'empire du monde à l'intelligence et à la raison.

Quoi qu'il en soit, Luther fut le premier à sentir que des écoles chrétiennes étaient d'une nécessité absolue. Dans un écrit célèbre, adressé en 1524 aux conseillers municipaux de l'empire, il demanda la création de ces écoles dans toutes les villes de l'Allemagne. Souffrir l'ignorance, c'était, dans le langage énergique du réformateur, faire cause commune avec le diable; le père de famille qui abandonnait son fils aux ténèbres était un *fripon consommé!* «Est-ce la dépense qui vous effraye? écrivait-il à ses chers Allemands. Mais on dépense annuellement tant d'argent pour des arquebuses, pourquoi n'en dépenserait-on pas un peu pour donner à la pauvre jeunesse un ou deux maîtres d'école?... Magistrats! rappelez-vous que Dieu commande formellement qu'on instruise les enfants. Ce divin commandement, les parents le transgressent par insouciance, par faute d'intelligence, par surcharge de travail; c'est à vous, magistrats, qu'incombe le devoir de rappeler aux pères leur devoir, et d'empêcher le retour des maux dont nous souffrons aujourd'hui.

« Occupez-vous de vos enfants ; beaucoup de parents sont comme les autruches ;... contents d'avoir pondu l'œuf, ils ne s'en soucient plus. Or, ce qui fait la prospérité d'une ville, ce ne sont pas des trésors, de fortes murailles, de belles maisons, des armes brillantes ; la richesse véritable d'une cité, son salut et sa force, c'est de compter beaucoup de citoyens instruits, honnêtes, bien élevés. Si de nos jours il est si rare de rencontrer de pareils citoyens, à qui s'en prendre, si ce n'est à vous, magistrats, qui avez laissé grandir la jeunesse comme la futaie dans le bois ? L'ignorance est plus dangereuse pour un peuple que les armes de l'ennemi [1]. »

Cette éloquence familière et vraie ne fut pas perdue ; il n'y a pas un pays protestant qui dès lors n'ait mis au rang de ses devoirs l'établissement et l'entretien d'écoles populaires. Qui donc a voyagé en Allemagne sans rencontrer ces joyeuses bandes de garçons et de filles, qui, dans le moindre village, s'échappent à heure fixe de toutes les maisons, portant à la main leur ardoise et leurs livres ? Pas un enfant qui reste dans la rue, pas un qui n'aille à l'école. Il suffit d'ailleurs de regarder autour de soi pour voir qu'aujourd'hui encore, en Europe comme dans le Nouveau Monde, l'éducation est moins répandue chez les peuples catholiques que chez les peuples réformés. En ce point, la Prusse, la Hollande, la Suisse, l'Écosse, les États-Unis sont à la tête des pays civilisés. Cela se comprend pour le temps qui a précédé la Révolution ; tant que l'éducation du peuple

---

1. Ad. Schæffer, *De l'Influence de Luther sur l'éducation du peuple*, Paris, 1853, p. 76-78.

n'a été qu'une question religieuse, les catholiques n'y ont pas attaché autant d'importance que les protestants ; mais aujourd'hui la question est politique ; la liberté a pour condition première l'éducation de tous les citoyens ; comment donc justifier cette infériorité ?

Parmi les pays qui ont le mieux senti la grandeur du problème, il faut citer les États-Unis. A l'origine, sans doute, ce fut le zèle religieux qui fit faire des sacrifices incroyables pour combattre l'ignorance ; c'est ce qui explique le haut degré de lumières et de moralité auquel est parvenu un peuple que, d'ordinaire, nous aimons mieux dénigrer qu'étudier. Mais l'intérêt politique s'est bientôt joint à l'intérêt religieux. A mesure que la liberté s'est affermie aux États-Unis, on a compris que l'éducation populaire n'intéressait pas seulement le fidèle ; on a vu, on a senti qu'il y avait là pour la république une question de vie ou de mort. Une démocratie ignorante est une démocratie condamnée. De l'autre côté de l'Océan, on ne se fait pas d'illusion sur ce point. Qu'on écoute, par exemple, ce que disait en 1821 un des plus célèbres citoyens de l'Amérique, Daniel Webster, au moment où le Massachusetts réformait sa constitution et profitait de cette réforme pour donner une impulsion nouvelle aux écoles.

« En ce qui touche les écoles, la Nouvelle-Angleterre est en droit de prétendre à une gloire toute particulière. Elle adopta dès le premier jour, et elle a constamment maintenu ce principe, que pourvoir à l'instruction de toute la jeunesse est pour l'État un droit incontestable et un devoir rigoureux. Ce qu'en d'autres pays on laisse au hasard ou à la charité, nous l'assurons par la loi. Quand il s'agit de l'instruction publique, nous tenons que

tout homme est sujet à l'impôt en proportion de sa fortune; et
cela, sans nous inquiéter de savoir s'il a ou non des enfants
qui profiteront de l'éducation qu'il paye. Il y a là pour nous un
système d'administration sage et libérale, qui assure tout à la
fois la propriété, la vie des citoyens et la paix de la société.
Nous cherchons à prévenir dans une certaine mesure l'application du Code pénal, en inspirant dès le premier âge des principes
salutaires, conservateurs de la vertu comme de la société. En
développant l'esprit, en agrandissant les jouissances intellec-
tuelles, nous habituons l'individu à se respecter davantage, et à
avoir plus de confiance en lui-même. Par l'instruction générale,
nous cherchons, autant que possible, à purifier l'atmosphère
morale, à donner le dessus aux bons sentiments, à tourner le
courant des idées et des opinions contre le crime et l'immora-
lité, secondant ainsi les menaces de la loi et les préceptes de la
religion. En développant le sens moral, en faisant prévaloir les
principes et les lumières, nous espérons trouver des garanties
en dehors et au-dessus des lois; nous espérons continuer et pro-
longer le temps où, dans les villages et dans les fermes de la
Nouvelle-Angleterre, on puisse dormir en paix derrière des portes
sans verrous. Et sachant que notre gouvernement repose directement sur la volonté publique, nous essayons de donner à cette
volonté une bonne et sûre direction.

« Nous ne comptons pas sans doute que tous nos élèves deviendront des philosophes ni des hommes d'État; mais nous
espérons, et notre espoir dans la durée de notre gouvernement
repose sur cette confiance, que, par la diffusion des lumières et
des bons et vertueux sentiments, l'édifice politique sera aussi bien
défendu contre les violences ouvertes et les ruines subites, que
contre l'action lente et souterraine, mais non moins destructive,
de la licence [1]. »

Voilà parler en homme d'État; et qu'on ne s'imagine
pas que ce soit là un langage isolé, une opinion particulière: c'est ainsi qu'aux États-Unis pensent et s'ex-

---

1. Éd. Laboulaye, *Histoire politique des États-Unis*. Paris, 1855;
t. I, p. 284.

priment tous les amis de la liberté et de la démocratie,
et ils sont nombreux. « Les écoles libres, dit le célèbre
géologue anglais, M. Lyell, dans son *Voyage en Amérique*, ces écoles, où se réunissent les enfants de toutes
les sectes religieuses et de toutes les classes de la société, sont ce que le Nouveau Monde a produit de plus
original; les Américains ont le droit d'en être fiers. »

Quand on sait ce que M. Horace Mann a fait pour le
Massachusetts, ce que M. Henri Barnard a fait pour
Rhode-Island et le Connecticut, on se demande si, malgré notre vieille civilisation, nous n'avons rien à apprendre de la Nouvelle-Angleterre. Des écoles admira-
blement tenues, des livres d'éducation aussi bien imprimés que bien faits, des maîtres et des maîtresses largement rétribués, voilà ce que l'Europe peut envier aux
États-Unis. En 1832, sur cent *townships* ou communes
du Massachusetts, comptant à peu près 200,000 habitants, on ne trouva parmi les jeunes gens de quatorze à
vingt ans que dix personnes qui ne savaient pas lire. Il y
a déjà longtemps que dans le petit État de Connecticut
il serait impossible de rencontrer un homme né dans
le pays qui ne sache pas lire, écrire et compter [1]. Trou-
verait-on sur le continent, même en Prusse, un exemple pareil? Et comprend-on sur quelles bases profondes
reposent la force et la durée de la démocratie dans les
vieilles provinces des États-Unis? Sans doute, l'esclavage
peut couper en deux la toute-puissante république,
mais il ne détruira pas les assises sur lesquelles repose

[1]. Wimmer, *Die Kirche und Schule in Nord-Amerika*. Leipzig, 1853,
p. 128.

cette robuste société ; si jamais la liberté était chassée d'Europe, elle aurait un asile sûr chez les populations laborieuses, instruites, morales, religieuses du Massachusetts et du Connecticut.

II

Rentrons en France ; nous aussi, nous sommes une démocratie depuis 1789, démocratie aussi agitée, aussi turbulente que celle de la Nouvelle-Angleterre est pacifique et réglée. C'est le suffrage universel qui a fait l'Empire, c'est le suffrage universel qui le soutient. Voilà le principe de la constitution et du gouvernement, le principe qu'on ne permet point de discuter. Mais qu'est-ce que le suffrage universel, sinon le règne de l'opinion ? Cette opinion, le pouvoir se croit sûr de la diriger à son gré. Cela se peut, si le gouvernement est sage et libéral. Mais comment diriger l'opinion si le peuple n'est pas instruit et moral ? Vienne une querre une disette, une crise agricole ou industrielle, degue, fausses doctrines ou de vaines alarmes s'emparent des esprits, que le peuple souffre et s'exalte, comment le conduira-t-on ? A des gens qui raisonnent, on peut tout faire accepter, même la misère ; mais qu'y a-t-il de plus entêté, de plus sourd, de plus violent que l'ignorance ? Qui ne sent que le suffrage universel est une force aussi puissante pour le bien que pour le mal ; en un jour d'orage, une explosion terrible peut tout emporter ?

Éclairer et moraliser le suffrage universel, c'est donc

aujourd'hui le plus grand problème, non-seulement
pour l'État, mais pour la société. Où en sommes-nous,
cependant, après la loi de 1833, qui fait tant d'honneur
à M. Guizot, après les efforts sincères du dernier gouvernement ? Les chiffres donnés par la statistique officielle sont des plus tristes. Dans l'armée, en 1857, plus.
d'un tiers des jeunes soldats ne savait ni lire ni écrire.
Un cinquième de la population ne va pas aux écoles ; la
moitié des enfants inscrits n'y appartient que sur le papier. Joignez à l'ignorance des enfants celle des pères
et des mères, vous en arriverez à cette affligeante conclusion : qu'en France le nombre d'hommes, de femmes et d'enfants qui ont appris à lire et à écrire ne doit
pas dépasser de beaucoup la moitié de la population,
soit vingt millions environ.

« Mais, dit M. Hachette, si l'on demande maintenant combien dans cette moitié il y a d'individus qui
utilisent l'admirable instrument de la lecture mis dès
l'enfance entre leurs mains…, on sera bien obligé de
répondre que l'instrument reste sans emploi et se rouille
chez les neuf dixièmes au moins de ceux qui le possèdent, et qu'un dixième seulement soit deux millions
de Français au plus en font réellement usage. »

Que cette observation soit malheureusement vraie,
c'est ce que prouve la statistique criminelle. Sur
mille accusés, jugés contradictoirement en 1857 (suivant le dernier travail publié par le ministère de la
justice), sept cent quatre-vingt-six étaient complétement illettrés, ou savaient seulement lire et écrire
imparfaitement. M. Hachette conclut de ce chiffre que

l'ignorance mène aisément au crime ; je suis, jusqu'à un certain point, de son avis ; mais la passion entraîne aussi les gens qui lisent. L'instruction est une force qui peut servir à faire le mal comme à faire le bien, et je crois que lorsque la statistique nous dit que les quatre cinquièmes des accusés sont ignorants, elle énonce une vérité malheureusement universelle. A parler du pays tout entier, on pourrait en dire autant des innocents que des coupables. Un cinquième de la population qui sache lire, et un vingtième qui lise en effet, telle est, suivant toute apparence, la vérité sur notre situation. Il y a là de quoi être modeste.

Ainsi donc, il ne faut pas s'y tromper : cette vieille civilisation, qui a produit de si grandes choses, n'a jamais existé qu'à la surface. Dès qu'on enfonce on trouve l'ignorance, la crédulité, la faiblesse. C'est là qu'est le danger ; c'est là que l'erreur et la passion recrutent des adeptes et des victimes ; c'est là que les révolutions trouvent des soldats. Voilà où il faut porter la lumière. Voilà les quartiers qu'il faut assainir et purifier. En un siècle qui parle si haut de charité, d'amour du peuple, y a-t-il une croisade plus sainte que celle qu'on dirigerait contre la plus triste et cependant la plus guérissable des misères ? On ne peut donner le bien-être à tous les hommes ; mais on peut leur apprendre à se servir de leur âme et à s'estimer ce qu'ils valent. On peut, en leur élevant l'esprit, les sauver de la dégradation et de la barbarie.

III

Pour cela que faut-il faire ? Il faut répandre l'instruction primaire, il faut la faire entrer jusque dans le
plus misérable foyer. Car la première condition pour
agir sur le peuple, c'est de lui parler, et aujourd'hui,
c'est avec des écrits qu'on parle. Un homme qui ne sait
pas lire est au milieu de la civilisation comme un
aveugle-né. Il n'y a pas moyen de lui ouvrir les yeux.

Parmi les réformes qui seraient nécessaires pour
améliorer l'éducation populaire, on a depuis longtemps
signalé la nécessité de donner aux instituteurs primaires
un traitement plus convenable, une condition plus indépendante et plus respectée. Aujourd'hui la position de
l'instituteur est misérable et précaire. Moins payé que
le journalier, il est pauvre, et à ce titre fort peu considéré du paysan, qui n'estime le savoir que par ce qu'il
rapporte ; il est en outre à la merci de tous les agents de
l'autorité. On peut le changer de résidence, le sus-
pendre, le révoquer, sans même donner de motifs.
Cela ne vaut rien ; la première condition pour appeler
dans une carrière des hommes capables, c'est de leur
assurer la sécurité morale aussi bien que matérielle, de
les mettre au-dessus d'un caprice étranger comme au-
dessus du besoin.

Sait-on ce qu'on paye en Amérique aux maîtres des
écoles primaires ? Au Massachusetts le prix moyen
(logement non compris) est pour l'instituteur de 47 dollars (235 francs) par mois, et de 20 dollars ou 100 francs

pour l'institutrice [1]. Au Connecticut on donne à l'instituteur 30 dollars ou 150 francs par mois, à l'institutrice
16 dollars ou 80 francs. A ce prix on trouve des gens
capables et moraux qui se dévouent à la plus délicate
des missions sociales. En outre, et ce n'est pas un faible attrait, l'opinion protége les instituteurs, le maître
est considéré comme un des hommes les plus utiles et
les plus dévoués ; on le place à côté du pasteur, et on
ne l'honore pas moins.

Au reste, et sans entrer dans des détails infinis, sait-
on quel est, aux États-Unis, le budget moyen de chaque
État pour l'instruction publique? Il s'élève en général
à un dollar ou 5 francs 35 centimes par tête d'habitant [2].
Les trois quarts de ces fonds sont consacrés à l'enseignement primaire beaucoup plus développé, il est vrai,
que le nôtre. Ce serait pour la France un budget qui
pour l'instruction populaire irait à deux cents millions
de francs. En 1855 nous avons dépensé pour l'enseignement primaire un peu plus de 32 millions [3]. Joignez à

1. L'enseignement se partage en deux semestres d'été et d'hiver,
qui n'occupent guère que huit mois. J'ignore si le maître est payé toute
l'année, ou seulement pendant le temps qu'il enseigne ; dans cette dernière supposition, la plus défavorable, ce serait encore 1,880 francs
que toucheraient les hommes, et 800 francs que toucheraient les femmes, avec facilité d'occuper quatre mois de l'année à leur seul profit.

2. *American Almanach*, 1859, p. 258. New-York, avec une population d'un peu plus de 3 millions d'habitants, a un budget d'école de
3,413,109 dollars, et paye aux maîtres de toute espèce plus de 2 millions de dollars, ou plus de 10 millions de francs. Dans les États de la
Nouvelle-Angleterre, la dépense est dans la même proportion.

3. Ch. Jourdain. *Le Budget de l'instruction publique*, p. 325. Dans
cette somme, la part de l'État est de 5,737,957 francs, celle des dé-

cela les efforts que fait le clergé, nous arriverons à une cinquantaine de millions, tout au plus ; c'est le quart de ce qu'il faudrait faire pour rivaliser avec un peuple dont nous parlons souvent avec une hauteur qui n'accuse que notre ignorance. On voit si nous sommes loin de l'Amérique ; il est vrai que là-bas, en temps ordinaire, il n'est pas nécessaire d'avoir une armée; on consacre aux écoles ce que nous dépensons pour des casernes et des canons.

M. Hachette ne fait pas d'autre observation sur l'organisation de l'enseignement. Ce n'était pas là l'objet principal de sa brochure ; autrement, avec sa profonde expérience, il aurait pu nous en dire davantage. Par exemple, toutes ces merveilles de l'enseignement aux États-Unis, à quoi les doit-on, sinon à une force que nous étouffons au lieu de nous en servir? Là-bas ce sont dés associations libres, des bureaux (*boards*) gratuits, qui secondent, stimulent et souvent remplacent l'activité de l'État. Ce sont les hommes les plus considérables par leur talent, leur fortune, leur position qui tiennent à honneur de surveiller et de diriger l'enseignement. Quelle garantie pour les maîtres ! quel moyen de relever à leurs yeux et à ceux des enfants la dignité de la profession ! Quel moyen de faire sentir à tous que l'éducation est le grand intérêt de la société, et d'honorer à la fois et l'État et ceux qui enseignent !

Chez nous, au contraire, l'association est sinon proscrite, au moins mal vue et découragée. Mêler à l'édu-

partements de 5,412,866, celle des communes de 11,564,405, celle des familles de 8,981,817 francs.

cation des hommes considérables qui n'ont rien à espérer ni à craindre du pouvoir nous, semblerait introduire la révolution dans l'État. C'est toujours à cette lourde machine de l'administration que nous nous fions de toutes choses. Aussi ne se passe-t-il pas dix ans sans que le pays ne soit tout à coup étonné et souvent effrayé d'avoir si peu fait avec un mécanisme si puissant en apparence, si faible en réalité. Il en sera toujours ainsi jusqu'à ce que nous comprenions que pour un peuple la liberté consiste à faire lui-même ses propres affaires, à surveiller lui-même ses propres intérêts. C'est en mêlant la société au gouvernement qu'on rend le gouvernement libéral, et la société pacifique et dévouée. Tant que nous n'aurons pas saisi cette vérité féconde, nous tournerons toujours dans le même cercle; l'administration vivra de son côté, la société restera étrangère à son gouvernement, et pour corriger un abus on fera une révolution.

IV

Supposons maintenant que les écoles primaires soient assez bien organisées pour que la grande majorité des Français sache lire, écrire et compter; la réforme ne sera qu'à moitié faite; nous aurons mis entre les mains de tous les citoyens un instrument sans égal; mais il faut maintenant qu'ils s'en servent. Ils ont le moyen de lire, il faut maintenant qu'ils lisent. Comment faire pénétrer le livre ou le journal jusque dans le coin le plus reculé?

On a eu l'idée de faire des bibliothèques communales;
la pensée est bonne, le résultat eût été excellent si on
avait laissé les citoyens libres comme en Angleterre,
d'organiser des cabinets de lecture ou des bibliothèques
pour l'ouvrier et pour le paysan. Cela se fait à Londres,
à Manchester et dans cent autres villes de la Grande-
Bretagne; les ouvriers, les femmes d'ouvriers surtout,
ont largement profité de ces libres fondations qui sont
en pleine prospérité. En France, ce n'est pas ainsi qu'on
entend les choses; on a commandé ou encouragé quelques livres, soi-disant populaires, destinés à donner au
peuple un certain enseignement. On a échoué comme
on échoue toujours en pareil cas. On ne fait pas de
bons livres par ordre ministériel, et sur commande de
l'État. J'ajoute qu'il n'y a en général rien de plus niais
et d'un sentiment plus faux que ces livres écrits pour
le peuple par de beaux esprits. Ce qu'il faut à l'ouvrier
comme au paysan, ce sont les chefs-d'œuvre littéraires,
qui plaisent au plus simple comme au plus délicat,
et cela par une raison aisée à comprendre : le chef-
d'œuvre de l'art, c'est de reproduire la nature, et pour
sentir la nature, il suffit d'avoir le cœur et l'âme d'un
homme. Un paysan comprendra mieux Homère, Mo-
lière, de Foë ou Channing que tous ces petits livres où
on lui parle comme autrefois parlaient les grands seigneurs, avec une politesse dédaigneuse et affectée. Ce
qu'il faut au peuple, ce sont des bibliothèques où soient
les meilleurs livres anciens et modernes. Qu'on laisse
les citoyens s'associer pour de pareilles fondations sans
que l'administration intervienne, il y en aura bientôt

dans toutes les villes de France, et même en plus d'un village. On ne sait pas quel ressort il y a dans notre pays, car depuis des siècles il semble que l'État n'ait pas de fonction plus chère que de tout empêcher.

Mais, avant de fonder des bibliothèques communales, il y aurait un moyen simple de mettre les livres à la portée de l'ouvrier et du paysan, ce serait de ne pas les arrêter en route par des précautions qui ne sont plus de notre temps. Il est resté dans notre législation avec beaucoup de legs administratifs qui ne valent pas mieux, une institution qu'on nomme les brevets de libraire. Cette institution, autant qu'on peut le voir dans les discussions du conseil d'État impérial sur la liberté de la presse [1], n'avait qu'un objet: s'assurer qu'on ne publierait rien contre l'intérêt et la sûreté de l'État. En d'autres termes, c'était une mainmise sur les éditeurs; ce sont eux seulement qu'on voulait assujettir à une surveillance constante; on ne songeait pas à y comprendre les simples vendeurs de livres, ou, comme on les nommait dédaigneusement, les *bouquinistes*. Par malheur, on est toujours disposé dans notre pays à étendre la police, et on n'exempta aucun libraire de la terrible protection de l'État.

Il n'y a donc aujourd'hui en France que quatre mille deux cent vingt-cinq personnes qui aient le droit de vendre des livres; ce n'est pas le dixième de ce qu'il faudrait; ou, pour mieux dire, on ne voit guère pourquoi il faut un brevet pour vendre un livre plutôt

---

1. Publiées par Locré, en 1819.

que toute autre marchandise. Est-ce parce qu'il faut
une surveillance? Mais on peut surveiller les librai-
res tout comme on surveille les laitiers, les bou-
chers et les marchands de vins. Est-ce pour empêcher
la publication de livres dangereux ou immoraux? Mais
cela regarde les éditeurs et non pas les simples vendeurs. Nous avons des lois sévères qui ne laissent point
paraître une feuille de papier avant qu'elle ait passé
sous l'œil de la justice. C'est là qu'est la garantie, c'est
là qu'est la protection de la société. Une fois le livre
édité, et en quelque sorte reconnu non coupable, pourquoi faut-il un privilége pour le vendre. S'il est criminel, saisissez-le ; s'il est innocent, laissez-le circuler
au village comme à la ville. Le danger commencerait-il
à la barrière, et ce qui est à la ville une nourriture
sans danger serait-il un poison dans les champs?

Pour remédier à cette gêne inutile, on a autorisé le
colportage en se réservant de timbrer, c'est-à-dire de
choisir les livres colportés. Je ne discute pas ce qu'il y
a d'arbitraire dans ces choix ; je crois que si l'on pu-
bliait la liste des livres autorisés et celle des livres pro-
hibés, on serait aussi étonné de certaines permissions
que de certaines exclusions ; mais qui ne voit que si la
morale publique est le premier souci de la police, rien
n'est plus dangereux que le colportage, c'est-à-dire
une vente sans responsabilité? Un individu qui passe
et ne reviendra pas peut laisser dans un village quelques-uns de ces livres corrupteurs que tous les gouvernements ont raison de poursuivre; un libraire établi,
un marchand qui vend des livres, ne le peut pas. Il suf-

fira toujours de l'indiscrétion d'un paysan, de la plainte
d'une mère ou d'une femme pour attirer sur lui un
juste châtiment. Tout commerçant sédentaire est facilement punissable, et, de plus, il y a une responsabilité
morale qui pèse sur lui ; n'est-ce pas là une de ces vérités élémentaires qu'on ne devrait plus avoir besoin
d'établir ?

Laisser l'épicier, le mercier, le marchand de tabac
vendre des livres, ce serait une réforme qui aurait beaucoup plus de portée qu'on n'imagine. Le désir d'a-
cheter un livre ne naît en général que quand on l'a
sous les yeux, qu'on peut le feuilleter, et en entrevoir
le contenu ; il faut qu'il aille au-devant du consommateur. C'est ce qu'on sait bien en Allemagne ; c'est sur
ce principe que toute la librairie allemande est organi-
sée ; le livre vient vous chercher ; on vous l'adresse à
domicile, on vous laisse le temps de l'examiner tout à
loisir. C'est un tentateur qui chaque semaine frappe
à votre porte. Aussi dans le moindre village allemand
trouverez-vous partout des livres et de toute espèce :
histoire, piété, voyages, romans, agriculture et le reste.
Or, ce n'est pas là un médiocre appât, surtout pour les
enfants ; savoir lire est une raison pour rechercher les
livres ; mais voir des livres, et surtout des livres à images, est une raison pour vouloir apprendre à lire ; et ce
désir on l'a à tout âge ; demandez aux ouvriers de
Paris, à ces ouvriers à tête grise qui vont aux classes du
soir. C'est la vue d'un livre, c'est la science du voisin
qui les fait redevenir enfants.

V

Jusqu'à présent nous n'avons parlé que des livres. Mais M. Hachette connaît trop bien sa profession, les besoins et les ressources de la librairie, pour ne pas savoir qu'aujourd'hui les livres n'ont plus qu'une part dans l'éducation nationale. Le grand agent d'instruction dans les pays libres, c'est le journal, c'est l'écrit périodique qui paraît tous les mois, toutes les semaines, tous les jours. Là est le suprême moyen d'action; c'est par les journaux du dimanche qu'en Angleterre comme en Amérique on civilise jusqu'aux coins les plus reculés du pays. Il n'est pas de planteur, perdu dans les solitudes de l'Ouest, qui, au lieu de perdre son dimanche au cabaret, ne s'occupe à lire ce que son journal lui dit de religion, de politique ou d'agriculture. Par son bon marché, par sa périodicité, le journal entre partout; il est au livre ce que le chemin de fer est à la diligence; en un même espace de temps il fait dix fois plus de chemin.

Mais en France un journal ne peut exister sans autorisation, et une fois autorisé il est soumis à l'administration. On peut non-seulement le condamner s'il est coupable, ce qui est de toute justice, mais l'avertir s'il déplaît, et au besoin le supprimer sans avertissement. Quel est le résultat de ce système? C'est que le journal s'efforce de plaire à l'administration ou ne dit rien; quand il n'est pas muet, c'est un écho et rien de plus. « Le gouvernement, dit M. Hachette, est loin d'être satisfait de ce silence complet. Il appelle lui-même sur ses actes la publicité et le contrôle. Il veut s'appuyer sur l'opinion publique; mais il ne peut y avoir de publicité réelle, ni de contrôle sérieux, ni d'opinion éclairée avec les entraves qui arrêtent en France la diffusion des journaux. »

M. Hachette a cent fois raison; nous aimons voir une pareille vérité proclamée par un homme pratique, et qu'on n'accusera pas d'hostilité politique. Comment veut-on qu'un journal se répande s'il ne dit rien? Comment peut-il parler quand, au risque de le ruiner, on l'avertira, s'il a l'audace d'attaquer un engrais qui a les bonnes grâces de la préfecture? Comment veut-on qu'il engage le paysan ou l'ouvrier à ne pas porter son argent à quelque emprunt ruineux quand un ministre peut voir un délit administratif (les deux mots jurent ensemble) dans une critique trop vive de la Turquie? Si quelque chose touche le paysan ou l'ouvrier, c'est le prix du pain; il ne peut pas être indifférent à la valeur d'un aliment nécessaire; cependant n'a-t-on pas vu avertir un journal qui signalait le danger de certaine combinaison administrative, imaginée, nous le voulons bien, avec les meilleures intentions, mais qui, si l'on en croit un rapport fait au conseil d'État, n'était rien moins qu'économique? Il est temps de s'arrêter sur cette pente mauvaise; quand on veut sérieusement arriver à un grand résultat, quand on veut servir et éclairer le peuple, il faut agir en homme pratique, et accepter la liberté avec ses avantages et ses inconvénients. En sommes-nous à savoir que dans toute application sincère de la liberté

19.

le bien est sûr, et dépasse de beaucoup un mal incertain et douteux?

Veut-on que le journal pénètre partout, et porte avec lui cet enseignement universel qui suit nécessairement toute feuille imprimée, supprimez les autorisations, et rendez aux tribunaux la juridiction de la presse. Alors vous aurez non pas cinq à six journaux qui peuvent égarer l'opinion, mais des milliers de journaux de toute espèce qui répandront les idées et l'instruction. Journaux de grandes villes, jaloux des journaux de Paris, et occupés d'affaires municipales, journaux des campagnes plaidant pour l'agriculture et l'éducation, journaux des ports réclamant la liberté commerciale, journaux des fabriques soutenant un reste de prohibition, journaux catholiques essayant de moraliser le peuple, journaux protestants rivalisant dans la même voie; partout l'activité, le mouvement, la vie.

Qu'est-ce que le gouvernement peut redouter d'une pareille agitation? Qu'a-t-il à craindre de partis divisés, émiettés, séparés par mille nuances diverses? Est-ce que la presse, quand elle est libre, n'est pas l'image de l'opinion? Est-ce de l'opinon qu'on a peur?

Non, dira-t-on, c'est de la politique. Nous ne voulons pas qu'on agite les esprits; faites des journaux non politiques, nous vous laissons pleine liberté. De quoi vous plaignez-vous?

Le système a été essayé; le résultat est singulier. On dirait que le gouvernement a donné une prime aux romans, c'est-à-dire que, pour moraliser le peuple, il a choisi la forme qui de toutes est la moins morale de sa nature, car elle s'adresse de préférence à l'imagination et aux passions. Qu'il y ait de bons romans, je l'accorde; que ce soit une lecture attachante et qui fasse pénétrer quelquefois de bonnes et saines idées dans les jeunes âmes, je le veux bien; mais ce n'est pas avec des romans qu'on élève un peuple et qu'on fait des hommes. Si vous voulez faire une nation politique qui connaisse ses devoirs et sache défendre ses droits, parlez aux citoyens de leurs intérêts de chaque jour. Ces intérêts, quels sont-ils? Après l'agriculture, le commerce, l'industrie, n'est-ce pas l'éducation de leurs enfants, n'est-ce pas l'administration de leur commune, les écoles, les chemins vicinaux, les marchés et le reste? Pouvez-vous leur parler de leur commerce et de leur culture sans leur dire quel est l'impôt, et s'il y aura des charges nouvelles? La paix ou la guerre, est-ce là une question qui soit moins économique que politique? N'intéresse-t-elle pas le paysan autant que l'homme d'État? Ne lui prend-elle pas son argent et son fils? La politique nous enserre de tous côtés, les affaires publiques sont les nôtres; s'imaginer qu'on peut élever une nation et la moraliser sans lui parler politique, c'est une chimère qui ne peut tromper que ceux qui, suivant l'expression du prophète, ont des yeux pour ne point voir.

Si l'on se décide à accorder la liberté de la presse, il faut que cette liberté soit complète; et pour cela il y faut joindre deux réformes essentielles : suppression du timbre, diminution des droits de poste.

Le timbre est un impôt qui rapporte peu à l'État, et

qu'on pourrait aisément retrouver en le plaçant mieux, par exemple en lui faisant frapper les annonces, suivant le système anglais. Tel qu'il est constitué, c'est moins une mesure fiscale qu'une entrave apportée à la presse. On a voulu, suivant toute apparence, grever le journal de frais considérables, pour en élever le prix et en rendre plus difficiles l'établissement et la propagation.

On peut aujourd'hui, avec les ressources de l'imprimerie, donner un numéro de journal pour cinq centimes. A ce chiffre, qui représente les frais matériels et la rémunération littéraire, l'État ajoute cinq ou six centimes de timbre; c'est un impôt de plus de cent pour cent. Sur qui pèse cet impôt?

Sur le consommateur, c'est-à-dire sur l'ouvrier ou le paysan qui veut s'instruire. Que dirait-on d'un gouvernement qui mettrait une taxe sur les réverbères? Est-il beaucoup plus sensé d'étouffer le journal et d'empêcher l'éducation?

En Belgique, il n'y a pas de timbre, et l'affranchissement des journaux ou des livres est d'un centime la feuille. Aussi livres et journaux sont-ils répandus partout. Voit-on que les Belges soient moins raisonnables que nous? Et parce qu'ils lisent davantage, sont-ce des ouvriers moins habiles, des agriculteurs plus ignorants, des sujets plus turbulents? Chose étrange pour qui ne réfléchit pas, c'est la pleine liberté qui leur a inspiré la modération; ce peuple que toute l'histoire nous peint comme indomptable, est devenu depuis trente ans un modèle de sagesse et de bon sens. N'est-ce pas là un exemple, et, puisque nous sommes une démocratie, n'est-il pas temps de considérer les choses en face et d'accepter résolûment la liberté?

Et si vous démoralisez le peuple? dira-t-on. Si vous excitez ses passions par des écrits dangereux? A cet argument, si souvent répété, la réponse est facile. Il n'y a rien de plus immoral que l'ignorance, on en peut juger par les pays qui jouissent d'un gouvernement protecteur, c'est-à-dire d'un gouvernement qui étouffe la pensée. Comparez la moralité de la Suisse et de l'Angleterre à celle de Naples, et décidez. La liberté est la mère de toute morale; le vice se plaît dans le silence et l'esclavage; la vertu, la piété, la vérité, se plaisent avec la liberté; elles ont besoin du grand jour. Là où la pensée est libre il y a une conscience publique qui parle sans cesse; les littératures immorales n'appartiennent qu'aux pays sans liberté. La rançon du despotisme, c'est la corruption. Je n'entends pas dire qu'avec la liberté nous serons tous des saints; mais, l'histoire à la main, j'affirme qu'avec une presse sans entraves, il y a une police de l'opinion mille fois plus sévère et plus chatouilleuse que la police officielle des censeurs et de l'État. C'est ce qu'a justement signalé Macaulay[1]. « Du jour où fut accompli l'émancipation de la presse, la purification de notre littérature commença. Cette purification ne fut l'œuvre ni des assemblées ni des magistrats, mais de l'opinion, de ce grand corps des gens éclairés à qui l'on soumettait le bien et le mal, et qui était enfin libre de choisir. Depuis cent soixante ans,

---

1. *Histoire d'Angleterre*, chapitre XXI.

la liberté de la presse est devenue de plus en plus complète, et durant ces cent soixante années la contrainte morale inspirée aux écrivains par le sentiment général des lecteurs est devenue de plus en plus étroite. Les œuvres même où autrefois on laissait pleine carrière à une imagination voluptueuse : chansons d'amour, comédies, romans, sont devenues plus décentes que les sermons du dix-septième siècle. Aujourd'hui, des étrangers qui n'osent pas imprimer un mot sur leur gouvernement en sont encore à comprendre comment la presse la plus libre de l'Europe en est aussi la plus prude. » Sur une moindre échelle, nous avons fait la même expérience ; sous le gouvernement constitutionnel, l'opinion s'est souvent révoltée contre des romans immoraux ; il y avait loin cependant de ces écrits coupables aux gentillesses de Parny, aux nouvelles à la hussarde de Pigault-Lebrun dont ne s'effrayait pas la société de l'Empire. Depuis que la presse est moins libre, les romans ont-ils gagné en moralité ? La dignité de la littérature nous console-t-elle du silence de la politique ?

On voit quels problèmes soulève la brochure de M. Hachette. La solution qu'il en donne est pleine de sens et de sagesse. C'est là qu'arrive tout homme réfléchi. Dans un siècle tel que le nôtre, en pleine lumière, entourés comme nous le sommes de peuples libres qui écrivent et impriment sans rien avoir à craindre que des lois, il ne nous est pas permis d'imaginer des systèmes de compression que l'expérience condamne et que la raison désavoue. Si nous voulons élever le niveau intelligent et moral de la France, il n'y a pas d'autre moyen que de faire ce qui a si bien réussi à l'Angleterre, aux États-Unis, à la Suisse, à la Hollande, à la Belgique; il faut entrer dans cette voie féconde de l'éducation populaire par la liberté de la presse, et ne pas craindre d'aller jusqu'au bout.

Mars 1861.

LE
DROIT DE PÉTITION
SUIVANT LA CONSTITUTION DE 1852

I. — INTRODUCTION.

Ce que les modernes appellent la liberté politique ne ressemble que de loin à ce que les anciens entendaient sous ce nom. A Rome, par exemple, aux beaux jours de la république, la liberté n'est autre chose que la souveraineté. Voter les lois dans les comices, élire les chefs de l'État et, au besoin, les juger, voilà ce qui constitue les priviléges du citoyen. Pour tout le reste, religion, finances, administration, armée, commerce, industrie, on s'en remet au Sénat, dépositaire des précédents, gardien de la tradition. De là ce phénomène étrange d'une dépendance extrême jointe à une puissance qui n'a point de bornes. Tandis qu'au Forum tout plie devant les tribus, l'individu et ses plus chers intérêts sont dans la main de l'État. Le peuple est roi, l'homme est esclave.

Chez les nations modernes il en est tout autrement. Le christianisme, dont nous sommes imbus, a renversé le problème; l'individu, doué d'une âme immortelle, est plus grand que l'État; ou, pour mieux dire, l'État n'a plus qu'une mission: c'est d'assurer le développement du citoyen. Ce que les Romains abandonnaient au sénat est pour nous l'essentiel; ce qu'ils se réservaient n'est pour nous que l'accessoire. Liberté religieuse, liberté d'éducation, liberté individuelle, liberté de pensée et d'action, voilà ce que réclament les peuples civilisés, voilà ce qu'il leur faut à tout prix et avant tout. Le premier devoir d'un gouvernement, son premier titre au respect et à la durée, ce n'est plus la politique, la guerre ou la conquête, c'est le maintien et la protection des droits individuels. L'État n'a plus son but en lui-même, il n'est plus qu'une garantie.

Organiser cette garantie nécessaire, faire que l'État soit assez puissant pour maintenir la justice et la paix, sans soumettre la liberté à des restrictions inutiles ou oppressives, sans empiéter sur les droits de l'homme et du chrétien, tel est aujourd'hui le problème de la politique; à vrai dire, ce problème est depuis longtemps résolu. Si, dans la pratique, il s'en faut de beaucoup que tous les peuples soient en pleine possession des garanties que demande la liberté, du moins en théorie ces garanties sont-elles connues. Il n'est pas de charte ni de constitution qui n'ait la prétention de les assurer. Un pouvoir exécutif assez fortement constitué pour donner aux personnes et aux intérêts une entière sécurité; des élections qu'aucune influence n'altère ni ne trouble; deux Chambres partagées de façon à ce que la passion populaire soit obligée de se refroidir;

des juges qui n'aient rien à craindre ni à espérer du gouvernement; une presse complétement libre, qui, les yeux toujours ouverts comme une sentinelle vigilante, répète par mille échos le cri de l'opprimé ou dénonce l'injustice et la violence : telles sont en tous pays les conditions de la liberté.

A ces garanties constitutionnelles, que les peuples modernes possèdent à des degrés divers, et qui, selon moi, pour être vraiment bienfaisantes, pour fortifier le pouvoir autant que pour servir la société, ont besoin d'être entières, il faut joindre un droit dont les Anglais ont tiré le plus heureux parti, je veux dire le droit de pétition. Il figure dans la constitution de 1852; on commence à en user, mais peut-être n'en sent-on pas encore toute la portée. C'est sur ce point que je voudrais appeler l'attention.

Quelque bien constitué que soit un pays, quelque parfaite que soit l'organisation des pouvoirs publics ou la représentation des intérêts généraux, il restera toujours en dehors de ce système une multitude d'intérêts privés qui seront ou se croiront lésés; il y aura toujours des citoyens qui, à tort ou à raison, voudront élever la voix pour se plaindre et réclamer l'exécution ou la réforme des lois. Comprimer ces plaintes particulières, c'est à la fois commettre une injustice et réunir dans une opposition toujours dangereuse des hommes qui n'ont en commun que de souffrir. Au contraire, accueillez toutes les réclamations, soyez justes pour celles qui sont fondées, indulgents pour celles qui ont tout au moins un prétexte légitime, non-seulement vous dissi-

pez les mécontentements particuliers, mais vous habi-
tuez le citoyen à compter sur la justice de l'État, vous
lui faites aimer un pouvoir qui l'écoute, vous l'attachez
aux institutions qui le protégent. C'est ainsi que le
droit de pétition, largement entendu, devient une garantie excellente ; il est à la portée de la victime la
plus obscure; il atteint l'injustice, fût-elle au plus haut
rang.

II. — LE DROIT DE PÉTITION EN ANGLETERRE.

Suivons l'histoire du droit de pétition en Angleterre ;
aussi bien quand il s'agit de liberté c'est toujours là
qu'il faut aller prendre des leçons. Ce droit, comme
toutes les libertés anglaises, se perd dans la nuit du
passé; mais pendant longtemps il n'a servi qu'à des
griefs personnels ou locaux. Il faut un parlement libre
pour qu'on puisse lui adresser des pétitions politiques ;
autrement la jalousie de l'autorité étouffe un débat
qui l'effraye. Ce n'est donc que vers la fin du dernier siècle que les pétitions, limitées jusque-là à des
intérêts privés, ont pris un caractère différent ; c'est
aussi, il faut le remarquer, c'est aussi de la même
époque que date la grande influence du parlement.
Les deux choses se tiennent et s'entr'aident mutuellement. Des Chambres indépendantes encouragent les
citoyens à chercher un appui qui ne manque jamais ;
des pétitions qui mettent les Chambres en communication de plus en plus directe avec le pays affermissent et
étendent l'autorité des représentants de la nation.

L'abolition de la traite des noirs, sollicitée en 1782 par les quakers, redemandée en 1787 et 1788 par un nombre de signatures qui grossissait chaque année, fut la première victoire législative obtenue par des pétitions. Il y a des libertés qui ont une moins noble origine. Pitt, nous dit-on, s'effraya, non pas de la réforme en elle-même, mais des moyens qu'on avait pris pour assurer le triomphe de l'opinion; il craignit qu'en des causes moins légitimes on ne se servît de cette pression du dehors qui l'inquiétait. Au fond, il ne se trompait guère; le droit de pétition allait désormais jouer un rôle politique; mais on ne voit pas qu'il en soit résulté de danger sérieux pour la constitution. Tout au contraire, ce droit, étendu aux intérêts publics, a pour ainsi dire désarmé les partis. On ne songe pas à se révolter quand on croit arriver à ses fins en réunissant mille signatures au bas d'un papier. Il y a là une confiance générale dans le droit, une sécurité civique, qui est une des grandes forces du gouvernement anglais. En France, on se défie toujours du pouvoir; dès que l'opinion s'échauffe, on fait ou l'on rêve une révolution; en Angleterre on rédige une pétition, signée du pays tout entier. La révolution se fait sans coups de feu, sans désordres et sans misères. Il suffit de quelques feuilles de parchemin.

C'est ainsi que l'abolition de l'esclavage a été obtenue par vingt mille pétitions, présentées de 1824 à 1833; c'est ainsi que de 1825 à 1829 six mille pétitions ont demandé l'émancipation catholique; et l'émancipation l'a emporté, malgré deux mille pétitions adressées par des protestants plus ardents qu'éclairés [1]. La discussion qu'amènent tôt ou tard des pétitions sérieuses a, en effet, ce grand avantage, que peu à peu la lumière se fait, et que la raison perce le nuage ; elle a aussi ce résultat admirable que, se répétant chaque année, elle n'interdit jamais l'espoir à ceux qui sollicitent ; tout au contraire, d'une session à l'autre, ils peuvent compter le nombre des voix qui grossissent leur cause, et calculer le moment où la minorité deviendra la majorité. Pour qui n'entend que le bruit de l'heure présente, ces pétitions politiques sont un trouble importun ; pour l'homme d'État qui voit de plus haut, cette porte ouverte à toutes les espérances honnêtes répand dans les âmes les plus ardentes je ne sais quelle sérénité, et leur donne une patience qui est le gage le plus certain de la paix dans l'État.

Parmi les mesures obtenues par l'agitation pacifique des pétitions, je pourrais citer encore la réforme du parlement, le rapport des lois des céréales, la liberté de commerce, mais je ne veux pas entrer dans de trop longs détails ; il me suffira de dire que dans les trente dernières années il n'est pas de changement considérable dans la législation anglaise qui n'ait été provoqué, soutenu, emporté par l'action incessante des pétitions. Ces pétitions, le parlement les a toujours accueillies, quelque contraires qu'elles fussent aux idées et aux sentiments de la majorité, quelque fort qu'en fût le langage. Jamais le parlement ne tolère la menace ou le manque de res-

---

1. Erskine May. *Constitutional history of England.* Londres, 1861, t. I, p. 439 et suiv.

pect; mais il s'honore, et prouve sa haute raison en laissant une entière liberté à toutes les plaintes et à tous les
désirs. Il sait qu'il est fait pour écouter le pays, il se
glorifie d'être l'organe de la nation, et d'ailleurs il a
une trop longue expérience pour ignorer que le temps
donne souvent tort à la sagesse du jour. En politique,
il n'y a point d'absolu; les rêves de la veille sont quelquefois les vérités du lendemain.

Ce n'est pas que tous les moyens employés pour
obtenir des signatures aient toujours été louables; mais
tandis qu'en France, à la première contrariété, on supprime le droit pour en éviter l'abus, en Angleterre on
est d'une tolérance à toute épreuve. Pour sauver la
liberté même, on se résigne aux excès et aux inconvénients de la liberté. On sait que si l'écorce est amère,
le fruit est toujours excellent. C'est ainsi que plus d'une
fois on a reçu au parlement des milliers de pétitions,
toutes calquées sur un même modèle, et revêtues de
millions de signatures, sans s'inquiéter outre mesure
des démarches faites par des comités actifs, entrepre-
nants et presque séditieux. On s'est contenté de dénoncer au parlement une ressemblance de rédaction qui
trahissait la main des meneurs, plus qu'elle n'indiquait
la volonté des signataires; au lieu d'accueillir ces pétitions comme l'expression du sentiment général, on les
a condamnées comme étant l'abus d'un droit civique.
Une fois éclairée, l'opinion a fait justice de ces majorités
factices; les pétitions sont tombées d'elles-mêmes. A
suivre une autre marche, le parlement eût donné à ces
demandes une importance qu'elles n'avaient pas. Son

effroi eût créé un danger, sa patience a fait évanouir des chimères, et la liberté, toujours respectable, même dans les égarements de quelques hommes, a été maintenue au profit de tous.

Tandis que le nombre des pétitions grossissait chaque année, leur importance s'accroissait encore par la discussion publique qui en accompagnait le dépôt. Quel que fût l'ordre du jour, on écoutait d'abord les plaintes des pétitionnaires ; si bien que lorsqu'une question échauffait les esprits, elle revenait chaque jour encombrer la Chambre des communes. Après l'acte de réforme, cet examen de pétitions menaça de devenir la seule occupation du parlement. Ce fut alors qu'après plusieurs mesures insuffisantes le parlement, par un coup hardi, mais nécessaire, décida, en 1839, que désormais il n'y aurait plus de débats lors du dépôt des pétitions. En agissant de la sorte le parlement n'entendit pas affaiblir un droit sacré, et ce fut ainsi que l'opinion publique accepta la réforme, car depuis 1839 les pétitions n'ont pas cessé d'affluer [1]. C'est qu'en effet, en même temps qu'elle écartait des discussions oiseuses ou mal placées, la Chambre prenait des mesures effectives pour donner aux pétitions un effet utile et immédiat. Dans le nouveau système, on ne trouble plus l'ordre des séances par des discours jetés au milieu d'occupations non

---

1. Dans les cinq années finissant en 1843, la Chambre des communes reçut 94,000 pétitions ; de 1843 à 1848, elle en reçut 66,000 ; de 1848 à 1853, on en compte 54,908 ; de 1853 à 1858, 47,669. En 1860, on en a reçu 24,279, le plus grand chiffre qu'aient jamais atteint les pétitions, hormis l'année 1843. Erskine May, *Constitutional history of England*, t. I, p. 442.

moins urgentes ; mais la pétition, renvoyée à un comité, est aussitôt examinée et publiée. « Les rapports du comité, nous dit M. Erskine May [1], sont imprimés trois fois par semaine, et indiquent sous autant de chapitres non-seulement le titre de chaque pétition, mais le chiffre des signatures, l'objet général de la demande, le nombre total des pétitions et des signatures pour chaque question. Et toutes les fois que la nature des arguments et des faits ou que l'importance de la pétition le requiert, le comité la fait imprimer *in extenso* dans un appendice qu'on met à la disposition du public au plus bas prix possible. » C'est ainsi que tous les ans le parlement publie *in extenso* un millier de pétitions qui donnent en chaque session la statistique de l'opinion et des vœux du pays. La voix du peuple est toujours écoutée ; le droit, mieux réglé, n'a fait que gagner à ce changement de publicité.

Rendons-nous compte de la situation faite aux pétitions par le règlement (*standing orders*) de la Chambre des communes. Ces adresses au parlement peuvent être faites au nom d'un intérêt privé et d'un droit violé, ou au nom d'un intérêt public. Les premières sont urgentes ; il ne faut pas que la loi soit outragée dans la personne d'un citoyen. Aussi pour celles-là le règlement fait-il une exception. On ouvre la discussion, séance tenante. Par exemple, en 1844, un pétitionnaire se plaignit que la poste lui retenait et lui ouvrait ses lettres ; la Chambre se saisit à l'instant de la demande pour vérifier

---

1. Erskine May. *Law and privileges*, p. 438.

l'abus dénoncé, et au besoin faire justice. Quand il s'a-
git de défendre l'individu lésé, il n'y a donc jamais de
retard. Il n'y en a pas davantage si l'on déclare au parlement que les priviléges de la Chambre sont menacés.
Elle ne s'inquiète pas moins de sa dignité que de la
liberté et du droit des citoyens [1].

Quant aux pétitions qui touchent à un intérêt public, si
elles sont urgentes, il est évident qu'elles arrivent de suite
à discussion, puisque chacun des membres de la Chambre
a le droit d'interpeller les ministres ; et, de fait, il ne se
passe guère de séance où l'on n'use de ce privilége. Les
pétitions qu'on renvoie au comité sont donc celles qui
peuvent attendre, et ce renvoi même assure l'efficacité
du droit. Grouper les pétitions et les publier, c'est leur
donner au jour de la discussion la double force du
nombre et de l'opinion. Comprend-on maintenant,
comment la réforme de 1839 a été populaire ; elle fait du
droit de pétition un ressort régulier, et lui assure une
belle place parmi les nombreuses garanties de la liberté.

Il faut encore remarquer que la Chambre des lords,
moins encombrée que la Chambre des communes, est
restée fidèle à l'ancien usage. Le pair qui présente une
pétition ne se contente pas de la déposer sur le bureau ;
il la discute et la commente. On voit combien il est aisé
de dénoncer un acte inconstitutionnel ou illégal, et de
quelle façon simple et rapide toute personne qui se croit
opprimée peut appeler à son aide le secours du Parlement et l'opinion du pays.

---

1. Erskine May. *Law and privileges*, p. 486.

Voyons maintenant quelles formes on suit dans l'examen des pétitions. Nous avons plus d'une fois emprunté aux Anglais, et avec peu de prudence, certaines institutions qui n'avaient point de racines dans notre pays, et qui n'y ont pas vécu ; mais on ne saurait étudier avec trop de soin les règles que les Anglais ont établies pour leurs assemblées délibérantes ; ces règles, fruit de l'expérience, sont en général d'une sagesse parfaite, et conviennent à toute réunion qui veut éviter les discussions oiseuses et aller droit au but [1].

La pétition adressée : *Aux honorables Lords spirituels et temporels, assemblés en Parlement* ou : *Aux honorables communes du Royaume-Uni, assemblées en Parlement*, doit finir par une *prière* qui contient l'objet même de la demande, et qui conclut par ces mots : *Et vos pétitionnaires, comme ils y sont obligés par devoir, prieront toujours* [2]. Cette vieille formule a été scrupuleusement gardée, comme témoignage de déférence. Toute déclaration, toute remontrance qui ne se termine point par la forme sacramentelle est aussitôt écartée. Avant tout, le parlement veut être respecté.

La pétition doit être écrite, et non pas imprimée, ni lithographiée ; il faut que les signatures soient de la main des pétitionnaires ; personne ne peut signer pour

1. Toutes ces règles ont été réunies dans un volume de 800 pages par M. Erskine May, clerc (ou secrétaire) assistant de la Chambre des communes. C'est un recueil que les présidents de nos assemblées devraient faire traduire pour l'usage des Chambres. Il est intitulé : *A practical treatise of the law, privileges, proceedings and usage of Parliament*. Londres, 1859, 4e édition.

2. Erskine May. *Law, privileges, etc.*, p. 478 et suiv.

autrui. Si, par exemple, le président d'un *meeting* public signe au nom de l'assemblée, sa signature n'a qu'une valeur individuelle, et on ne la compte pas autrement. Chaque pétitionnaire doit accepter la pleine responsabilité de son opinion.

Le langage de la pétition doit être respectueux et modéré. S'il y avait des expressions peu convenables, qui s'adressassent à la reine, des imputations blessantes pour le parlement, les juges ou quelque autre autorité établie, des attaques directes à la constitution, on ne recevrait pas la pétition. Mais en ce point le parlement montre en général une extrême tolérance. Il faut que l'outrage soit visible et intentionnel pour qu'on écarte la pétition. Ce qu'on veut avant tout, c'est que chacun puisse se faire entendre ; le droit passe avant une vaine susceptibilité. Et non-seulement le parlement s'élève au-dessus d'un misérable amour-propre, mais au besoin il se place au-dessus même de la lettre des lois. J'en citerai un exemple remarquable :

En 1849, M. W. S. O'Brien et ses compagnons, condamnés en Irlande pour crime de haute trahison, présentèrent une pétition au parlement contre le bill de déportation alors soumis à la Chambre. O'Brien et ses amis avaient été condamnés à mort ; leur peine avait été commuée en déportation ; mais les condamnés, s'armant de la lettre de la loi, prétendaient que le lord lieutenant qui avait le droit de les faire exécuter n'avait pas le droit de les déporter, et comme, en effet, la loi semblait douteuse, on avait présenté au parlement un bill afin de régler la question. Pour repousser la plainte de M. O'Brien, il fut dit dans le parlement qu'on ne pouvait recevoir une pétition présentée au nom d'individus frappés de mort civile ; en France cette raison eût été péremptoire. Mais en Angleterre on ne voulut point faire céder les droits éternels de l'humanité à une question de forme, et laissant de côté la loi commune qui ne peut obliger le parlement, on décida qu'on recevrait la pétition. Si le bill fut voté, ce ne fut donc qu'après avoir écouté ceux même qui se plaignaient d'en souffrir.

Les pétitions doivent être présentées par un membre de la Chambre. Il dépose la pétition sur le bureau sans la lire, mais il dit d'où elle vient, de combien de noms elle est signée ; puis, il termine par la formule de la prière qui contient en même temps l'objet de la demande. Le nom de ce membre est en tête de la pétition et en devient inséparable. On voit qu'on a imposé une certaine responsabilité à celui qui présente une pétition. Et en effet, outre qu'il accepte jusqu'à un certain point le fond de la plainte en y attachant son nom, il doit s'assurer que les formes ont été suivies, que les signatures sont sincères ; c'en est assez pour écarter des demandes ridicules qui, dans nos anciennes Chambres, figuraient trop souvent sur la feuille des pétitions.

On voit de quelle façon hardie et pratique les Anglais ont réglé le droit de pétition. A la seule condition du respect de la constitution, d'un langage convenable et d'une demande sérieuse, chacun peut s'adresser aux représentants du pays, sûr de trouver audience s'il se plaint qu'on a violé les lois en sa personne, sûr de trouver la publicité s'il a émis une idée nouvelle et qui puisse servir. Aussi, nul ne se croit placé assez bas pour craindre d'en appeler au parlement, s'il se sent victime d'une injustice, et nul, si haut placé qu'il soit, ne regarde comme au-dessous de lui d'exposer ses raisons au législateur. Au bas des pétitions figurent les noms les plus respectés comme les plus obscurs de l'Angleterre. C'est la voix du pays tout entier qui monte jusqu'au parlement.

III. — LE DROIT DE PÉTITION EN FRANCE.

Rentrons en France et venons à la constitution de 1852.

L'article 45 de la constitution est ainsi conçu : « *Le droit de pétition s'exerce auprès du Sénat. Aucune pétition ne peut être adressée au Corps législatif.* »

C'est un changement fait à nos anciennes chartes qui, à l'exemple de l'Angleterre, reconnaissaient aux deux Chambres le droit de recevoir des pétitions. Quelle est la raison de cette mesure? Pourquoi refuser au Corps législatif une attribution qui semble toute naturelle, puisque le Corps législatif n'est pas moins que le Sénat le représentant, l'organe de la nation? Je ne chercherai point à l'expliquer; cela me mènerait trop loin.

S'il est difficile de se rendre compte de l'exclusion donnée au Corps législatif, en revanche il est aisé de comprendre comment on ne pouvait refuser au Sénat le droit de recevoir des pétitions, sans rendre la constitution illusoire et sans anéantir du même coup toute liberté. « *Le Sénat*, dit l'article 25 de la constitution, *est le gardien du pacte fondamental et des libertés publiques*. » Ces libertés, comment le Sénat pourrait-il les garder, s'il ignore quand elles sont violées ? Et comment savoir si elles sont violées, à moins d'écouter quiconque se plaint d'être opprimé ?

Pour garder et maintenir les libertés publiques, la constitution donne au Sénat une autorité qu'on n'a point suffisamment remarquée. C'est une puissance sans bornes, qu'on ne peut guère comparer qu'au *veto* des tribuns de Rome. Théoriquement parlant, le Sénat peut tenir en échec tous les pouvoirs, empêcher la promulgation des lois nouvelles, annuler les actes qui lui paraissent inconstitutionnels, en un mot, ne rien laisser faire dans l'État sans son aveu.

Si l'on réfléchit, en effet, que le Sénat est seul juge de l'inconstitutionnalité, qu'aucun pouvoir ne peut casser les décisions prises par ce grand corps et que les tribunaux sont obligés de respecter ses arrêts législatifs ; si l'on considère, en outre, que le nombre des sénateurs étant fixé par la constitution au chiffre de cent cinquante, il n'y a pas moyen de briser la majorité du Sénat, comme, en Angleterre, on brise la majorité de la Chambre haute en créant de nouveaux pairs, on sentira que soixante-seize sénateurs pourraient, comme autrefois les tribuns de Rome, arrêter court la marche du gouvernement et frapper d'immobilité l'État et la société. Sans doute, la sagesse du Sénat est une garantie suffisante contre un abus qui n'est possible qu'en théorie. Il est visible que le Sénat ne se servira de son immense

privilége que pour empêcher des nouveautés dangereuses et des actes illégaux; tout ce que je veux montrer, c'est que cette autorité est énorme, et que si le
Sénat prend sous sa garde les libertés publiques, personne ne peut les entamer.

Ces libertés, quelles sont-elles? Les voici telles que
les énonce la constitution. Il n'y manque guère que le
droit d'association, la liberté de la presse et la liberté
des élections, pour que l'énumération soit complète.
« *Le Sénat*, dit l'article 26 de l'acte de 1852, *s'oppose
à la promulgation, 1° des lois qui seraient contraires
ou qui porteraient atteinte à la constitution, à la
religion, à la morale, à la liberté des cultes, à la liberté
individuelle, à l'égalité des citoyens devant la loi, à
l'inviolabilité de la propriété et au principe de l'inamo-
vibilité de la magistrature; 2° de celles qui pourraient
compromettre la défense du territoire.* »

Et ce ne sont pas seulement les lois nouvelles que le
Sénat a le droit de frapper de nullité, s'il les trouve contraires au pacte fondamental; la constitution lui attribue
également le soin de garder les lois existantes, en cas-
sant tout acte qui y porterait atteinte, sans distinguer
quel est le coupable. « *Le Sénat*, dit l'article 29, *maintient ou annule tous les actes qui lui sont déférés
comme inconstitutionnels par le gouvernement, ou
dénoncés pour la même cause par les pétitions des
citoyens.* » Pouvoir magnifique, s'il est exercé avec
autant de fermeté que de modération.

Quels sont ces actes inconstitutionnels? Il suffit de
rapprocher l'article 29 de l'article 26 pour les connaître.

On ne peut pas supposer que ce qui est inconstitutionnel dans une loi puisse être constitutionnel dans un acte, qui n'est que l'exécution de la loi. Est donc inconstitutionnel tout acte d'une autorité quelconque, administrative ou judiciaire, qui, au mépris des lois établies, attente à la religion, à la morale, à la liberté des cultes, à la liberté individuelle, à l'égalité devant la loi, à l'inviolabilité de la magistrature. Le champ est immense; jamais corps politique n'a été revêtu d'une magistrature plus grande et plus vénérable. Mieux que le préteur de Rome, le Sénat, lorsqu'il remplit sa mission, peut être défini : *viva vox juris civilis*, la voix même de la loi.

Cherchons maintenant qui a le droit de présenter une pétition au Sénat. S'il s'agit d'une question politique, il est aisé de répondre : c'est tout le monde. Car, dans un pays libre, chaque citoyen a un égal intérêt à la sécurité ou à la grandeur de l'État. La difficulté ne pourrait se présenter qu'à l'occasion du droit reconnu par l'art. 29. Est-ce seulement la personne lésée qui a le droit de dénoncer l'acte inconstitutionnel? Tout citoyen, au contraire, a-t-il droit de signaler la violation de la loi? La constitution ne distingue pas; elle ne pouvait pas distinguer. Quand la loi est outragée, tout citoyen n'est-il pas menacé? La loi n'est-elle pas le patrimoine commun du pays? Peut-on savoir si, n'étant pas atteint aujourd'hui, on ne le sera pas demain en vertu même du silence qu'on aura gardé, du précédent qu'on aura laissé établir? Il n'y a de nation libre que celle où chacun se sent offensé dans la personne de l'opprimé; défendre le droit d'autrui, c'est le seul moyen d'assurer le nôtre. Celui qui est sûr de trouver la nation armée contre lui, s'il opprime le plus humble des misérables, n'aura jamais la pensée d'oublier son devoir. C'est dans cette mise en commun de tous les droits et de toutes les souffrances qu'est la vraie garantie de la liberté.

Peut-on se réunir pour signer en commun une pétition et lui donner ainsi une plus grande autorité? Oui, suivant l'usage de tous les peuples libres; j'avoue même que je n'aurais pas l'idée d'examiner une question aussi simple si, dernièrement, à propos de la pétition en faveur des chrétiens de Syrie, le rapporteur, organe de la commission [1], n'avait soulevé une difficulté dont il n'y a point trace dans la constitution, et qui est résolue par tous les précédents. J'ai été affligé, je l'avoue, de voir un des principaux officiers du Sénat, un ancien magistrat, pris d'un de ces scrupules avec lesquels on entrave toutes les libertés. Si chaque citoyen a le droit d'adresser une pétition au Sénat, mille citoyens peuvent présenter, chacun isolément, une pétition pour le même objet; qu'importe alors qu'ils

1. C'est M. de Royer. Il a sans doute reconnu l'erreur de cette doctrine étroite, puisque cette année (1863), nous l'avons entendu proclamer que les étrangers mêmes avaient le droit d'adresser des pétitions au Sénat, non pas seulement pour défendre un intérêt privé, toujours respectable, mais pour saisir l'Assemblée d'une question politique ou d'intérêt général. Selon nous, c'est aller d'un extrême à l'autre; les étrangers n'ont pas à se mêler de nos affaires, et nous n'avons pas à nous mêler des leurs. Comprend-on des Anglais critiquant nos lois, ou des Polonais nous demandant de faire la guerre à la Russie? Quelle que soit la réponse de l'Assemblée, n'est-ce pas mettre les relations extérieures et le droit de guerre lui-même entre les mains du Sénat?

signent chacun sur un papier séparé, ou tous sur le même papier? S'il y a là une manœuvre de parti, une agitation factice, le Sénat fera comme le parlement anglais, il passera à l'ordre du jour. S'il y a des actes coupables, dénoncez-les à la justice; c'est à elle de prononcer. Mais entre le Sénat et les tribunaux il n'y a place pour personne, à moins qu'on ne veuille énerver à la fois la liberté et le Corps qui la garantit. Chose singulière! en France on nous refuse les droits les plus respectables, sous prétexte qu'ils nous sont inutiles et que nous les laissons périr par notre indifférence; mais aussitôt que ces droits nous sont accordés, on s'effraye de voir le pays reprendre à la vie, on nous montre la police à l'horizon. Quand donc aura-t-on foi dans la liberté?

Je sais que l'honorable rapporteur ne s'est proposé qu'une question théorique, qu'un cas de conscience; il s'est rassuré en songeant que le gouvernement était assez fort pour arrêter tout mouvement d'opinion qui lui déplairait. C'est là une doctrine dont il n'a pas vu le danger. Certaines théories séduisent par une apparence de modération les esprits timides; il suffit d'en tirer les conséquences légitimes, pour effrayer ceux même qui les défendent. Si le droit de pétition collective est dans la main de l'État, et ne peut s'exercer que de son aveu, tacite ou public, peu importe : qui ne voit que ce droit perd toute son énergie? C'est une gêne au lieu d'être un secours. Comment vous appuierez-vous sur l'opinion de la France, à propos des chrétiens de Syrie, si le moindre diplomate étranger vous déclare auteur ou complice d'une manœuvre que d'un mot vous pouviez arrêter? A qui donc peut servir la théorie du savant rapporteur? Ce n'est pas au pays; une liberté qu'on dirige ou qu'on tolère n'est pas une liberté; ce n'est pas à l'État, qu'on encombre d'une responsabilité gênante; ce n'est pas davantage au Sénat; il est trop visible que, le droit d'écouter la voix du pays étant son plus précieux privilége, tout ce qui affaiblit le droit de pétition amoindrit l'autorité du Sénat. Prenons donc exemple de l'Angleterre. Soyons des hommes et non pas des enfants qu'on fait vieillir dans une éternelle minorité. La liberté est une plante rustique, elle grandit sous les vents et l'orage, et donne, en mûrissant, des fruits incomparables. Ne la mettez pas en serre chaude, ne l'étouffez pas à force de précautions.

En quel cas peut-on se plaindre au Sénat? Quelles sont les pétitions qu'on peut lui adresser? La constitution, dans ses termes généraux, n'exclut aucune demande, elle a raison. La juridiction politique du Sénat est comme toutes les juridictions. Tout droit lésé, tout intérêt menacé est admis à se produire; c'est au tribunal à régler sa compétence, à écarter les réclamations injustes ou mal fondées. Distinguer à l'avance, serait agir à l'aveugle, exclure les demandes les plus légitimes, et ruiner dans ses fondements le droit de pétition. Ce qui en fait la valeur, c'est qu'il est ouvert à toutes les causes et à tous les droits.

Mais si heureusement il n'est pas permis de distinguer entre les pétitions, il peut être utile de les classifier, et d'insister sur tout un ordre de réclamations que la constitution a prévues et encouragées ; je veux parler des pétitions qui signalent un acte contraire aux lois et qui, aux termes des articles 25 et 29, le dénoncent au Sénat, *gardien des libertés publiques.*

Je laisse donc de côté les pétitions essentiellement politiques, c'est-à-dire celles qui intéressent le pays tout entier. Ce n'est pas que je veuille en affaiblir l'importance ; mais, pour ces pétitions, la question est jugée, le droit reconnu. La discussion sur les affaires de Syrie, ainsi que les débats sur la pêche maritime, ont prouvé combien le Sénat prenait son rôle au sérieux ; on ne peut qu'applaudir à ce réveil de la discussion. C'est le droit d'interpellation qui reparaît sous une forme nouvelle, je crois que tous les esprits libéraux se félicitent de ce retour. Il est bon qu'un pays veille au soin de ses propres affaires, et quand la presse n'est pas entièrement libre, quel autre moyen y a-t-il pour l'opinion de se faire entendre, que de s'adresser au Sénat ? Je ne crois pas non plus que le Sénat et le gouvernement aient à se plaindre de ces discussions, qui font l'éducation civique de la nation. Les débats sur l'affaire de Syrie ont prouvé combien la France tout entière s'intéresse aux chrétiens d'Orient ; les débats sur la pêche maritime font honneur aux adversaires et aux défenseurs du traité avec l'Angleterre. Il me semble même, si j'ose dire toute ma pensée, que le résultat de cette discussion a été de démontrer, ce dont quelques personnes commencent à se douter, que si des gens éclairés et animés d'intentions également bonnes ne peuvent s'entendre, la faute en est moins au traité qu'à l'inscription maritime ; institution qu'il est reçu de louer sans examen, et qui demande à être étudiée de près. Si nos marins ne sont pas en état de lutter avec ceux d'Angleterre, la faute n'en serait-elle pas à une institution qui n'a de protection que l'apparence ? Est-il bien sûr qu'une mesure imaginée par Colbert convienne encore aux temps modernes ? Et ici, comme partout ailleurs, n'est-ce pas la liberté complète qui serait la vraie solution de la difficulté ?

Venons maintenant aux pétitions qui dénoncent au Sénat des actes inconstitutionnels ou contraires aux libertés publiques. Quelques exemples montreront quelle est pour tous les citoyens l'extrême importance de ce droit.

On sait qu'en vertu de la *loi de sûreté générale*, loi provisoire, il est vrai, mais qui n'est pas encore expirée, le gouvernement a le droit d'*interner dans un des départements de l'empire ou en Algérie*, aussi bien que d'*expulser du territoire français tout individu condamné pour l'un des délits prévus* par la susdite loi.

On sait aussi que parmi ces délits, assez vaguement énumérés par renvoi aux lois existantes, il en est qui, aux termes mêmes de la loi, peuvent n'être punis que d'un emprisonnement d'un mois et d'une amende de cent francs. C'est dire assez combien la loi est sévère, puisque pour une faute aussi légèrement frappée par la justice, un citoyen se trouve à la discrétion de l'administration, qui peut le bannir ou l'interner sans jugement. Tout ce que la loi exige en pareil cas, c'est que le ministre de l'intérieur prenne l'avis du préfet, du général commandant le département, et du procureur général. Il n'est pas question de publicité.

Supposons maintenant qu'un citoyen soit atteint par une mesure semblable, et qu'il prétende n'être pas dans les conditions de la loi. Une erreur n'est pas impossible ; l'administration, qui frappe comme la foudre, n'est pas plus infaillible que la justice, qui s'entoure de formes minutieuses et de délais protecteurs. A qui s'adressera l'interné ou l'exilé ? Aux tribunaux ? Ils n'ont pas le droit de l'entendre. Aux journaux ? *Le Moniteur* est muet ; quant aux autres journaux , avec la législation actuelle, il n'en est pas un seul qui osât parler. Il n'y a donc pour l'exilé qu'un recours possible, c'est le Sénat. Une pétition lui assure à la fois la publicité que ne peut lui donner la presse, et la garantie d'un examen que les magistrats ne peuvent lui accorder. En vertu des articles 25 et 29 de la constitution, le Sénat a le droit de défendre la liberté individuelle, et d'annuler un acte évidemment inconstitutionnel. Que peut-on imaginer de plus contraire à la constitution, de plus attentatoire à la liberté individuelle que l'exil d'un innocent ?

C'est raisonner, dira-t-on, sur une hypothèse chimérique. Le gouvernement laisse dormir la loi de sûreté générale ; personne ne l'accuse d'avoir interné ou exilé des citoyens qui n'étaient pas atteints par la loi.

Sur le premier point, la réponse est facile. Depuis soixante-dix ans, combien de fois n'avons-nous pas vu se réveiller des lois qu'on croyait mortes ! Le meilleur moyen d'éviter de pareils retours, c'est d'en signaler le danger. Sur le second point, je dirai que nulle crainte n'est vaine quand il s'agit de la première des libertés, la liberté individuelle. Le ministre d'aujourd'hui est animé des meilleures intentions, je l'accorde ; qui me répond de son successeur ? Qui me dit que le gouvernement ne ressentira pas demain les craintes mêmes qui lui ont inspiré la loi de 1858 ? Qui me dit qu'il aura toujours auprès de lui des ministres assez sages pour arrêter le zèle furieux de ces hommes qui, par frayeur ou par ambition, poussent toujours à la violence, et mettent la force dans la cruauté ? Ce qui constitue la liberté, on l'oublie trop, ce n'est pas la douceur et la tolérance de l'administration ; on peut être libre avec un pouvoir rude et une législation sévère ; ce qui constitue la liberté, c'est que la loi seule commande, et que les tribunaux seuls appliquent la loi. « Un homme à qui on ferait son procès et qui devrait être pendu le lendemain, a dit Montesquieu, serait plus libre qu'un bacha ne l'est en Turquie[1]. » Vérité profonde sous une forme paradoxale. Les Anglais ne se sont crus en possession de la liberté individuelle que le jour où le statut d'*habeas corpus* a retiré cette liberté des mains de l'administration pour en remettre la garde à des magistrats toujours responsables, et que peut mettre en jeu le moindre citoyen.

Pour démontrer l'importance du droit de pétition, veut-on, du reste, un exemple qui n'ait rien d'hypothé-

---

1. *Esprit des Lois*, liv. XI, ch. II.

tique? J'en choisirai un, pris de moins haut, mais qui est loin d'être sans intérêt. C'est la pétition adressée au Sénat dans l'affaire Libri.

Il ne m'appartient point d'entrer dans le détail d'une affaire aussi grave. C'est au Sénat qu'il appartient de l'examiner. En ce moment je ne me prononce ni pour le pétitionnaire ni contre lui; j'écarte même son nom; je ne prends la demande où il est question de lui que comme exemple d'une plainte véritable ; elle a ce triste privilége, qu'on ne peut l'écarter comme une chimérique supposition.

La pétition prétend que dans le trouble d'une révolution, en un moment où toutes les passions étaient soulevées, un citoyen a été dénoncé par des ennemis, poursuivi et condamné par contumace au mépris des formes protectrices établies par la loi. Les garanties essentielles que le Code donne à l'accusé, on les a, dit-on, violées en sa personne. On entre à ce sujet dans des détails circonstanciés qui contiennent des allégations fort graves ; les faits qu'on cite sont, dit-on, reconnus et attestés par des personnes considérables, par des témoins dignes de foi [1].

En pareil cas que peut faire le Sénat? Évidemment si es faits ne sont pas justifiés, s'il n'y a là que la téméraire protestation d'un coupable qui ne veut pas accepter une juste condamnation, l'assemblée passera à l'ordre du jour ; jusque-là nulle difficulté.

Je suppose, au contraire, que les faits soient constants,

[1]. On comprend la réserve qui m'interdit de sortir des généralités les plus vagues, au risque d'affaiblir mon raisonnement.

que les preuves soient suffisantes, que de l'étude faite par la commission, que de la discussion qui aura lieu devant l'assemblée il résulte que les formes ont été violées ; j'entends, ces formes essentielles qui seules donnent à la justice son caractère ; je demande ce que peut décider le Sénat.

Dira-t-on qu'il n'y a là qu'un procès particulier, un intérêt privé, indigne d'occuper l'attention d'un corps qui se doit à la chose publique ? C'est là un argument que déjà, sous l'ancien régime, nos pères repoussaient avec dédain, comme une invention de l'égoïsme trop facilement acceptée par le pouvoir absolu. Il n'est pas vrai que l'injustice dont souffre un citoyen ne soit pas l'affaire de tous. Sans doute, si les formes ont été respectées, si l'instruction a entendu tout le monde, si le juge ne s'est trompé qu'après avoir suivi les règles que la loi a établies pour le guider, il n'y a rien à faire ; le Sénat ne peut rien, ce n'est pas une cour d'appel ; mais si les formes ont été dédaignées, il y a là une question constitutionnelle. La liberté individuelle est atteinte ; c'est au Sénat qu'il appartient de la défendre et de la garder.

En est-il vraiment ainsi ? Les formes ont-elles cette importance ? Écoutons sur ce point un de nos plus grands jurisconsultes, le vieil et vénérable Ayrault [1]. « En la justice, dit-il, la formalité y est si nécessaire qu'on n'y saurait se dévoyer tant soit peu, y laisser et

1. *L'ordre, formalité et instruction judiciaire*, par Pierre Ayrault. Paris, 1610, in-4°. M. Dupin aîné a depuis longtemps appelé l'attention sur ce grand homme, le Montaigne du droit criminel ; il serait à désirer qu'on nous donnât une nouvelle édition de ce livre excellent.

omettre la moindre forme et solennité requise, *que tout
l'acte ne vînt incontinent à perdre le nom et surnom
de Justice, à prendre et emprunter celui de Force, de
Machination, voire même de Cruauté ou Tyrannie
toute pure.* La raison est parce que justice n'est quasi
proprement autre chose que formalité ou cérémonie[1]. »
Soit, dira-t-on, c'est là une belle maxime, mais qui ne
fait rien à la compétence du Sénat. Écoutez ce qu'ajoute
mon vieux jurisconsulte, avec une profondeur digne de
Montesquieu : « *Formalité, c'est Loy.* Conséquemment
qui n'a droit de faire lois, n'a droit de prescrire les
formes[2]. » Je m'empare de cette forte maxime, et je dis :
Si la formalité est la loi même, la loi en action, que fait
le juge qui la méconnaît, sinon mettre sa volonté à la
place du législateur et usurper une autorité sacrée et
protectrice ? N'est-ce pas là, par un acte téméraire,
ébranler la constitution, et en frappant un seul individu
inquiéter tous les citoyens ? Chacun de nous doit répondre de sa conduite ; mais il a pour se défendre le
rempart même dont la loi entoure quiconque lui obéit.
Si ces défenses sont ruinées par la main même qui doit
les soutenir, qui donc n'a le droit de trembler ? Violer
des formes substantielles, n'est-ce pas renverser *ces
règles* qui, suivant Montesquieu[3], *intéressent le genre
humain plus qu'aucune chose qu'il y ait au monde ?*
N'est-ce pas noyer l'innocence sur sa dernière planche
de salut ?

1. Ayrault, p. 3.
2. Id., p. 3.
3. *Esprit des Lois*, liv. XII, ch. II.

Non, il n'est pas vrai qu'une instruction, qu'une condamnation irrégulière n'intéressent que la victime. Ce n'est pas ainsi que pensaient nos pères; ils épousaient la cause des opprimés, et à leurs yeux était opprimé quiconque n'était pas légitimement condamné. Voltaire, cet athlète infatigable, honorait sa vieillesse en défendant Calas et Sirven contre des juges égarés ; il bravait sans crainte des haines puissantes, sachant bien qu'en prenant en main la cause d'un homme il servait non pas un intérêt privé, mais la cause même de la justice et de l'humanité. Dans une affaire moins célèbre, celle de Wilfrid Regnault poursuivi sur la dénonciation d'un ennemi, et condamné à mort sous le coup de calomnies politiques, Benjamin Constant écrivait une de ses plus belles pages pour faire sentir au pays qu'il n'y a pas de question plus constitutionnelle que celle qui touche à la liberté, à l'honneur, à la vie même du citoyen.

« La vie d'un innocent, disait-il, regarde tout le monde, même dans l'intérêt personnel de tout le monde.

« Oui, qui que vous soyez, qui dans quelques heures lirez ces lignes, songez que vous n'êtes pas privilégié par le sort. Qui vous dit que vous n'avez point quelque ennemi qui épie une occasion de vous nuire? Qui vous dit que votre conduite politique depuis trente ans n'a point inspiré à l'un des dépositaires nombreux de l'autorité judiciaire une prévention que vous ignorez? Qui vous dit qu'un observateur dont le nom même vous est inconnu ne recueillera pas sur vous au hasard quelque anecdote mensongère? Qui vous dit enfin que si quelque crime se commet à votre insu, à côté de vous, votre ennemi ne saisira pas l'instant propice à la calomnie; que l'autorité ne jugera pas votre culpabilité d'après ses préventions antérieures; que ces anecdotes mensongères que vous méprisez ne seront pas exhumées de leur ténébreux asile pour faire foi devant vos juges, qui repousseront votre réponse comme étrangère à l'accusation ; et qu'ainsi, déshonoré avant l'instruction, déclaré avant le jugement coupable du forfait qu'on vous impute, parce qu'on vous aura secrètement jugé sans vous entendre, coupable d'autres fautes que vous n'avez pas commises, abandonné par une opinion trompée, poursuivi par ces hommes qu'une première erreur rend inexorables, vous ne vous trouviez condamné dans un an, dans un mois peut-être? Et si vous avez opposé la froideur et la négligence à l'infortuné qui vous invoquait, qui se disait innocent, comme vous le direz quand vous serez à sa place, à qui, si ce n'est à vous, pourrez-vous attribuer votre destinée? Vous aurez, autant qu'il était en vous, contribué à corrompre l'opinion publique ; vous lui aurez donné l'exemple de l'indifférence et du dédain pour la vie des hommes [1]. »

Reste une dernière objection. Admettez, dira-t-on, que la violation des formes judiciaires soit une de ces atteintes à la liberté individuelle qui inquiètent justement tous les citoyens, que voulez-vous que fasse le Sénat? Qu'il annule des jugements, qu'il trouble des juridictions? Rappelez-vous que le Sénat du premier empire avait un pareil pouvoir, et que l'histoire lui a justement reproché d'avoir cassé la décision du jury d'Anvers.

A cela il serait facile de répondre que le Sénat du premier empire cassait les jugements *attentatoires à la sûreté de l'État*[2], c'est-à-dire des verdicts qui acquittaient des innocents, ce qui n'a rien de commun avec le droit d'annuler une instruction ou une condamnation

---

1. *Lettre à M. Odilon Barrot sur l'affaire Wilfrid Regnault*, par M. Benjamin Constant. Paris, 1818, p. 4. *Cours de Pol. Const.*, t. II, p. 399.

2. Sénatus-consulte du 1C thermidor an X, art. 55.

irrégulière qui frappe un innocent ; mais encore bien que l'article 29 de la constitution ne distingue point parmi les actes inconstitutionnels que peut annuler le Sénat, encore bien que rien ne me semble plus inconstitutionnel qu'une procédure qui ne respecte pas les formes établies par la loi pour garantir la liberté ou l'honneur des citoyens, je ne réclame pas pour le Sénat une si grande autorité. Je crois qu'il y a une voie plus douce et plus facile et qu'il suffirait au Sénat de renvoyer l'affaire au ministre de la justice pour redresser tous les torts.

L'article 441 du Code d'instruction criminelle déclare, en effet, que sur l'exhibition de l'ordre formel à lui donné par le ministre de la justice, le procureur général près la cour de cassation peut dénoncer à la section criminelle les actes judiciaires, les arrêts ou les jugements contraires à la loi, et que ces actes, arrêts ou jugements peuvent être annulés. Un arrêt du 16 avril 1839, rendu sur les conclusions conformes de M. le procureur général Dupin, a décidé qu'en pareil cas la cassation profitait aux condamnés ; en même temps, dans son éloquent réquisitoire, M. Dupin nous a appris que dans chaque espèce semblable (car il s'en est présenté plus d'une fois) « la cour a toujours pris conseil de la nature de l'affaire, de l'état de la procédure, de la situation de l'accusé, du besoin d'assurer en tout le respect dû à la loi, l'accomplissement des formes, et le cours régulier des juridictions. » Voilà des garanties suffisantes ; toute la question est de saisir la cour de cassation.

Pourquoi, dira-t-on, ne pas s'adresser directement

au ministre? On le peut sans doute, et, s'il fallait en venir à des noms propres, je dirais volontiers que M. Delangle a trop longtemps honoré la robe d'avocat pour que je n'aie pas pleine confiance en son désir de faire justice. Mais qui ne voit que ce n'est pas là une question de personnes? Qui ne voit que c'est là une objection qu'on pourrait opposer à toutes les pétitions qui contiennent la plainte d'un citoyen? C'est justement pour encourager, pour appuyer, pour fortifier toute réclamation légitime qu'a été inventé le droit de pétition. Renvoyer une demande à l'autorité, ce n'est pas accuser le ministre de négligence ni d'oubli, c'est, tout au contraire, appeler sa bienveillance, et au besoin aider son action. Quoique la religion ne soit pas responsable des faiblesses d'un prêtre, on sent néanmoins que ce n'est qu'à la dernière extrémité qu'un évêque révèle des erreurs qu'il voudrait cacher à tous les yeux. La magistrature aussi est un sacerdoce; ce n'est pas volontiers qu'un ministre se décidera à un acte nécessaire, mais toujours pénible pour le chef d'un grand corps. C'est surtout en des cas semblables que l'intervention du Sénat est bonne et salutaire; il n'y a qu'une autorité politique aussi considérable et aussi modérée qui puisse jeter son poids dans la balance, et faire passer avant tout autre intérêt celui de la justice et des lois.

J'en ai dit assez pour montrer quel rôle bienfaisant le Sénat peut jouer dans les questions qui touchent à la liberté individuelle; la propriété ne trouvera pas au Luxembourg une protection moins efficace. Ici encore, je pourrais supposer mille cas possibles où l'intervention du Sénat, invoquée à propos, servirait de façon efficace l'intérêt public non moins que l'intérêt privé. On exproprie beaucoup en France ; il est difficile d'admettre que dans cette ardeur de démolition on n'oublie pas quelquefois les droits inviolables de la propriété. On se croit trop aisément quitte d'une irrégularité, parce qu'on tient une indemnité toute prête ; dans une expropriation, il y a autre chose qu'une question d'argent ; le citoyen a droit d'attendre qu'on respecte son bien autant que sa personne ; le mépris de la propriété mène aisément au mépris de l'individu. Mais je veux éviter toute hypothèse contestable et, passant à un autre ordre d'idées, j'emprunterai un exemple à un procès récent.

Dans le numéro du journal *le Droit*, publié le 15 mai dernier, on peut lire un procès en nullité de surenchère, compliqué d'un conflit entre le tribunal et le préfet du département. Suivant le décret-loi du 17 février 1852, article 23, il est décidé que :

« § 1. Les annonces judiciaires exigées par les lois pour la validité ou publicité des procédures et des contrats, seront insérées *à peine de nullité de l'insertion* dans le journal ou les journaux de l'arrondissement qui seront désignés par le préfet.

« § 2. A défaut de journal dans l'arrondissement, le préfet désignera un ou plusieurs journaux de département. »

Voilà une disposition qui a pour la propriété une importance considérable, puisque la nullité de l'insertion peut entraîner la nullité d'une vente judiciaire ou d'un contrat.

Un préfet (peu importe sa résidence) se croit en

droit de décider que les annonces judiciaires seront insérées *in extenso* dans le journal du département, et par extrait seulement dans le journal d'arrondissement.

La loi a-t-elle été respectée ou a-t-elle été violée? Je ne l'examine point, quoique les termes de décret laissent peu de place au doute; mais quel a été le résultat du parti pris par le préfet? Le voici : Jugement du tribunal, qui entend le décret dans un sens impératif; conflit élevé contre le jugement du tribunal; seconde décision du tribunal, qui de façon indirecte maintient son interprétation de la loi; appel, déclinatoire proposé par le préfet; arrêt de la cour, qui renvoie l'intimé devant le conseil d'État; somme toute : neuf mois de procédure et des frais considérables, qui n'ont abouti à aucun résultat; et pendant tout ce temps la propriété incertaine et suspendue.

Que les parties n'aient pas eu d'autre voie à suivre; que le conseil d'État soit le juge compétent; qu'il y ait là une de ces questions administratives que la Constituante a retirée aux tribunaux, je ne le nie pas. Mais supposons qu'un habitant du même département, un simple citoyen non engagé dans cette affaire, mais redoutant l'avenir, dénonce au Sénat l'acte du préfet comme illégal et inconstitutionnel, qui ne voit que l'avis du Sénat, quel qu'il soit, ferait jurisprudence et trancherait la question au grand avantage de l'administration, de la justice et des citoyens? Ce qui importe le plus ici, ce n'est pas que l'insertion se fasse en un lieu plutôt qu'ailleurs, encore bien que ce point ait de l'intérêt; ce qui importe, c'est que la loi ne soit pas incertaine, c'est que chacun connaisse ses droits. Entre le conseil d'État et les tribunaux, entre le préfet et le particulier, qui peut en pareil cas prononcer, si ce n'est le Sénat?

Pourquoi, dira-t-on, ne pas s'adresser au ministre de l'intérieur? C'est toujours la même question. D'abord il n'est pas sûr qu'au ministère on répondît à un citoyen qui n'a aucun intérêt actuel dans la décision qu'il sollicite; l'administration est faite pour s'occuper des affaires du pays, et non pas pour donner des consultations. Au contraire, le Sénat, qui n'est point institué pour se mêler à la gestion des intérêts publics et privés, a reçu de la constitution le droit de surveiller toutes les libertés publiques, et notamment l'inviolabilité de la propriété. Je dirai ensuite, comme je l'ai fait plus haut, qu'en renvoyant au ministre une pétition semblable, le Sénat reste dans son rôle conservateur et protecteur. Il ne s'ingère point dans l'administration, il ne condamne personne, il ne force pas la main au ministre; mais, au nom de la paix publique et des lois, il signale une mesure fâcheuse et qu'on peut corriger d'un mot.

Je dirai plus : dans tous ces conflits entre la justice et l'administration, le Sénat me paraît appelé à jouer un rôle bienfaisant, à exercer une action régulatrice qui nous manque depuis soixante-dix ans. En 1789, l'Assemblée constituante a séparé l'administration et la justice, ce qui n'est pas une mauvaise chose; mais, par haine des parlements, l'Assemblée a subordonné la justice à l'administration; en d'autres termes, dès qu'un conflit s'élève, c'est le conseil d'État qui juge, c'est l'administration qui a le dernier mot. Ce système, fort prôné en France, est inconnu de tous les pays libres. En Angleterre et ailleurs on croit que les droits des citoyens ne sont pas garantis si la justice n'a le suprême ressort et ne force l'administration à respecter la loi. Tel est, par exemple, le rôle de la cour fédérale aux États-Unis; non-seulement elle oblige l'administration à s'incliner devant la loi, mais elle force le congrès lui-même, c'est-à-dire le pouvoir législatif, à respecter la constitution. Nous sommes loin de ces idées, auxquelles nous reviendrons quelque jour quand l'expérience nous aura suffisamment fait souffrir; mais en attendant que nous soyons corrigés d'une illusion qui nous coûte fort cher, nous pourrions trouver dans le Sénat un secours efficace. Autrefois la presse et les Chambres contrôlaient, quoique de façon imparfaite, les empiétements de l'administration; aujourd'hui nous n'avons d'autre recours qu'un appel au conseil d'État, c'est-à-dire que la victime seule est appelée à se plaindre lorsque le mal est fait. Quant à ceux qu'inquiète une mesure irrégulière, suspendue sur leur tête, ils sont sans droit tant qu'ils ne sont pas blessés. La sécurité est cependant le premier droit du citoyen. Une pétition au Sénat, en introduisant le grand jour de la publicité, en forçant l'administration à s'expliquer, aura cet avantage que par la force des choses elle modérera le zèle excessif des administrateurs. On ne sort guère des voies légales lorsqu'on se sent observé par des yeux jaloux et inquiets. Chacun alors se contente d'agir dans le cercle tracé par les lois, au grand profit de la paix publique et du droit des citoyens.

J'arrive maintenant à une pétition des plus graves, à une pétition qui demande au Sénat non pas un appui, une recommandation, mais une décision constitutionnelle. Ici encore je n'ai rien à imaginer; j'ai dans les mains une pétition de cette espèce, pétition adressée au Sénat par M. de Montfleury, ancien adjoint à la mairie du deuxième arrondissement, soutenue par un mémoire de M. Albert Gigot, avocat au conseil d'État, et appuyée des noms les plus honorables, MM. Marie, Berryer, Dufaure, Reverchon, Jules Favre, Freslon, Picard, Olivier, Leberquier, etc.

En prenant cette pétition pour exemple, j'écarte, comme j'ai déjà fait plus haut, tout ce qui est en dehors de la question de droit. Je ne m'occupe que des principes. Tout ce que je veux, c'est de mettre en relief les prérogatives constitutionnelles du Sénat.

On sait que le 25 mars 1852 le président de la république, qui réunissait alors entre ses mains tous les pouvoirs, a rendu un décret intitulé : *Décret sur la décentralisation administrative*. Le législateur, *considérant qu'on peut gouverner de loin, mais qu'on n'administre que de près*, remit aux préfets un grand nombre d'attributions qui jusque-là, en vertu de lois et d'ordonnances diverses, appartenaient en dernier ressort aux ministres. C'est une mesure qu'on peut louer ou critiquer, suivant le côté par lequel on l'envisage. Pour une multitude de petites affaires, c'était la suppression d'une paperasserie inutile; pour des affaires plus graves, on peut douter que les administrés y aient gagné autant que les préfets. Décentraliser, dans le sens qu'on prêtait autrefois à ce mot, c'était remettre aux départements et aux communes le soin de leurs propres intérêts ; ce n'était pas faire passer l'autorité des ministres dans les mains d'un préfet. A changer de tutelle, on ne voit pas ce que le citoyen y gagne, et sans être suspect de faiblesse à l'endroit de centralisation, j'oserai dire qu'un ministre placé au-dessus des jalousies et des taquineries locales, une administration centrale à l'abri des influences de clocher, seront, en général, plus éclairés et plus impartiaux qu'un préfet. Ce dernier, en effet, vit dans un milieu qui gêne toujours sa liberté ; et je ne parle pas des misérables exigences qui, au nom de la politique, paralysent trop souvent la volonté de l'administrateur le mieux intentionné.

Laissons de côté le mérite de cette réforme. Le temps prononcera. La seule chose qui nous touche, c'est qu'en même temps que le décret du 25 mars 1852 étendait les attributions des préfets, il décidait par l'article 7 que les articles 1, 2, 3, 4 et 5, ne seraient pas applicables au département de la Seine ; ces cinq articles contiennent toute la substance du décret.

Les raisons qui justifiaient cette exception ne sont pas énoncées dans la loi ; mais il est facile de les reconnaître. Le préfet de la Seine est dans une situation particulière ; il est à la fois maire de Paris et préfet, et par conséquent le préfet peut difficilement contrôler le maire et critiquer le budget qu'il a lui-même établi. De plus, Paris n'a point de conseil municipal élu par les citoyens, il est dans une complète tutelle; ajoutez à cela l'importance de la ville, le nombre toujours croissant des habitants, un budget de 172 millions de francs; on comprend que Paris, qui est comme un petit empire dans un plus grand, n'ait point été considéré comme un département ordinaire, et qu'on ait voulu en garder l'administration sous la surveillance ministérielle. Je crois qu'un peu de liberté, qu'un conseil municipal nommé par les habitants, auraient heureusement tempéré ce gouvernement si lourd; j'imagine même que si on consultait les bourgeois de Paris, ils aimeraient assez à n'être pas traités comme des étrangers au lieu de leur naissance; mais la situation une fois admise, je comprends le décret du 25 mars. C'est le maintien de la centralisation pour une ville qui a joué de temps à autre un rôle si terrible, qu'en général les gouvernements se montrent peu soucieux de lui prodiguer des libertés. Qui sait cependant si la liberté même ne calmerait pas ces passions qui, toujours comprimées, finissent toujours par faire explosion?

Quoi qu'il en soit de ces réflexions, à la date du 11 janvier 1861, le *Moniteur* a publié un nouveau décret qui abroge l'article 7 du décret du 25 mars 1852 et confère au préfet de la Seine toutes les attributions accordées aux autres préfets; en statuant, du reste, que les budgets de la ville de Paris continueront à être soumis à l'approbation du gouvernement, sur la proposition du ministre de l'intérieur.

A première vue il semble que ce qu'a fait un décret, un décret puisse le défaire. Mais si l'on considère la

date de ces deux actes de l'autorité, on voit bientôt
que sous un titre semblable ils ont chacun un caractère différent. Le décret de 1852, rendu par le président,
maître de tous les pouvoirs et, par conséquent, législateur unique, non moins que chef de l'État, est un *décret-
loi;* on n'en peut critiquer le caractère constitutionnel;
le décret de 1861, au contraire, est un *décret-ordonnance*, car depuis le 29 mars 1852 le Sénat et le Corps
législatif ont été constitués, et, depuis ce jour, le droit
de faire des lois a été partagé. Aujourd'hui, le chef
de l'État peut faire des ordonnances pour assurer l'exécution des lois; il ne peut plus abroger une loi par
ordonnance, cette loi s'appelât-elle décret, si ce décret
a été rendu par un pouvoir constituant.

Un *décret-ordonnance* peut-il abroger un *décret-loi?*
Telle est la question soumise au Sénat par la pétition
que j'ai indiquée; c'est là par excellence un de ces actes
qu'aux termes de l'article 29 de la constitution les pétitions peuvent dénoncer au Sénat *comme inconstitutionnel,* et que le Sénat a le droit *de maintenir ou
d'annuler.*

Est-il vrai que le décret de 1861 soit *une loi* dans
toutes ses dispositions? Est-il vrai notamment qu'il
abroge ou modifie les dispositions d'un grand nombre
de lois (ce qu'une ordonnance ne peut faire)? c'est ce
que prétendent l'auteur et les signataires de la pétition.
Je crois qu'ils ont raison; mais je ne puis les suivre
dans ce détail, qui aurait peu d'intérêt pour le lecteur, quoique la question touche de près tous les
habitants de Paris. Je dirai seulement qu'il est heureux

qu'on ait saisi le Sénat d'une plainte semblable. Si le
Sénat l'écarte, il maintient du même coup la constitution-
nalité du décret, le place au-dessus de toute discussion,
et coupe court aux nombreux procès que doit nécessairement soulever le doute qui s'attache au caractère de
cet acte considérable. Si, au contraire, le Sénat n'est
pas convaincu de la parfaite légalité du décret, il est
probable que le gouvernement ira au-devant d'une modification nécessaire, et ne mettra pas l'assemblée dans
le cas d'annuler un décret impérial. De toute façon, la
discussion servira à tout le monde. A première vue les
pouvoirs réunis dans les mains du préfet sont énormes,
sans contre-poids, sans contrôle effectif. Quelle que soit
l'habileté du titulaire, il y a dans un pays libre quelque
chose d'étrange dans cette extrême responsabilité dont
on charge un seul homme. Si c'est une mesure nécessaire, la discussion éclairera l'opinion et profitera à
l'administration; si c'est une mesure qui a des inconvénients, le gouvernement sentira la nécessité d'y introduire des tempéraments[1]. Il y a donc tout profit à ce que
cette grande affaire soit instruite devant un corps aussi
modéré que le Sénat.

Par ces indications, qu'il m'eût été facile de multiplier, on voit quelles sont les prérogatives du Sénat
comme gardien des libertés publiques; on voit aussi
quelle est l'importance du droit de pétition. Il peut
paraître singulier que la France ait attendu près de dix
ans avant de s'en apercevoir; mais il faut réfléchir que

---

1. La discussion de la pétition avait fait sentir cette nécessité; mais
on attend encore la réforme promise. (Note de 1863).

c'est seulement un décret du 24 novembre 1860 qui a
établi la publicité des séances de Sénat. C'est la publicité qui a tout à coup rendu au droit de pétition son
ancienne valeur, et donné au Sénat un caractère
imposant. Cette réforme a profondément modifié la
constitution de 1852, et l'a rapprochée de nos anciennes
chartes. Une assemblée, isolée du pays par le secret de
ses délibérations, c'était, en théorie constitutionnelle,
quelque chose d'étrange et d'incompréhensible. A qui
pouvait-elle servir? Les assemblées législatives n'ont
d'autorité et de puissance que par leur communication
constante avec le gouvernement et le pays. Soit qu'elles
dirigent l'opinion, soit qu'elles en reçoivent le contre-
coup, elles ont ce grand avantage, d'établir entre la
nation et le pouvoir un corps intermédiaire, une autorité modératrice qui exprime et tempère le sentiment
public. Mais la première condition pour cela, c'est d'être
en communication constante avec le pays. C'est cette
communication, jusque-là interdite, que le décret du
24 novembre a rétablie. A voir la chaleur avec laquelle
la France entre dans cette voie féconde, à voir le zèle et
les lumières dont le Sénat a fait preuve dans la discussion des pétitions, on ne peut qu'applaudir à cette utile
réforme, et désirer que le Sénat se montre de plus en
plus jaloux du grand rôle qui lui est échu.

On a souvent reproché au Sénat du premier empire
une faiblesse à toute épreuve; il n'a su montrer de courage que pour outrager dans le malheur le maître auquel il n'avait rien refusé dans la fortune. Je n'ai
aucun faible pour le Sénat impérial, et j'en laisse la dé-

fense à de plus habiles. Mais la justice qu'on doit aux morts, même quand l'histoire les condamne, m'oblige à dire que la constitution de l'an VIII et les sénatus-consultes de l'empire ne faisaient du Sénat qu'un corps de parade, sans autorité, sans moyen d'action, sans communication aucune avec l'opinion. Sa résistance eût servi et peut-être sauvé l'empire ; mais tout était ingénieusement calculé pour que cette résistance fût chimérique et sans effet. Imagine-t-on, en effet, ce que pouvait être une assemblée qui, pour combattre une détention arbitraire et illégale, ou pour arrêter la viola-tion de la liberté de la presse, n'avait pour toutes armes qu'une innocente déclaration ainsi conçue : *Il y a de fortes présomptions que N... est détenu arbitraire-ment;* ou *Il y a de fortes présomptions que la liberté de la presse a été violée?* Et qui devait tenir compte de cette déclaration? Personne. Le Sénat, défendant la li-berté du citoyen, était impuissant et ridicule. Il le sen-tit, et dans un pays où personne ne veut être ridicule, le Sénat impérial prit le parti de se taire. Sans souci des libertés publiques dont il était le gardien, et des priviléges que lui attribuait la constitution de l'an VIII, il garda le silence durant tout l'empire, et ne sut, au moment du danger, défendre que de vains honneurs, et conserver que son traitement.

La constitution de 1852 est plus sérieuse ; elle donne au Sénat le droit d'annuler tout acte inconstitutionnel, et cette décision qui lie les tribunaux, le décret du 24 novembre 1860 la soutient du ferme appui de l'opi-nion. Il y a là un germe de liberté que nous accueillons avec confiance. Nous aimons par expérience les gouvernements de discussion; nous avons peu de goût pour le silence. Rien ne nous effraye comme cette universelle satisfaction qu'on trouve toujours dans les pays muets. Un gouvernement où il y a des assemblées qui parlent au pays est un gouvernement qui a en lui les éléments de la liberté politique; qu'on appelle ce régime constitutionnel, représentatif ou parlementaire, il n'importe; dès que l'opinion peut contrôler les pouvoirs, dès qu'il y a place pour un esprit public, nous avons foi dans l'avenir. « La raison, disait je ne sais plus quel sage, finit toujours par avoir raison. » Mais il y faut une condition, c'est qu'on ne l'empêche pas de parler.

Voilà pourquoi nous engageons tous les citoyens à s'intéresser aux pétitions adressées au Sénat et aux discussions qui les accompagnent. *Fata viam invenient;* depuis le décret du 24 novembre 1860, le Sénat est devenu une magistrature publique; le voilà désigné à la France comme l'organe chargé d'accueillir toutes les plaintes, comme le pouvoir modérateur chargé de maintenir toutes les autorités dans le respect de la loi. C'est une belle mission, c'est aussi une grande responsabilité. Nous espérons qu'en marchant dans cette voie nouvelle, le Sénat et le pays prendront confiance l'un dans l'autre, et nous sommes convaincus que cette réforme, qui remet le pays dans son ancien sillon, servira du même coup la dignité du Sénat, l'intérêt de l'État et la cause même de la liberté.

Juin 1861.

LA

QUESTION FINANCIÈRE

L'événement du jour, c'est la lettre adressée par l'Empereur au ministre d'État et l'insertion faite au *Moniteur* du Mémoire lu par M. Fould, en séance du conseil privé et du conseil des ministres, le 12 novembre dernier. A l'émotion produite par la lecture du journal officiel, il est facile de juger que la résolution prise par l'Empereur répond à des inquiétudes qui, pour être comprimées dans leur expression, n'en étaient peut-être ni moins profondes ni moins dangereuses. La lettre du 12 novembre 1861, qui annonce une nouvelle phase de la Constitution, aura sa place dans notre histoire politique, à côté du décret du 24 novembre 1860, décret qui nous a rendu la publicité des débats parlementaires, la discussion de l'adresse et la validité du droit de pétition. Dans ces deux actes, émanés de l'initiative impériale, il y a, nous n'hésitons pas à le reconnaître, un vif sentiment de la situation, le désir d'y remédier, un heureux retour vers ce régime de publicité et de liberté qui a toujours été et qui sera toujours au goût de la France. On peut s'amuser à faire le procès aux institutions parlementaires ; comme toutes choses humaines, elles ont leurs défauts et leurs abus ; mais, on aura beau imaginer des formes nouvelles, il faudra toujours en revenir à ce qui fait le fond du système constitutionnel : le gouvernement du pays par le pays. Ce que veut la France, ce qu'elle a toujours voulu depuis 1789, c'est de voir clair dans ses affaires, c'est de contrôler ceux qui la gouvernent, c'est de dire son avis, et d'être écoutée quand elle a raison. Il n'y a pas là un caprice politique ; ce ne sont pas des journaux qui trompent le pays sur ses véritables intérêts ; il y a là une nécessité de position. Un peuple qui vit de travail, d'industrie, de crédit, est un peuple qui a besoin de connaître à toute heure sa situation et de rester maître de son avenir. Voilà pourquoi l'opinion est plus que jamais la reine du monde ; voilà pourquoi le premier devoir d'un chef d'État est de ne gêner en rien cette puissance suprême. A moins qu'elle ne soit injuste ou tyrannique, il faut la consulter sans cesse et la suivre toujours. Depuis 1789, tous les gouvernements qui sont tombés en France ont péri pour s'être crus plus sages ou plus habiles que le pays ; la vraie politique est celle qui, dans les choses d'intérêt général (j'excepte toujours la justice), ne contrarie pas l'esprit public et se fait gloire de marcher avec l'opinion.

La lettre de l'Empereur est la proclamation de cette politique. « Fidèle à mon origine, dit Sa Majesté, je ne puis regarder les prérogatives de la Couronne, ni comme un dépôt sacré auquel on ne saurait toucher, ni comme l'héritage de mes pères qu'il faille avant tout transmettre intact à mon fils. *Élu du peuple, représen-*

tant ses intérêts, j'abandonnerai toujours sans regret toute prérogative inutile au bien public, de même que je conserverai inébranlable dans mes mains tout pouvoir indispensable à la tranquillité et à la prospérité du pays. »

Ce sont là des principes constitutionnels ; le gouvernement représentatif a précisément pour objet de remédier à cette confusion de pouvoirs, qui fait d'un seul homme l'arbitre de tous les intérêts, le maître de tous les droits. Chez un peuple libre, la loi donne au chef de l'État une grande autorité, en même temps qu'elle laisse aux citoyens la garde de leurs droits individuels, et qu'elle charge les Chambres de garantir la liberté et les intérêts de tous. C'est une erreur de croire que, dans un État constitutionnel, le prince n'ait qu'un rôle passif. Tout au contraire, l'expérience enseigne que si le souverain n'a pas certaines prérogatives essentielles, certains droits nécessaires à l'administration des affaires générales, cette impuissance amène à sa suite l'anarchie dans les pouvoirs publics. Elle trouble la sécurité sociale et compromet à la fois le crédit public et la fortune des particuliers. La liberté d'action, l'initiative du chef de l'État sont une part des libertés publiques ; les affaiblir, c'est affaiblir le pays.

Ainsi donc, aux citoyens la libre jouissance de leurs droits, aux Chambres le contrôle et la garantie, au souverain l'action, le gouvernement ; ce sont là des vérités qu'il ne faut jamais oublier, des conquêtes publiques qu'il ne faut jamais compromettre. Aujourd'hui, l'Empereur, pour remédier à ce qu'il faut bien nommer un désordre financier, renonce « au pouvoir d'ouvrir, dans l'intervalle des sessions, des crédits supplémentaires ou extraordinaires. » Il annonce en outre que « cette réso-lution fera partie du sénatus-consulte qui, suivant la promesse de Sa Majesté, réglera par grandes sections le vote du budget des différents ministères. » Et l'Empereur ajoute : « En renonçant au droit qui était également ce-lui des souverains même constitutionnels qui m'ont précédé, je crois faire une chose utile à la bonne gestion de nos finances. » Certes, l'intention est louable, il y a de la générosité dans ce sacrifice ; mais il est permis d'examiner si cet abandon ne va pas trop loin. Il ne suf-fit pas que le but soit grand, il faut l'atteindre et non le dépasser.

Le moment est donc venu d'étudier une question délicate, et de la discuter en toute sincérité. Si la pré-rogative à laquelle renonce l'Empereur est inutile, il faut applaudir à cette suppression ; une prérogative inu-tile au souverain ne peut être qu'une gêne pour la liberté ; mais si cet abandon annulait une initiative plus nécessaire au pays qu'au prince même, si on désarmait le chef de l'État en lui laissant abdiquer un pouvoir dont la France a besoin, il est évident que le Sénat, tout en acceptant ce qu'il y a de sage, d'utile, de néces-saire dans la réforme financière proposée par M. Fould, devrait chercher le moyen de ménager à la fois les pré-rogatives du souverain et l'intérêt de la France. Autre-ment on ne guérirait d'un mal que pour tomber dans un autre ; et c'est la santé qu'il nous faut.

Nous voici donc ramenés au *Mémoire* de M. Fould,

c'est ce Mémoire que nous discuterons. Dans la lettre adressée à M. Fould, l'Empereur n'exprime qu'un désir depuis longtemps ressenti, c'est « d'asseoir solidement le crédit de l'État, en renfermant les ministres dans le budget réglementaire. » Si, par hasard, le projet présenté par un habile financier ne remplissait pas cette condition, il serait permis de chercher mieux. Et lorsque, pour la seconde fois en dix ans, le Sénat va user de sa prérogative constituante pour changer le régime de nos finances, le moment est venu pour le moindre citoyen de donner son avis, car il s'agit d'un intérêt général, et c'est de l'ensemble des opinions que le Sénat peut dégager la vérité.

Le Mémoire de M. Fould touche à une foule de questions sans s'astreindre à un ordre régulier. En écartant certaines comparaisons avec la situation financière du dernier règne, comparaisons dont le moindre défaut est de ne pas être à leur place, on peut ramener ces diverses observations à quatre points : 1° la situation financière ; 2° ses dangers ; 3° ses causes ; 4° les remèdes qu'il y faut apporter. C'est l'ordre que nous suivrons dans cette étude. D'accord avec M. Fould sur les trois premiers points, nous dirons pourquoi le remède qu'il propose nous semble inefficace, si même il n'offre pas plus d'un inconvénient.

La situation financière, telle que l'expose M. Fould, est peu brillante. En tout autre pays cette situation serait un danger. Heureusement la France est assez riche, assez confiante dans ses propres forces, et assez peu chargée d'impôts, par comparaison à ses ressources, pour envisager, sans trop d'inquiétude, les embarras du Trésor, à la condition, néanmoins, qu'on s'arrête à temps. De 1851 à 1858 on a ouvert 2 milliards 400 millions de crédits extraordinaires, à quoi il faut ajouter 400 millions pour les trois années 1859-1861, et un chiffre inconnu par suite du renchérissement des subsistances ; c'est 3 milliards de crédits extraordinaires en onze ans. En d'autres termes, quoique le budget voté se soit élevé d'année en année, et qu'il ait passé de 1,450 millions en 1852 à 1,774 millions en 1859, ces énormes ressources n'ont pas suffi, et on a fait en moyenne (si l'on tient compte de la dette flottante) plus de 250 millions de dettes par année. Sans doute, il y a eu deux grandes guerres qui ont contribué à ce formidable surcroît de dépenses ; mais la guerre seule n'explique pas la gêne de nos finances, et depuis la paix de Villafranca les crédits extraordinaires n'ont pas été en diminuant.

Comment a-t-on fait face à ces dépenses, que ne prévoyait pas le budget et que ne couvrait pas l'impôt ?

« Pour satisfaire à ces dépenses, dit le *Mémoire*, on a eu recours au crédit sous toutes les formes, et on a utilisé avec l'assentiment des pouvoirs publics les ressources des établissements spéciaux dont l'État a la direction. Les emprunts en rente négociés en 1854, 1855 et 1859, ne s'élèvent pas à moins de 2 milliards... Lors du renouvellement du privilége de la Banque, le Trésor a absorbé l'augmentation du capital de 100 millions, imposée à cet établissement. La caisse de la dotation de l'armée, qui avait reçu 135 millions, a vu tout son encaisse absorbé par le Trésor, qui lui a remis directement des inscriptions sur le grand-livre. Enfin on a eu recours à un nouveau mode d'emprunt, les obligations trentenaires, dont on a émis cette année 132 millions. »

C'est donc 2 milliards 367 millions que depuis 1854 on a demandé à l'emprunt ; est-ce là toute notre dette ? Non. Lors de la dernière discussion du budget, on calculait que les découverts devaient s'élever, à la fin de l'année, à près d'un milliard, *et,* ajoute M. Fould, *ce chiffre n'est certainement point exagéré.* Autrement dit, c'est 1 milliard de dette flottante à joindre aux 2 milliards 367 millions qu'on a consolidés. Voilà, en déduisant l'arriéré dont la dette flottante est chargée, ce que la France a dépensé en dehors de ses ressources ordinaires, et ces ressources ordinaires comprennent un accroissement considérable dans le revenu des impôts indirects, à quoi il faut joindre la réserve de l'amortissement.

Tel est le bilan qu'établit M. Fould ; on doit le remercier de sa cruelle franchise. Connaître sa situation est pour un peuple le meilleur moyen d'en sortir ; on ne fait d'efforts énergiques et pénibles que quand on est convaincu de leur nécessité. S'il est, du reste, un pays qui entende volontiers la vérité, c'est la France. Nous avons l'imagination si vive que l'inconnu et la peur du mal nous exaltent ou nous terrifient. Mais en face du péril nous retrouvons notre sang-froid et notre gaieté. Le moment est venu de ne plus nous attrister.

Quel est le danger qui nous menace ? M. Fould nous le dit nettement. Bien lui prend de n'être ni chroniqueur, ni journaliste, et de s'adresser à Dieu plutôt qu'aux saints, car ce qu'il expose n'est pas de nature à rassurer les esprits :

« L'état du crédit, dit-il, doit d'autant plus attirer l'attention de l'Empereur, que *la situation des finances préoccupe tous les esprits... Le Corps législatif et le Sénat ont déjà exprimé leur inquiétude à ce sujet. Ce sentiment a pénétré dans la classe des hommes d'affaires, qui tous présagent et annoncent une crise* d'autant plus grave qu'à l'exemple de l'État, et dans un but d'amélioration et de progrès, peut-être trop précipité, les départements, les villes et les compagnies particulières se sont lancées dans des dépenses très-considérables. »

Qu'importe, dira-t-on, si nous pouvons emprunter? Depuis dix ans des gens craintifs, des journalistes arriérés nous annoncent, autant qu'ils le peuvent faire, que nous allons trop vite; jamais ces vaines paroles n'ont effrayé ceux qui empruntent, ni découragé ceux qui prêtent. Qui nous empêche de continuer ; la France n'est-elle pas d'une richesse inépuisable ?

La réponse de M. Fould est celle de Rodrigue au père de Chimène :

Ton bras est invaincu, mais non pas invincible;

« Le public, dit-il (ce sont des paroles qu'on ne saurait trop peser), le public a souscrit ces emprunts avec un grand empressement ; mais *ce serait se faire de dangereuses illusions que de compter indéfiniment sur le développement du crédit national.* » En d'autres termes, il est temps de renoncer à des chimères renouvelées de M. de Calonne, et qui ont perdu la vieille monarchie. Le crédit de l'État est soumis aux mêmes règles que le crédit des particuliers ; en empruntant, on ne s'enrichit pas, on se ruine. Chrétiens ou non, tous les prêteurs ont lu dans l'Évangile la parabole des dix mines ; ils savent par expérience qu'il ne faut donner qu'à celui qui a beaucoup, et sont toujours prêts à tout prendre à celui qui n'a rien. Il ne peut convenir à un pays tel que la France de vivre, comme un fils de famille, à l'aide d'emprunts usuraires ; il lui faut donc s'arrêter avant que son crédit soit compromis. Nous n'en sommes pas là, sans doute, mais la prudence consiste à prévoir le danger, quand il n'est plus très-loin.

Il y a d'ailleurs une raison qui nous oblige en quelque sorte à avoir des finances en bon état, raison que n'indique pas M. Fould, mais qui me semble d'un ordre si élevé, que je ne puis la passer sous silence. Le crédit de l'État a une influence considérable sur le taux de l'intérêt ; quand le trésor paye cinq pour cent par an à ses créanciers, avec la France entière pour caution et chance probable d'augmentation du capital, il est évident que ceux qui prêtent leur argent au commerce et à l'industrie demanderont un loyer plus considérable. Ils n'ont point chance de bénéficier sur le capital, et ils courent un certain risque, double raison pour élever leurs prétentions. Si maintenant, par des emprunts successifs, on appelle à soi les capitaux disponibles du pays et qu'on en arrive à payer cinq et demi ou six pour cent d'intérêt, à quel taux empruntera l'industrie ? Dans le système prohibitif on pouvait répondre que le négociant couvrirait cette différence en haussant le prix de la marchandise ; mais, avec la liberté commerciale, la hausse serait la ruine du fabricant. Nous sommes en face d'un peuple qui trouve de l'argent à trois ou trois et demi pour cent, parce qu'en Angleterre les fonds publics ne donnent pas davantage ; si nous voulons soutenir la concurrence au dedans et surtout au dehors, c'est de ce taux qu'il faut nous rapprocher. Pour en arriver là, sans doute, il y a plus d'une condition à remplir, mais la première, c'est de fermer le grand-livre de la dette publique; il nous faut quelques années d'économie, ce qui suppose la paix et la sécurité, afin que la France absorbe ces 2 milliards de titres qui ne sont pas tous classés, et ce milliard de dette flottante qui assombrit l'horizon.

Il ne suffit pas de signaler le péril, il faut en indiquer la cause; c'est ce que fait M. Fould avec une fermeté qui me paraît fort estimable. Il faut une certaine énergie pour dire à un souverain des vérités qui n'ont rien d'agréable, alors même que ce souverain ne demande qu'à s'éclairer. Qu'on ne croie pas diminuer le mérite de cette franchise en supposant que M. Fould songeait peut-être au ministère quand il rédigeait son *Mémoire*, je ne verrais là qu'une ambition légitime, et qui n'a pas même besoin de se cacher sous une fausse modestie. Remettre nos finances en état, relever le crédit de la France, tarir une source d'inquiétude et de malaise, c'est une œuvre assez grande et assez délicate pour qu'il y ait honneur et courage à s'en charger. Plût à Dieu qu'on ne devînt jamais ministre qu'en disant la vérité !

« Le véritable danger pour nos finances, lit-on dans le *Mémoire*, est dans la liberté qu'a le gouvernement de décréter des dépenses sans le contrôle du pouvoir législatif....

« La Constitution a réservé le droit de voter l'impôt au Corps législatif; mais ce droit serait presque illusoire si les choses demeuraient dans la situation actuelle. En effet, *qu'est-ce qu'un contrôle qui s'exerce sur une dépense, dix-huit mois après qu'elle est faite? Et qui peut-il atteindre, si ce n'est le chef de l'État, puis-que les ministres ne sont responsables qu'envers lui seul?* Ne pour-rait-on pas, d'ailleurs, mettre en question l'utilité même de la discussion du budget au conseil d'État et au Corps législatif, si en dépit des réductions consenties ou imposées, le gouverne-ment peut, après la session, augmenter les dépenses de toute nature? »

Ces réflexions si justes ne sont que la paraphrase du mot célèbre de l'Empereur : *Mon gouvernement manque de contrôle.* Sans contrôle, en effet, ou, ce qui revient au même, sans barrière, sans résistance efficace, un gouvernement n'a rien qui le soutienne ; il est affaibli par l'énormité même de la responsabilité qui l'écrase. C'est là une loi politique depuis longtemps reconnue, mais qui n'est nulle part plus visible que dans les ques-tions financières. Les peuples modernes ne sont quel-que chose que par le travail et la richesse ; richesse et travail tiennent au crédit, et le crédit, qui vit d'ordre et de publicité, est incompatible avec le pouvoir absolu. Un souverain qui peut tout en théorie est en réalité un souverain qui ne peut rien ; il lui manque les ressources que la liberté met à la disposition des princes constitu-tionnels. Regardez Londres, Paris, Berlin, Vienne, Saint-Pétersbourg, Constantinople, vous verrez que la puissance des souverains comme la richesse des peuples est toujours en raison directe de la constitution ; toutes deux sont d'autant plus grandes que le chef de l'État a une sphère d'action plus limitée.

S'il fallait une preuve nouvelle de cette vieille vérité, on la trouverait dans le *Mémoire* de M. Fould. Le mi-nistre des finances ne se donne pas pour un adepte des

théories constitutionnelles ; il est même probable que
cet éloge le flatterait médiocrement ; il ne veut être
qu'un homme pratique, un financier qui ne s'occupe
que des affaires ; la force des choses ne l'en amène pas
moins à reconnaître une loi politique passée à l'état
d'axiome dans la science, c'est qu'une prérogative trop
forte crée au chef de l'État de graves embarras sans
aucun avantage qui les compense. Gêne financière à
l'intérieur, difficultés politiques au dehors : tel est le
résultat le plus clair d'un pouvoir trop étendu. Nous le
savions depuis longtemps, mais les événements et l'autorité de M. Fould ont plus de poids qu'un vieux livre
ou que la plume d'un publiciste ; rien d'ailleurs ne vaut
l'expérience pour faire l'éducation d'un pays.

« Plus j'ai approfondi la question, dit M. Fould, plus il me
semble que cette prérogative (de disposer des ressources de
l'État, sans vote préalable du Corps législatif) crée à l'Empereur
de graves difficultés sans aucun avantage pour les compenser.
A l'intérieur, c'est pour les communes et les particuliers un en-
couragement à des demandes de toute nature, et quel moyen
l'Empereur a-t-il d'y résister, lorsque ces demandes sont l'expression des vœux des populations, et sont fondées sur des
besoins réels et autorisées par des précédents? Pourtant l'intérêt
de nos finances exigerait le plus souvent qu'elles fussent ajour-
nées.

« Devant l'étranger, si le pouvoir de disposer à un moment
donné, et sans intermédiaire, de toutes les ressources d'une
grande nation est une force, il est sûrement aussi un danger. La
crainte qu'il inspire à tous nos voisins les oblige à des armements immenses ; ils ne se rassurent qu'en réunissant des forces
supérieures à celles dont ils se croient menacés, et que leurs
inquiétudes exagèrent encore. Aussi cette crainte est-elle peut-
être aujourd'hui le seul lien qui unisse encore dans un sentiment
commun les populations de l'Europe que leurs institutions et

leurs intérêts tendraient à séparer. Il n'y a pas de calomnie absurde qui ne soit accueillie, pas de projet sinistre qui ne trouve créance parmi elles.

« Votre Majesté, si elle renonçait spontanément à ce pouvoir plus apparent que réel, plus menaçant qu'efficace, ne rendrait donc pas seulement la confiance à la France, elle calmerait l'inquiétude de l'Europe, et ôterait tout prétexte à des menées hostiles. Lorsqu'on verrait les dépenses de l'armée et de la marine soumises au vote régulier du Corps législatif, on ne pourrait plus se croire placé sous le coup d'une attaque subite et imprévue ; les gouvernements ne se livreraient plus à ces luttes ruineuses qui les poussent à l'envi les uns des autres, dans la voie des armements et des préparatifs militaires ; les populations ne verraient plus s'augmenter annuellement les charges qui les excitent contre la France, et dont on essaye de faire remonter l'odieux jusqu'à l'Empereur. Alors tout devient facile, la sécurité se rétablit, les ressources se développent, les embarras de la situation actuelle se règlent dans des conditions convenables, et après avoir pourvu aux exigences du passé, on n'a plus à craindre de les voir se reproduire. »

Voilà un langage courageux ; c'est là ce que depuis longtemps disent à mots couverts les journalistes que l'administration ne dirige pas ; c'est là ce qu'ils auraient crié à haute voix si on leur eût donné un peu de la liberté qu'on laisse à M. Fould. Oui, la cause du mal est dans l'absence de contrôle, *dans ce pouvoir de disposer à un moment donné, et sans intermédiaire, de toutes les ressources d'une grande nation ;* maintenant que le mal est connu, quel est le remède ?

Ce remède, il semble qu'il est contenu dans la définition même de la maladie ; si la cause de la gêne actuelle est dans l'absence de contrôle et de limite, ce sont des limites constitutionnelles, c'est un contrôle sérieux qu'il faut rétablir. A première vue, c'est la conséquence nécessaire qui ressort du *Mémoire* tout entier.

C'est là, j'imagine, qu'en veut arriver le ministre des finances. Pour établir un régime financier, solide et sûr, il n'hésite pas à proposer une mesure énergique ; il demande que l'Empereur renonce à la faculté d'ouvrir des crédits supplémentaires et extraordinaires ; il remplace cette faculté par le droit de reporter d'un chapitre sur l'autre, au moyen de virements, les fonds déjà votés par les Chambres. « Le véritable danger pour nos finances, dit-il, est dans la liberté qu'a le gouvernement de décréter des dépenses sans le contrôle du pouvoir législatif, On l'a dit avec raison, rien n'est plus difficile que de lutter contre le plus légitime des entraînements, celui des dépenses utiles. » En principe, nous sommes tout à fait d'accord avec M. Fould ; reste l'examen du moyen qu'il a proposé.

Pour bien comprendre le nouveau système, et surtout pour le juger, il faut le rapprocher, non pas du système actuel, que personne ne défend plus, mais des règles et des usages établis sous la Restauration et la monarchie de Juillet. C'est une opinion assez générale qu'à cette époque notre organisation financière était excellente ; c'est un retour à cette organisation que le Corps législatif a plusieurs fois demandé depuis dix ans. La comparaison ne peut manquer de nous éclairer.

Autrefois le budget, préparé par le gouvernement, était présenté aux Chambres ; il était divisé par ministères, et en chaque ministère par chapitres. La Chambre votait distinctement chacun de ces chapitres, et la somme qui y était affectée ne pouvait recevoir aucune autre destination. C'est ce qu'on nommait *la spécialité des crédits*. Le gouvernement n'y pouvait rien changer. Si dans un service il y avait un excédant, on annulait une part du crédit voté égale à cet excédant ; s'il y avait insuffisance, et que ce service fût au nombre de ces chapitres forcément variables qu'on désignait sous le nom de *services votés*, une ordonnance royale ouvrait un crédit supplémentaire. Enfin, si, en dehors des prévisions du budget, il survenait quelque besoin imprévu, le gouvernement avait la faculté d'ouvrir un crédit extraordinaire pour parer à l'urgence. A l'ouverture de la session suivante, crédits supplémentaires et crédits extraordinaires étaient soumis aux Chambres par des ministres responsables, et qui n'auraient pas légèrement compromis leur nom. Enfin, pour fournir à ces crédits, que le budget n'avait pas prévus, pour maintenir les ressources au niveau des besoins, on avait le mouvement de la dette flottante et les opérations de la trésorerie.

Un exemple permettra de suivre toute cette procédure financière, qui me semble d'une simplicité et d'une clarté remarquables. Supposons qu'au ministère de la guerre on ait voté un crédit de 100 millions pour le chapitre *solde des troupes ;* un crédit de 20 millions pour le chapitre *fourrages*. Il n'y a nulle inquiétude de guerre ; le gouvernement multiplie les congés et rend des bras à l'agriculture ; la solde des troupes n'emploie que 80 millions ; on annule les 20 millions d'excédant. Par contre, l'année est pluvieuse, le prix des fourrages a dépassé de 5 millions les prévisions du budget : on ouvre un crédit supplémentaire de 5 millions. Enfin une inondation de la Loire a ravagé les deux rives, emporté les digues et ruiné les populations voisines, on ouvre un crédit extraordinaire de 15 millions pour réparer ces désastres imprévus. Rien n'a changé dans la somme du budget ; on a trouvé dans les caisses du Trésor, au chapitre des crédits annulés, les 20 millions nécessaires pour les nouveaux crédits ; la trésorerie a suffi à tout avec une facilité de jeu admirable. Aucun service n'a été affaibli ni troublé ; l'administration a marché avec une régularité parfaite, et cependant on a suffi à tous les besoins.

Maintenant je m'adresse à quiconque a tenu dans sa vie un livre de commerce ; peut-on imaginer une comptabilité plus nette et mieux calculée ? Au début, vote de la Chambre et contrôle efficace ; plus tard, quand la Chambre vérifie les comptes, une facilité et une clarté sans pareilles. Il suffit de rapprocher le budget voté du budget dépensé ; chaque chapitre de la dépense répond exactement au chapitre du crédit ouvert, moins le chiffre du crédit annulé, plus le chiffre du crédit supplémentaire. Avec trois signes algébriques, $=$, $-$, $+$, le financier le plus novice peut ramener le budget des dépenses faites à celui des dépenses votées. Ajoutez à la fin du budget les chapitres des crédits extraordinaires, vous avez sous les yeux le bilan exact de la situation. La Chambre est sûre que ses votes ont été respectés partout où il n'y a que des annulations de crédit ; il ne lui reste à examiner que ce que les ministres ont ajouté à certains chapitres ; ce contrôle est aussi sûr qu'il est aisé.

Voilà le système de contrôle et de comptabilité qui, durant trente-trois ans, a fait la gloire de notre administration et la prospérité de nos finances. Est-ce par des raisons financières qu'on l'a changé? Non, c'est par des raisons politiques. On s'est plaint que les Chambres, en multipliant les chapitres, empiétaient sur le terrain de l'administration; le ministre, enchaîné par son budget, disait-on, ne pouvait plus se mouvoir avec la liberté nécessaire: c'était la Chambre qui gouvernait, et sans responsabilité. D'un autre côté, la Chambre des députés, jalouse de ses prérogatives, voyait souvent de mauvais œil, et comme une usurpation, les crédits supplémentaires et extraordinaires qu'on ouvrait en dehors de ses prévisions. De là des luttes de tribune, des accusations dans la presse, et tout ce bruit des pays libres, qu'il ne faut pas trop prendre au sérieux; car, règle générale, il n'y a jamais moins d'abus que là où il est permis de les dénoncer tous les jours. La satisfaction universelle est le signe trop certain d'un peuple qu'on a délivré des ennuis de la liberté.

En 1852, on voulut en finir avec l'ingérance des Chambres et les luttes parlementaires.

« Il n'est pas douteux, dit M. Fould, qu'il n'y eût là un écueil qu'un gouvernement nouveau devait soigneusement éviter. Cette opinion s'était fortifiée encore par suite des tentatives faites en 1852 par le Corps législatif, et qui s'étaient manifestées dans le rapport de la commission du budget. Aussi, parmi les modifications à introduire dans la Constitution du 14 janvier 1852, l'Empereur, outre certaines prérogatives, conformes aux nouvelles destinées de la France, réclama-t-il en premier lieu une réforme dans le système financier du pays. *Non-seulement il voulut reprendre ce qu'on avait successivement enlevé au pouvoir dans le vote du budget, mais encore il se réserva l'initiative des entreprises d'intérêt général.* C'est ainsi que Votre Majesté mit un terme à des débats stériles, et à des ajournements préjudiciables, particulièrement à l'occasion des tracés de lignes des chemins de fer et aux conditions de détail de leur exploitation. »

Affranchir l'administration d'un contrôle qui la gênait, constituer un pouvoir fort en lui donnant pleine carrière en finances comme en politique : tel fut l'objet du sénatus-consulte du 25 décembre 1852, sénatus-consulte qu'il s'agit de modifier, sinon d'abroger aujourd'hui.

Cette loi, qui n'a pas eu des résultats aussi favorables qu'on le supposait, donnait au chef de l'État le droit d'ouvrir des *crédits par décrets*, en certains cas déterminés. C'étaient là des crédits extraordinaires fort différents de ceux que les ministres constitutionnels ouvraient naguère, car ces ministres étaient responsables et jouaient leur position chaque fois qu'ils s'écartaient du budget, tandis qu'aujourd'hui un crédit par décret est inattaquable. Sur quoi s'exercerait le contrôle, et, comme le dit M. Fould, *qui peut-il atteindre si ce n'est le chef de l'État, puisque les ministres ne sont responsables qu'envers lui seul?*

Quant au budget, l'article 12 du même sénatus-consulte décida qu'il serait présenté au Corps législatif avec ses divisions administratives *par chapitres et par articles*, mais qu'il serait voté par ministères. La répartition par chapitres du crédit accordé pour chaque ministère devait être réglée par décret de l'Empereur, rendu en conseil d'État. Autrement dit, dans ce nouveau système, le chapitre n'existe que pour l'administration ; la Chambre n'a plus qu'un droit, c'est de voter en bloc le budget de chaque ministère. Pour éviter des prétentions qu'on trouvait excessives, on s'est jeté dans l'excès contraire. De crainte que le Corps législatif ne s'ingérât dans l'administration, on l'a paralysé.

En décidant que *l'unité budgétaire* (si je puis me servir de ce mot barbare) était le ministère, et non plus le chapitre, on était amené au système des virements. Ce même article 12 donnait au gouvernement la faculté de faire passer les fonds d'un chapitre sur un autre, il exigeait seulement que ces virements ne se fissent que par décrets rendus en conseil d'État. Cette innovation était une conséquence du vote par ministère ; le ministre n'étant plus légalement astreint à se renfermer dans le crédit de chaque chapitre, il semblait naturel qu'il répartît au mieux l'ensemble de son budget. De cette indépendance administrative, on attendait un miracle qui n'a point encore paru ; c'était la suppression des crédits supplémentaires. En reportant sur certains chapitres les excédants de fonds laissés par d'autres chapitres, on devait équilibrer les dépenses et ne pas sortir du budget. « La faculté de virement d'un chapitre à l'autre supprimera la presque totalité des annulations de crédit ; *il faut que, par contre, elle supprime de même la presque totalité des crédits supplémentaires.* » Ainsi s'exprimait le ministre des finances, M. Bineau, dans un rapport à l'Empereur, en date du 8 février 1853 ; on sait comment cette espérance a été remplie.

On voit maintenant comment le sénatus-consulte organique du 12 décembre 1852 a renversé la dernière pierre de notre ancien système financier. Le vote par ministère a supprimé de fait la spécialité des chapitres ; la Chambre a perdu ce droit d'établir et de limiter la dépense des différents services, qui est, à vrai dire, la prérogative nécessaire et la raison d'être d'une représentation nationale. D'un autre côté, la responsabilité des ministres ayant disparu dans le nouveau régime, le gouvernement a eu le privilège d'ouvrir à son gré des crédits supplémentaires et extraordinaires, sans qu'il fût possible à la Chambre d'en critiquer la cause, l'objet ni le chiffre. La seule garantie qui nous reste, c'est la discussion secrète en conseil d'État ; mais, quelle que soit la bonne volonté du conseil (et je lui rends pleine justice), l'expérience n'a que trop prouvé qu'en pareil cas il faut autre chose que des intentions droites ; il faut un pouvoir souverain. Il n'y a qu'une Chambre ayant pied dans le pays qui puisse nettement mettre son véto sur des dépenses, utiles peut-être, mais en disproportion avec les ressources de la nation.

C'est ainsi qu'en dix ans on en est arrivé à la situation devant laquelle on recule aujourd'hui. Une fois de plus l'expérience a prouvé la nécessité d'un contrôle énergique ; une fois de plus l'expérience a prouvé que ce contrôle est dans l'intérêt du pouvoir non moins que du pays. Comment veut-on qu'un prince, sollicité de toutes parts, résiste à des demandes de toute espèce,

demandes plus légitimes, plus pressantes les unes que
les autres, mais qui toutes surchargent le budget et
ruinent le crédit? Il n'y a qu'une vue d'ensemble qui
permette de faire la part de chaque intérêt; il n'y a
que l'étude du budget tout entier qui permette d'être,
non pas bienveillant, mais juste avec tout le monde.
Autrement on se perd par son bon vouloir même, et,
ce qui n'est pas moins regrettable, on oublie le contribuable, qui ne demande rien et qui paye pour tous. Ce
fut le malheur de nos anciens rois qu'avec un sincère
amour du peuple ils le foulèrent par des charges toujours croissantes, parce que rien n'arrêtait leur pouvoir
financier, sinon le contrôle douteux du parlement.
« Sire, disait un jour l'Hôpital au roi François II en
refusant de payer une gratification qui lui semblait
accordée sans droit, sire, cet argent que Votre Majesté
veut donner est la subsistance du peuple. C'est la ré-
colte et la nourriture de vingt villages sacrifiés à l'avidité d'un seul homme. » — « Madame, disait-il une
autre fois à la reine Catherine de Médicis, le royaume
s'en va en fêtes et divertissements, et si, que deviendront vos enfants, quand il n'y aura plus de royaume [1]? »
Belles paroles qui honorent celui qui les prononce et
ceux qui les écoutent, mais qui, l'histoire nous l'apprend, n'eurent aucun effet. Pour défendre un prince
contre cette pression qui l'emporte, on n'a trouvé jusqu'à présent qu'un seul moyen, c'est le contrôle des
Chambres, en d'autres termes, l'intervention du pays.

---

[1] Taillandier, *Nouvelles recherches sur la vie de l'Hôspital.* Paris,
1861, p. 27.

Il était donc aisé de prévoir que le nouveau système aurait de graves inconvénients; en ce point les avis n'ont point manqué. Je ne parle pas des journaux qui eussent élevé la voix à propos, si on ne leur avait mesuré de trop près le droit de parler. Mais, depuis dix ans la Chambre, par l'organe des rapporteurs du budget, a constamment demandé qu'on en revînt aux règles protectrices qui existent dans tous les pays libres. C'est une des pages les plus honorables dans l'histoire du Corps législatif.

En 1854, M. Schneider, tout en s'en rapportant au temps et à l'expérience pour juger les effets du sénatus-consulte organique, s'exprimait ainsi : « *Dans les conditions nouvelles* où nous nous trouvons, nous ne saurions insister trop fortement pour que les crédits supplémentaires disparaissent à l'avenir, pour que les crédits extraordinaires ne soient réclamés que dans les cas imprévus, ou des circonstances tout à fait exceptionnelles et réellement urgentes. *La suppression des crédits supplémentaires et des annulations de crédit nous apparaissent comme l'une des conditions capitales du régime nouveau.* » Rien de plus sensé que ces paroles de l'honorable rapporteur. Les crédits supplémentaires et extraordinaires sont admissibles quand la responsabilité d'un ministre y est jointe. Sans cette responsabilité, ce n'est plus qu'un abus, toujours menaçant.

De cet abus, M. Devinck en donnait la preuve dans la session de 1855, en faisant un rapport sur les crédits supplémentaires des exercices antérieurs.

« La remise à neuf de certains locaux et de leur mobilier a été considérée, dans un ministère, comme devant être l'objet d'un *crédit supplémentaire*, tandis que dans un autre ministère on a réclamé, pour des travaux analogues, l'ouverture d'un *crédit extraordinaire*.

« *La Commission s'est demandé si la nécessité des dépenses de cette nature était tellement urgente et imprévue, qu'il ne fût pas possible et plus naturel de les ajourner et d'attendre la présentation du budget.* »

Nous sommes loin du temps où la Chambre laissait à la charge d'un ministre la mise à neuf d'une salle à manger; mais, si, aujourd'hui, on n'a que du dédain pour cette susceptibilité parlementaire, on peut du moins envier la prospérité financière de la Restauration. Et peut-être y a-t-il, entre les deux choses, plus de rapport qu'on ne pense communément.

En 1855, M. Paul de Richemont, rapporteur du budget, réclama au nom du Corps législatif la suppression de ces crédits qui croissaient sans fin. « S'il en était autrement, ajoutait-il, ces crédits extra-budgétaires, non compensés par des excédants de revenu, *détruiraient l'équilibre des recettes et des dépenses, fausseraient le budget voté, et, augmentant par un solde en déficit nos découverts, auraient pour conséquence forcée l'élévation de la dette flottante.* »

L'année suivante, M. Leroux, rapporteur du budget de 1857, s'exprima avec non moins d'énergie, mais en faisant mieux sentir encore que le vice de tous ces crédits imprévus, c'est qu'on ne peut les contrôler en aucune façon. « Le système nouveau, dit-il, *manquerait*

de conclusion, de sanction pratique, pour ainsi dire,
*s'il n'avait pour complément absolu la restriction ou
plutôt l'extinction presque entière des crédits supplémentaires.* Avec le droit de virement, les crédits supplémentaires ne peuvent être ni compris, ni admis, sauf
de très-rares exceptions. »

En 1858, le mal n'ayant fait que s'aggraver, le rapporteur du budget de 1859 mit courageusement le
doigt sur la plaie, et, au nom de la commission, on
pourrait dire du Corps législatif tout entier, prononça
les paroles suivantes :

« Les crédits supplémentaires *ne sont plus maintenant soumis à
aucune restriction, ils sont complétement indéfinis.*

« ... La ratification du crédit, par conséquent l'appréciation
de la dépense, n'est soumise au Corps législatif que durant la
session qui suit la clôture de l'exercice, *c'est-à-dire lorsque le fait
est consommé depuis deux années.*

« Parmi ces dépenses, il en est qu'on aurait pu prévoir, et
d'autres qu'on aurait pu ajourner; *dans le premier cas, on aurait
obtenu le concours du Corps législatif, et dans le second cas on
aurait eu l'avantage de la réflexion.*

« La commission est unanime pour appeler l'attention du gouvernement sur la législation des crédits supplémentaires, et sur
l'utilité de rétablir la nomenclature des *services votés.* »

Point de crédits supplémentaires, peu de crédits extraordinaires dans un système où il n'y a point de responsabilité ministérielle : telle est la perpétuelle requête
du Corps législatif. D'un autre côté, il demande, avec
autant de raison, qu'on en revienne au vote par chapitres. En un mot, ce que désire la Chambre, c'est que
nulle dépense ordinaire ne se fasse sans avoir au début
la sanction des représentants du pays; et, quant aux

crédits supplémentaires, elle prie qu'on y renonce, puisque ce sont des dépenses qu'elle n'est libre ni d'examiner, ni de refuser.

C'est ainsi que la force même des choses nous ramène depuis dix ans à un système rejeté avec peu de prudence; car ce système ce ne sont pas les Chambres françaises qui l'ont inventé pour satisfaire une vaine ambition; ce système est le fruit du temps et de l'expérience. En dehors de cet ordre et de cette publicité de toutes les heures, il n'y a pas de finances pour un peuple, pas de crédit pour un gouvernement. L'exemple de l'Angleterre, cité si à propos par M. Fould, démontre aux plus aveugles comment la plus grande prospérité politique et financière s'accorde avec la jalouse sévérité des Chambres; j'oserai même dire que c'est de cette sévérité parlementaire que dépend cette fortune constante qui défie les épreuves et les années.

« Un grand pays voisin, dit M. Fould, n'a jamais donné au pouvoir exécutif la latitude *de dépenser une somme quelconque sans un vote préalable, et cependant là spécialité des sommes votées par le parlement est absolue.* Le nombre des chapitres inscrits au budget est de 240 environ. Seuls, les ministres de la marine et de la guerre, à cause de leurs services disséminés sur toute la surface du globe, ont la faculté de faire des virements, et ces opérations, qu'il faut soumettre au parlement, sont entourées de conditions excessivement minutieuses. »

S'il en est ainsi, si l'expérience nous crie d'une voix si haute quelles sont les conditions du crédit public, que reste-t-il à faire, sinon d'y revenir? Rendre au Corps législatif le vote par chapitres, et, si les crédits supplémentaires et extraordinaires sont une nécessité, sanctionner ces crédits en rétablissant la responsabilité ministérielle; soumettre les dépenses publiques à la jalouse et perpétuelle surveillance de la presse : telle est la conclusion qui ressort des événements, et qui s'impose à nous avec une autorité suprême. Imaginer un nouveau système, c'est entrer une seconde fois dans la région de l'inconnu, c'est courir après de nouvelles chimères. En fait de finances et de crédit, il sera toujours dangereux d'avoir plus d'esprit que les Anglais.

Ce n'est pas là cependant qu'en arrive M. Fould. Son *Mémoire* est un appel à l'expérience, les conclusions proposent une innovation, ou, si l'on aime mieux, le réveil d'un système qui n'a pas vécu. Point de vote par chapitres, suppression absolue de crédits supplémentaires et extraordinaires; les virements suffiront à tout, à la condition que les services publics soient largement dotés. Tel est le nouveau plan financier de M. Fould; je crois que maintenant nous avons les éléments nécessaires pour le juger.

Le vote par chapitres a été constamment réclamé par le Corps législatif, comme un droit essentiel; M. Fould y attache peu d'importance; à son point de vue, il n'a pas tort, car, avec les virements, le vote par chapitres n'est qu'une indication, un programme de dépenses, rien de plus.

« Le retour pur et simple à la spécialité par chapitres *déplacerait seulement la responsabilité en faisant intervenir le pouvoir législatif dans l'administration, mais il ne rétablirait pas l'équilibre dans nos finances.* Cependant, puisque Votre Majesté a promis la division par grands chapitres, je ne vois pas de grands inconvénients à cette modification, pourvu que les chapitres ne renferment que de grandes divisions. »

Sur ce premier point, j'estime que le Corps législatif a cent fois raison contre M. Fould; là, il est vrai, est le nœud de la difficulté. La question est de savoir si les représentants du pays ont le droit de déterminer l'usage qu'on fera de notre argent, ou s'ils ne l'ont pas. Prétendre que de cette façon *on fera intervenir le pouvoir législatif dans l'administration*, c'est ne rien dire ; il est évident que, dans tout gouvernement représentatif, les Chambres interviennent d'une certaine façon dans l'administration. Qu'est-ce que le vote du budget dans le système de M. Fould, sinon un acte par lequel le Corps législatif enferme l'administration dans un cercle qu'elle ne peut franchir ? Ce qu'il faudrait démontrer, c'est que cette intervention, légitime et bonne quand elle établit la spécialité par ministères, est illégitime et dangereuse quand elle établit la spécialité par chapitres ; mais si l'on en croit M. Fould lui-même, l'expérience anglaise prouve clairement que sans cette détermination il n'y a pas de crédit. Voit-on qu'en Angleterre la marine ne soit pas administrée, parce que le crédit de chaque service est fixé par un article du budget?

Ce serait déplacer la responsabilité, ce ne serait pas rétablir l'équilibre dans les finances. Voilà, je l'avoue, un raisonnement qui m'échappe. De quoi se plaint-on? Quelle est la cause qui a détruit l'équilibre ? C'est que les dépenses ont été plus vite que les recettes. Pourquoi? Parce que la Chambre n'a pas pu régler les dépenses. Lui rendre ce droit, exercé sous l'œil du pays, c'est évidemment rétablir la confiance dans le public, l'ordre dans le budget. Y a-t-il un autre moyen de rétablir l'équilibre financier?

La suppression des crédits supplémentaires et extraordinaires aura l'assentiment du pays tout entier; mais à deux conditions, c'est que cette suppression soit possible, c'est qu'elle soit réelle.

Est-elle possible? L'expérience le prouvera; l'exemple de l'Angleterre permet l'espérance. Je remarque seulement que c'est là une de ces mesures radicales, un de ces procédés mécaniques qui ont souvent trompé leurs inventeurs. Pour les crédits supplémentaires, nous verrons, en parlant des virements, que leur suppression n'est qu'apparente; pour les crédits extraordinaires, j'ai peine à comprendre comment on peut être aussi certain de l'avenir, et je ne vois pas la nécessité de désarmer inutilement le pouvoir exécutif. En réclamant des prérogatives nécessaires à son indépendance et à son honneur, le Corps législatif ne s'est jamais opposé absolument à l'ouverture des crédits extraordinaires; il s'est contenté de demander qu'on n'en fît pas le supplément ordinaire du budget. Qui peut prévoir les événements? Inondations, incendies, émeutes, épidémies, mille causes diverses, peuvent exiger un prompt secours. C'est surtout dans ces moments de crise que la France compte sur l'initiative de son chef. Pour trouver de l'argent en pareil cas, faudra-t-il désorganiser les services ou violer un sénatus-consulte qui fait partie de la constitution? A quoi bon s'imposer des liens qu'il faudra rompre à tout prix? Ce que demande l'opinion, c'est qu'on ne puisse ouvrir un crédit extraordinaire qu'en des circonstances rares et avec des garanties rassurantes; ce qu'elle veut, c'est le bon ordre dans les finances, ce n'est pas l'impuissance du gouvernement [1].

Restent les virements; c'est là le pivot du système, ou plutôt le système tout entier. Avec un budget, *bien calculé et suffisamment doté dans toutes ses parties*, il semble à M. Fould qu'il sera facile de satisfaire à tous les besoins de l'État sans dépasser les sommes votées par le Corps législatif. De cette façon, plus de dépenses en dehors du budget, et par cela même rétablissement de l'ordre dans les finances et retour du crédit. C'est là le résultat que nous cherchons tous; si les virements le donnent, il faut les adopter.

Qu'est-ce donc qu'un virement? Tout simplement le report à un autre chapitre des fonds votés pour un chapitre différent. Par exemple, c'est le report au chapitre *fourrages* des fonds restés en excédant sur le chapitre *solde de troupes*. Dans notre ancien système, je l'ai dit plus haut, on en arrivait là par deux opérations : annulation du crédit excédant, ouverture du crédit supplémentaire, ce qui amenait double contrôle législatif ; avec la nouvelle organisation, qui, du reste, existe depuis dix ans, on n'a pas besoin de la Chambre, tout se passe entre le ministre et le conseil d'État. Voilà tout le mystère des virements ; ils diminuent le contrôle législatif, ils n'ôtent ni ne mettent un sou dans les caisses de l'État.

---

1. On sait que dès la première année du système, la guerre du Mexique a forcé le gouvernement à revenir aux crédits extraordinaires. (Note de 1863.)

Ils ont en outre cet inconvénient de rendre plus difficile
la vérification des dépenses, au moins pour des yeux
peu exercés. Au lieu de cet ordre si simple qui termine
tout chapitre du budget par une dépense conforme au
chiffre voté, une annulation de crédit ou un crédit supplémentaire, il faut chercher et suivre un virement qui
peut se diviser à l'infini.

« Le sénatus-consulte du 25 décembre 1852, dit M. Fould, *n'a
jamais été accueilli favorablement par le conseil d'État et l'administration des finances;* leurs efforts ont toujours tendu à res-
treindre, autant que possible, l'exercice du droit de virement, et
ils en ont rendu l'application à peu près illusoire, en le limitant
aux deux derniers mois de l'année. Votre Majesté sait que le budget
ne se dépense pas seulement dans l'année pour laquelle il est voté,
et que les dépenses peuvent encore être faites dans les mois de
janvier et de février de l'année suivante. Mais, *à cette époque,
les fonds alloués aux divers services sont presque entièrement con-
sommés, et il n'en reste plus de libres lorsque vient à s'ouvrir le
droit de virement.* »

Il ne m'appartient pas de défendre le conseil d'État,
ni l'administration des finances ; mais il me semble que
la critique de M. Fould est la complète justification de
ces deux grands corps. Comment détourner les fonds
d'un service avant de savoir si ce service n'en aura pas
besoin ! Après avoir viré du chapitre 10 au chapitre 12,
faudra-t-il revirer du chapitre 12 au chapitre 10 ? Quelle
étrange confusion ? Certes, l'administration des finances,
qui a de si belles traditions d'ordre et de régularité, a
raison de reculer devant de pareilles énormités. Un ban-
quier, seul maître de ses capitaux, peut à volonté porter
et reporter son avoir où bon lui semble ; mais dans une
administration qui dépense l'argent du pays, dans une

administration où tout est contrôle, il faut une comptabilité toute différente ; il faut que l'œil le moins clairvoyant puisse suivre la plus petite somme depuis sa sortie de la poche du contribuable jusqu'au payement du moindre soldat.

C'est cependant sur cette faculté de virements indéfinis que repose toute la réforme de M. Fould. Otez l'ouverture des crédits, c'est le retour pur et simple au système financier qu'on a cru établir en 1852, et qui n'a pas échoué par le seul abus de ces crédits. Quelle est donc la vertu magique de cette nouvelle forme de comptabilité ? Le mémoire ne le dit pas, mais il est aisé de le deviner. Qu'on lise le rapport adressé en 1853 à l'Empereur par M. Bineau, ministre des finances, on aura, je crois, la pensée de M. Fould.

« Désormais, disait M. Bineau, le budget sera voté par ministères ; la répartition par chapitres se fera par décrets impériaux. »

« En adoptant ce système, les auteurs de la Constitution se sont inspirés de cette pensée, qu'*au pays, par ses députés, il appartient de fixer annuellement la somme qu'il veut mettre à la disposition du chef de l'État pour le gouverner, l'administrer et le défendre; que, cette somme une fois déterminée, c'est au chef de l'État à en régler l'emploi suivant les besoins et les intérêts du pays* [1]. »

En d'autres termes, les dépenses de l'État, comme le disait M. Bineau, sont une sorte d'*entreprise à forfait*, un abonnement. Au pays il appartient de dire ce qu'il veut dépenser ; le mode de la dépense appartient au gouvernement. Le contrôle de la Chambre, après l'exercice terminé, ne fait que doubler la vérification de la Cour des comptes ; elle n'a pas le

1. Rapport du 8 février 1853.

droit de critiquer l'usage qu'on a fait de notre argent.

C'est ce système que M. Fould remet en lumière, avec un changement qui, je le reconnais, a une certaine importance : la suppression de tout crédit ouvert en dehors du budget. Il dit au Corps législatif : « Examinons les dépenses, et dotez-les de façon assez large pour qu'au besoin il y ait un excédant : je vous réponds que le budget ne sera pas dépassé. » Il dit au chef de l'État : « Avec les virements, nous pourrons faire face à toute dépense légitime, sans gêner l'initiative du souverain, en même temps que nous serons contenus dans les barrières du budget et hors d'état de compromettre les finances du pays. S'il y a quelque entreprise nécessaire, quelque besoin urgent, nous laisserons en souffrance un service qui peut attendre ; nous porterons sur un seul point tout l'effort de nos finances, et de cette façon nous ferons face à tout. »

On voit que dans ce système la suppression des crédits est plus apparente que réelle ; en fait, on les reporte d'une année sur l'autre. Par exemple, pour faciliter une expédition maritime ou militaire, on reporte sur le personnel les fonds destinés à l'augmentation du matériel ; d'où cette nécessité de demander l'année suivante un crédit plus grand aux Chambres pour combler le déficit des magasins. C'est une façon ingénieuse de limiter la dépense de chaque année, en rejetant certains services sur l'année suivante ; il me semble seulement que la conséquence visible de cette réforme, c'est une augmentation incessante du budget.

Une chose m'inquiète. Si le ministre des finances est

assez fort, si la situation est assez critique pour qu'on s'interdise toute dépense nouvelle, et qu'on laisse les services tels que la Chambre les a votés, il n'est pas douteux que les virements n'auront aucun mauvais effet ; ils seront rares et justifiés ; mais le jour où on voudra faire quelque chose que le budget n'a pas prévu, et revenir à ces dépenses qu'on couvrait par de nouveaux crédits, à quoi serviront les virements, sinon à bouleverser toute notre organisation administrative et financière ? N'a-t-on pas déjà vu la Cour des comptes signaler à l'Empereur *des virements sur les crédits destinés à la dette publique, en faveur du service général des finances ?* Et comprend-on que le bon ordre de l'administration et des finances soit compatible avec de pareilles facilités ?

En deux mots, il n'y a rien de plus dans les virements que dans les crédits supplémentaires ; à vrai dire, les virements ne sont que des crédits supplémentaires rejetés sur le prochain exercice. Mais le contrôle des Chambres, dira-t-on, le comptez-vous pour rien ? Le contrôle des Chambres serait une garantie s'il existait sérieusement. Mais, comme les virements détruisent entièrement la spécialité des chapitres, il ne reste au Corps législatif aucun contrôle réel. On pourra toujours ne tenir aucun compte de ses prescriptions. Et d'un autre côté, quand on viendra dire au Corps législatif que les magasins sont vides et les arsenaux en souffrance, parce qu'on a disposé par virements des fonds y affectés dans les années précédentes, ne voit-on pas que nos représentants auront la main forcée ?

S'il n'y a rien de plus dans les virements que dans
les crédits supplémentaires, en revanche il y a une
garantie de moins. Le vote par chapitre est radicale-
ment détruit; en dotant un service, le Corps législatif
ne fait rien qu'ouvrir un crédit vague dont on fera ce
qu'on voudra. Rien ne lui répond qu'on respectera ses
intentions, qui sont celles du pays. Incertitude des services, arbitraire de la dépense, confusion de la comptabilité, voilà où peut aboutir le système des virements.

C'est raisonner, dira-t-on, sur des abus qui sont impossibles? La réponse est aisée. On ne devait pas abuser
des crédits supplémentaires. Si l'on n'avait fait qu'en
user, c'était une faculté bonne et utile. Pourquoi a-t-on
été entraîné plus loin? Parce qu'il n'y avait pas une
autorité suffisante pour empêcher l'abus. Où est l'autorité qui empêche l'excès des virements?

Dans le projet de M. Fould, il n'y a donc qu'une
chose bonne; c'est l'intention de renfermer les dépenses
publiques dans les limites du budget; cela est excellent;
quant au système des virements, il est aussi mauvais
en finances qu'en politique; en finances, parce qu'il
détruit la spécialité des dépenses; en politique, parce
qu'il annule le contrôle de la Chambre et du pays.

Nous avons marché depuis 1853; les théories de
M. Bineau ont reçu de l'expérience un trop cruel démenti pour qu'on puisse s'y fier, même en les modifiant. En plein dix-neuvième siècle il ne peut pas convenir à un pays libre de vivre sous un régime qui le laisse
étranger aux finances publiques, c'est-à-dire à ses
propres affaires et à ses plus chers intérêts. La France

donne volontiers son argent, mais il ne lui suffit pas de savoir ce qu'on a fait des impôts de l'an passé, elle a droit de connaître en détail ce qu'on fera des impôts de l'an prochain. Le crédit, d'ailleurs, est curieux de sa nature, il suppute les dépenses stériles et celles qui enrichissent le pays ; rien ne lui est plus contraire que l'incertitude. Or, avec le système de M. Fould, qui peut connaître comment le budget voté sera dépensé dans l'année ? Personne n'en sait rien, ni la Chambre qui l'a voté, ni la nation qui le paye, non pas même le ministre des finances. Ce n'est pas ainsi qu'on établit cette sécurité, ce long avenir qui est la première fortune d'un pays.

Que M. Fould me permette de lui parler avec la franchise dont il nous a donné un si bon exemple. Son erreur, c'est de n'avoir pas vu ou de n'avoir pas osé regarder en face les conclusions où tous les faits observés l'amenaient forcément. Aujourd'hui il n'y a pas de question politique qui ne soit une question financière ; commerce, industrie, crédit, sont les forces dont vivent les États ; mais on peut affirmer avec non moins de certitude qu'il n'y a point de question financière qui ne soit une question politique. Ce qui est en jeu aujourd'hui, ce n'est pas seulement la consolidation d'une dette d'un milliard, on y arrivera par tous les systèmes, si l'on s'impose l'économie ; ce qui est en jeu, c'est le moyen d'assurer que de pareils dangers ne se représenteront pas. Pour cela, il est évident qu'il faut établir des barrières constitutionnelles qui retiennent un pouvoir qui n'est ni assez soutenu, ni assez contenu. Si M. Fould avait eu le sentiment politique, il serait arrivé au seul régime qui, sans affaiblir le pouvoir, puisse à la fois fortifier le Corps législatif et rassurer la France. Spécialité des dépenses, contrôle efficace et universel de la Chambre, responsabilité des ministres, liberté de la presse : telles sont les quatre conditions essentielles au bon ordre des finances et au crédit public. En dehors de cette organisation, fruit de l'expérience et du temps, il n'y a que des illusions, et les illusions sont toujours suivies d'étranges mécomptes. M. Fould a foi en lui-même, il compte sur les ressources de son esprit ; l'avenir lui apprendra qu'il faut autre chose que le talent d'un financier pour rétablir le crédit ébranlé. Réduire les dépenses de l'armée, de la marine et des travaux publics, telle est aujourd'hui la question de vie ou de mort pour nos finances. Une Chambre seule aura le courage et la force de trancher dans le vif. Un prince trouvera devant lui des intérêts qu'il lui faut ménager ; un ministre des finances sans autre appui que sa bonne volonté sera bientôt débordé ; il se brisera contre des résistances que le pays, par ses représentants, est seul en état de surmonter. Rendre au pays des garanties que personne ne puisse éluder, tel est le problème ; il est tout politique. L'habileté d'un ministre ne résoudra point la difficulté ; elle peut alléger la situation, mais non point la changer. Ce qu'il faut aujourd'hui à la France pour relever ses finances, c'est un retour à la liberté constitutionnelle ; ce que lui apporte M. Fould, ce n'est pas une solution, c'est un expédient.

Décembre 1861.

LA FRANCE
EN AMÉRIQUE

La nouvelle publication de M. Bancroft est la suite
d'une œuvre que connaissent depuis longtemps tous
ceux qui s'intéressent à l'Amérique; l'*Histoire des
États-Unis*, qui serait mieux nommée l'histoire des
treize colonies, car elle s'arrête en 1748, au Congrès
d'Aix-la-Chapelle, n'est pas populaire seulement dans
la patrie de l'auteur, elle jouit par toute l'Europe d'une
estime méritée. Traduit en français, c'est un livre qui
redresserait chez nos politiques des idées fausses et qui
plus d'une fois ont mené à de fâcheuses applications.
Qu'y a-t-il de plus commun, par exemple, que d'entendre parler de la *jeune république*, du gouvernement
que Washington et ses amis ont donné à un *peuple
primitif* que la civilisation n'avait pas corrompu? Autant d'erreurs qu'un peu de lecture dissipe aisément.
Dès les premières pages on voit ce qu'étaient les planteurs qui ont fait la révolution de 1776, un vieux

---

1. *History of the American Revolution*, by George Bancroft. London, 1852; 1 vol. in-8º de XII et 528 pages. — *Histoire de la Révolution d'Amérique*, par George Bancroft, correspondant de l'Institut de
France et de l'Académie royale de Berlin. Tome Ier.

peuple dans un pays neuf. L'Amérique, dans le livre de
M. Bancroft, c'est l'Angleterre émigrée, mais laissant
à la rive la royauté, la noblesse, l'Église établie. C'est,
dès le premier jour, la vieille race saxonne, patiente,
robuste, morale, élevée dans l'amour de la liberté et la
pratique du libre gouvernement. Si elle a passé les
mers, ce n'est pas pour amoindrir son ancienne franchise, tout au contraire c'est pour demander au nouveau monde un abri pour la première de toutes les libertés, celle de la conscience; c'est pour y installer
une Église toute républicaine et organiser son gouvernement à l'image de sa religion.

Établies sans le concours de la métropole, protégées
à l'origine par leur faiblesse même et par leur éloigne-
ment, maîtresses de leur administration, grâce à l'indifférence de la métropole qui voyait dans l'Amérique
un marché plutôt qu'un empire, les colonies grandirent
librement dans l'ombre; et quand l'Angleterre, frappée de leur importance, voulut, suivant la fausse politique du temps, les faire servir au seul intérêt de son
commerce et de sa domination, elle trouva devant elle
deux millions de citoyens indépendants, calvinistes
pour la plupart, habitués à une religion sans hiérarchie,
à un gouvernement sans royauté, et prêts à donner à
leurs prétendus maîtres une leçon de liberté.

La victoire changea peu la condition de l'Amérique;
on n'eut point à résoudre ce terrible problème qui tant
de fois a égaré la France : le choix d'une nouvelle forme
de gouvernement. Chaque colonie resta à peu près ce
qu'elle était, et remplaça seulement le faible lien qui l'at-

tachait à l'Angleterre par l'Union fédérale, qui donna
un centre aux treize États. Si léger fut le changement,
que deux des anciennes provinces, devenues souveraines,
le Connecticut et Rhode-Island, gardèrent encore durant
un demi-siècle la Charte républicaine qu'elles avaient
obtenu du laisser-aller de Charles II. Ainsi donc, aux
États-Unis, la république ne fut pas une invention révolutionnaire, un de ces gouvernements de papier
qu'emporte le premier orage ; elle fut le produit naturel
des mœurs, des idées et des besoins du temps. Dans un
pays sans nobles, sans soldats, sans oisifs, habitué au
suffrage universel et au régime des assemblées, où tout
était démocratique, l'organisation municipale, les lois,
la condition du sol, le genre de vie, le culte même,
quelle autre forme politique eût été possible? Républicains, les États-Unis restaient fidèles à leur passé ; établir la monarchie, c'eût été rompre violemment la
chaîne du temps. C'est donc l'histoire de l'Amérique et
non pas la nouveauté de son peuple ou l'étendue de
son territoire qui nous explique comment la république
y réussit, et peut-être aussi pourquoi en France elle a
eu moins de succès. Washington conservait la tradition ; nos constituants ont toujours cru qu'entre hier et
demain on pouvait creuser un abîme et créer un peuple
nouveau avec un morceau de parchemin. Erreur qui
nous coûte cher, et dont nous ne sommes pas guéris,
mais qu'il ne faut plus désormais appuyer de l'exemple
des États-Unis, car cet exemple est notre condamnation !

On voit comment le premier ouvrage de M. Ban-

croft, en nous faisant pénétrer dans les origines de la
société et du gouvernement américain, est l'introduction nécessaire de l'histoire de la révolution. Son nouveau livre nous fera connaître les hommes qui mirent
leurs bras et leur cœur au service de la cause nationale,
le jour où l'Angleterre osa toucher aux droits dé ces
colons qui se croyaient avec raison des citoyens anglais, et en revendiquaient tous les priviléges. C'est un
beau sujet, dont chaque jour accroît l'importance,
puisque du berceau de la liberté américaine est sorti
tout un monde. Et si celui-là est un grand homme,
non pas qui a détruit, mais qui a fondé, et qui, même
au milieu de la guerre et des séditions, a ménagé la
liberté comme un dépôt divin, et l'a fait servir au bonheur des hommes de son temps; à la grandeur et la
prospérité des générations à venir, que peut-on comparer dans l'histoire à la noble et sereine figure de Washington? Son œuvre, qui a duré parmi tant de ruines,
est là pour apprendre à tous qu'il est quelque chose de
plus grand, de plus fécond, de plus puissant que le
génie même : c'est le patriotisme et l'honnêteté !

Le premier volume de M. Bancroft ne contient que
le prologue de la révolution, l'histoire de l'Amérique de 1748 à 1763. La lutte n'est point encore engagée, c'est à peine si des yeux clairvoyants signalent
l'orage qui se forme à l'horizon. L'auteur a cependant
montré avec sagacité comment en Angleterre, au Bureau du commerce chargé des affaires coloniales, l'i-
gnorance et l'ambition poussaient de prétendus hommes
d'État à réduire ces provinces républicaines dont on

commençait à craindre l'indépendance et à convoiter la richesse. Le duc de Bedford, Halifax, Charles Town'shend, ces administrateurs d'un pays qu'ils ne connaissent pas, sont des figures vivantes. Derrière eux on voit poindre la révolution. Mais là n'est pas pour nous l'intérêt principal du livre. Il en est un autre qui nous touche de plus près que la révolution même des États-Unis, et devant lequel tout le reste s'efface et disparaît.

Ce qui tient la plus grande place dans le travail de M. Bancroft, c'est l'histoire de la rivalité de l'Angleterre et de la France sur ce continent où les deux peuples, arrivés presque en même temps, se disputaient sans le savoir l'empire de la civilisation et l'avenir du monde. Et pour la première fois peut-être cette histoire est écrite avec impartialité par un homme Anglais de langage, mais Américain de sentiment, c'est-à-dire étranger aux haines et aux jalousies des deux nations. Il y a là une page de nos annales qu'ont oubliée des générations trop travaillées par les guerres et les révolutions pour s'inquiéter de ce qui se passait, il y a cent ans, dans les bois et les solitudes de l'Ohio, mais que cependant il est bon de ne point laisser perdre, pour l'honneur du nom français et pour notre propre éducation.

On sait que la France a possédé le Canada, et qu'en 1763 la paix de Paris l'a donné à l'Angleterre. Mais du reste, hormis quelques patriotes qui ont la religion du souvenir, qui se soucie de ce passé lointain? Et cependant, si l'on veut prendre une vieille carte du Canada, et regarder quelle était, il y a un siècle, la puissance comparée des deux nations, on sera peut-être étonné, à première vue, de ce que nous a coûté la mollesse de Louis XV, et de la grandeur du trésor qu'il a laissé tomber de ses mains.

Une petite portion du continent, la vingt-cinquième partie de l'Amérique du Nord, suivant M. Bancroft, c'était alors tout ce qu'occupaient les treize colonies. La langue de terre comprise entre les Alleghanys et la mer formait tout le domaine des Anglais, tandis que les Français commandaient un territoire vingt fois plus considérable. Cette grande et double vallée qui, par les lacs et le Saint-Laurent, se déverse dans l'Océan et, par le Mississipi et ses affluents, porte ses eaux au golfe du Mexique, avait été découverte et révélée au monde par nos missionnaires et nos Canadiens. Partout sur les arbres de ces forêts primitives on avait gravé des fleurs de lis surmontées d'une croix, double symbole de la royauté et du catholicisme qui, suivant le droit des gens, assurait à la France ces solitudes inconnues ; partout des pionniers plus intrépides que nos soldats même, les jésuites et les récollets, avaient porté des germes de civilisation chez ces sauvages qui longtemps après notre chute ne parlaient qu'avec reconnaissance des *robes noires* si bonnes et si dévouées, et de cet *Onontio* (c'était le roi de France) qu'elles leur avaient appris à bénir. Des forts et des missions placés le long des lacs et des rivières nous donnaient le commandement du pays et le commerce des pelleteries ; les positions avaient été si bien choisies, qu'aujourd'hui des villes sont établies partout où quelques palissades gardaient naguère nos soldats et nos prêtres.

Suivons notre colonisation sur une carte moderne en faisant reparaître l'ancien nom français sous le nom anglais qui le cache aujourd'hui; nous en comprendrons bien vite l'importance. Le fort Carillon (*Ticonderoga*) commandait le lac George, le fort Frédéric (*Crown-Point*) commandait le lac Champlain. Sur le lac Ontario nous posédions Toronto et le fort Frontenac (*Kingstown*). Le fort Niagara, dont le nom dit la position, nous rendait maîtres du passage étroit du lac Érié; au midi de ce lac était le fort Presqu'île (*Erie*); entre le lac Érié et le lac Saint-Clair était le fort Détroit; entre le lac Huron et le lac Supérieur était le fort Mackinaw; Saint-Louis et Kaskasia, sur le Mississipi, assuraient nos communications avec la Louisiane. Trois voies navigables, mais coupées par des portages, assuraient les communications des lacs et du Saint-Laurent avec le Mississipi : l'une, partant du fort le Bœuf, près le lac Érié, allait gagner, par la crique française (*French creek*) le fort Duquesne (*Pittsburg*) et la Belle-Rivière (*Ohio*); l'autre, partant de Détroit, suivait le petit Miamis du lac (*Maumee*) et la Wabash; la troisième, partant de Chicago, sur le lac Michigan, suivait jusqu'à son embouchure la rivière des Illinois. Que ne pouvait-on pas espérer d'un tel établissement?

Telle était la situation de la France. Bien mieux placée que sa rivale, maîtresse des grands cours d'eau et d'un territoire immense, on se demande d'où est venue sa faiblesse; la réponse est trop facile. Après deux siècles de possession, quelle était la population de ces vastes contrées comprises alors sous le nom de Canada? Elle atteignait à peine 80,000 habitants, tandis que dans les colonies anglaises une population de 1,500,000 âmes, se trouvant à l'étroit, allait descendre les Alleghanys, et disputer à la France les vallées de l'Ouest, parcourues plutôt que possédées par nos chasseurs et par les peuplades sauvages connues sous le nom d'Iroquois ou des Six-Nations.

Ce fut en 1753, il y a un siècle à peine, que la lutte commença. Les prétextes ne manquaient point; soit précipitation, soit indifférence, les négociateurs du traité d'Aix-la-Chapelle avaient laissé indécise la question des frontières américaines. C'était la possession qui devait décider, mais elle était depuis trente ans contestée. Tandis que la prétention constante des Français était d'arrêter les Anglais au sommet des Alleghanys et de mettre au Saint-Laurent le milieu de la colonie, les Chartes anglaises étendaient la Virginie jusqu'au lac Érié. Halifax écrivait en 1749 que le pays à l'ouest des grandes montagnes était le centre des possessions anglaises; c'était aux lacs et au Saint-Laurent que l'Angleterre entendait porter ses limites; il lui fallait la vallée de l'Ohio.

Des deux côtés on voulut s'assurer la possession de ce grand territoire. Le gouverneur de Virginie envoya pour le reconnaître un jeune homme de vingt et un ans, déjà remarquable par sa fermeté et sa résolution; c'était George Washington. Avec un coup d'œil militaire, il désigna comme la clef de l'Ouest la fourche que forment, en se réunissant sous le nom d'Ohio, la rivière Alleghany et la Monongahéla (la rivière *Malén-*

gueulée de nos Canadiens), c'est-à-dire la place où est aujourd'hui Pittsburg, le Manchester américain ; mais les Français, qui comprenaient aussi toute l'importance de la position, s'en saisirent et y construisirent un fort auquel fut donné le nom de Duquesne, le gouverneur du Canada.

Quelques mois plus tard, Washington était envoyé de nouveau dans l'Ouest à la poursuite de quelques patrouilles françaises. On n'était point en guerre ; mais, suivant des pratiques empruntées de la vie sauvage, vie de ruses et d'embuscades, un parti qui se cachait était un ennemi ; et dans des forêts comment ne pas toujours avoir l'air de se cacher ? Au moment où les Français surpris et entourés couraient aux armes : « Feu ! » cria Washington, et il donna l'exemple. Ce coup de fusil, tiré par un inconnu, au fond des bois de l'Amérique, mit l'Europe en flammes ; ce fut le signal d'une guerre qui devait assurer la grandeur de nos ennemis.

La mort de Jumonville, c'était le nom du commandant français, envoyé, à ce qu'il semble, comme un messager, et avec des intentions de paix, fut accueillie en France et au Canada comme une violation du droit des gens, comme un assassinat. Thomas, qui nomme l'attaque des Anglais *un monument de perfidie qui doit indigner tous les siècles*, consacra à Jumonville un poëme aussi solennel que *la Pétréide*, mais dans lequel, soit dédain, soit oubli, le nom de Washington n'est pas même prononcé. En Amérique, la mort de Jumonville fut plus dignement honorée. Son frère, de Villiers, à la tête de quelques soldats, poursuivait Washington, l'assiégeait dans le fort Nécessité, et l'obligeait à signer la capitulation suivante, dont Washington, dit-on, ne comprit pas toute la gravité, n'ayant jamais su le français :

« Ce 3 juillet 1754, à huit heures du soir.

« Comme notre intention n'a jamais été de troubler la paix et
« la bonne harmonie qui régnaient entre les deux princes amis,
« mais seulement de venger l'*assassin* qui a été fait sur un de
« nos officiers, porteur d'une sommation, et sur son escorte,
« comme aussi d'empêcher aucun établissement sur les terres du
« roi mon maître;
« A ces considérations, nous voulons bien accorder grâce à tous
« les Anglais qui sont dans le fort, aux conditions ci-après, etc.

« *Signé* : James Mackay, G. Washington, Coulon,
Villiers. »

Maîtres de l'Ohio, les Français furent menacés l'année suivante par une armée régulière envoyée d'Angleterre, et commandée par le colonel Braddock. Les Anglais, qui avaient oublié de nous déclarer la guerre, mais non de saisir nos vaisseaux sans défiance, espéraient nous chasser du continent avant même que les hostilités fussent dénoncées; mais cette honnête politique échoua devant le courage de nos braves Canadiens. Une poignée d'hommes, soutenue de quelques sauvages, détruisit dans une embuscade les régiments anglais, dont les débris furent sauvés et ramenés par un colonel de milices provinciales, le seul des aides de camp de Braddock que les balles indiennes eussent épargné, comme si le ciel le réservait pour de plus grands desseins : c'était encore une fois le colonel Washington.

Tandis que nous obligions les Anglais à repasser les Alleghanys, un homme dont la France a droit d'être fière, le marquis de Montcalm, nouveau gouverneur du Canada, les chassait du bassin du Saint-Laurent. Le fort Oswégo, sur le lac Ontario, le fort William-Henry, sur le lac George, étaient pris et rasés. Ce n'étaient pas seulement nos soldats qui montaient à l'assaut, c'étaient nos missionnaires guidant les Indiens leurs néophytes, plantant dans les décombres une croix avec ces mots : *Signum victoriæ*, et au-dessous nos armes avec cette légende toute patriotique : *Manibus date lilia plenis*. Mieux que de grands politiques, ils sentaient que la cause de la France était celle de leur religion.

Ce fut la dernière lueur d'une gloire et d'une puissance au moment de s'éteindre. Pitt arrivait au ministère avec la haine de la France et la volonté de chasser l'ennemi du continent américain. En politique habile, il comprit où était la force qui viendrait à bout des Français. Laissant aux Anglais la mer pour bloquer le Saint-Laurent et empêcher tout secours, ce fut les colons qu'il jeta sur le Canada. Loin de les menacer d'une taxe ou de les humilier dans leur orgueil, comme avaient fait ses prédécesseurs, il donna aux officiers de milice rang égal avec les officiers anglais jusqu'au grade de colonel, fournit armes, tentes, munitions, promit que le Parlement payerait les frais de la guerre, et demanda seulement des hommes. Il traita les planteurs, non pas en sujets, mais en alliés, les appelant à la croisade contre le Français, l'ami des Indiens, l'éternel danger de la colonisation.

Pendant que les planteurs, répondant à la voix de
Pitt, réunissaient contre nous tous leurs efforts, que
faisait la cour de Louis XV? Elle abandonnait Montcalm
à une perte certaine, elle laissait sans ressource une
poignée d'hommes décimés par la famine et la guerre.
Huit bataillons, c'est-à-dire un peu plus de trois mille
soldats, six à sept mille Canadiens pouvant tenir un
fusil, voilà tout ce que le gouverneur pouvait opposer à
cinquante mille Anglo-Américains, maîtres de la mer
et disposant de moyens de toute espèce. « Je ne suis
« pas découragé, écrivait Montcalm au ministre, ni
« mes troupes non plus; nous sommes résolus à nous
« enterrer sous les ruines de la colonie. » Il fallut abandonner toutes les positions sur les lacs, laisser le fort
Duquesne, qui fut nommé Pittsburg, en l'honneur de
Pitt, le véritable vainqueur de la France; il fallut se
retirer sur Québec et accepter cette dernière bataille où
les commandants des deux armées furent tous deux
mortellement frappés; mais Wolfe, en mourant, eut
pour se consoler une victoire qui éternisait son nom et
assurait la grandeur de sa patrie, tandis que Montcalm
n'eut pour se soutenir que le sentiment du devoir accompli et la résignation d'un soldat et d'un chrétien.
Averti par le chirurgien que sa blessure était mortelle,
il demanda avec joie combien il avait d'heures à vivre,
et, apprenant qu'il ne passerait pas la journée : « Tant
« mieux, dit-il, je ne verrai pas prendre Québec. »
Belle parole, mais éternelle accusation contre ceux qui
avaient condamné à une mort stérile un si noble courage !

La perte du Canada fut accueillie avec indifférence par le gouvernement français. C'était un embarras, une colonie coûteuse et sans profit, une cause perpétuelle de difficultés et de guerres. Aussi en 1763, à la paix, quand Pitt, avec une hauteur et un dédain insupportables, déclara qu'il ne rendrait jamais sa conquête d'Amérique, Louis XV fit-il bon marché d'une terre que la France avait payée du plus pur de son sang.

Les politiques du temps se croyaient sûrs d'une revanche prochaine : « Nous les tenons, » s'écria M. de Choiseul le jour où la paix fut signée. On sentait que les colonies anglaises, animées par la victoire, et n'étant plus contenues par la crainte des Français et le besoin d'un appui, ne se soumettraient pas longtemps aux gênes qui étouffaient leur commerce et leur industrie, non plus qu'aux prétentions hautaines que l'Angleterre avait déjà plus d'une fois affichées.

Mais si ce fut la pensée qui décida M. de Choiseul à signer l'abandon du Canada, quelle fausse et médiocre politique ! Sans doute il était bien de prévoir que les colonies, en grandissant, se détacheraient de l'Angleterre et briseraient un jour sa toute-puissance maritime. Mais ce qu'il fallait voir, c'est que dans cet immense territoire s'établirait bientôt un empire aussi grand et aussi peuplé que l'Europe, et un empire anglais de mœurs, d'idées, de langage, de religion. Un homme d'État eût risqué la France pour sauver le Canada, et conserver à la civilisation latine une part du continent. Céder, c'était signer l'affaiblissement de notre race ; la part que la France a prise à la révolu-

tion d'Amérique a bien pu laver son injure, mais elle
n'a pas relevé sa puissance abattue.

Était-il si difficile de prévoir l'avenir des colonies
américaines? Non, personne ne doutait de leur prochaine grandeur. Dès 1730, Berkeley l'idéaliste écrivait
à Rhode-Island les vers suivants :

> Westward the course of empire takes its way;
> The four first acts already past,
> A fifth shall close the drama with the day;
> Time's noblest offspring is the last.

« C'est vers l'Ouest que va l'empire du monde; les
quatre premiers actes sont déjà passés; le cinquième
finira le drame et le jour; la plus noble production du
temps, c'est la dernière. »

Un peu plus tard, Franklin, calculant que la population doublait en vingt-cinq ans, proclamait partout
que dans un siècle l'Amérique serait un État immense;
c'était aussi la pensée de Pitt et des hommes éclairés de
l'Angleterre. Hume, en 1767, blâmait Gibbon d'écrire
en français les révolutions de la Suisse : « Laissez, lui
« disait-il, laissez les Français triompher de ce que leur
« langage est aujourd'hui répandu partout. Nos so-
« lides établissements d'Amérique, qui croissent sans
« cesse, et qui ne craignent pas une inondation de
« barbares, promettent à la langue anglaise bien plus
« de stabilité et de durée. »

Le temps a donné raison à Hume, et la faute de la
France est aujourd'hui trop visible; mais quelque triste
que soit pour nous ce passé, il ne faut point en détourner les yeux.

Et d'abord, quels que soient l'impartialité, le zèle, le talent de M. Bancroft, c'est pour nous un pieux devoir de ne point laisser aux Américains seuls le soin de conserver le souvenir de nos pères. Ils sont à nous, ces intrépides explorateurs des lacs et du Mississipi, ces martyrs de la foi et de l'honneur, ces missionnaires et ces braves, morts sur une terre qu'ils voulaient conquérir à la France; leur gloire nous appartient; et puisque de tant d'efforts et de peines c'est tout ce qui nous reste, au moins devons-nous ne point laisser perdre ce dernier et cher trésor!

Mais ensuite quelle leçon pour nous si nous savons l'entendre! La fortune nous avait donné la meilleure part de l'Amérique, comme elle nous a donné l'Algérie avant tous les autres; prenons garde que l'histoire de notre nouvelle conquête ne ressemble à celle du Canada. Ce qui nous plaît en Afrique s'est déjà vu aux bords du Saint-Laurent. Même courage, même intrépidité, même union entre les naturels et les Français. Cette facilité de mœurs, ce respect des usages qui ne sont point les nôtres avaient séduit aussi les Indiens, qu'effrayait cette race anglaise qui détruit tout ce qu'elle touche, et couvre de sa lave tout ce qu'elle approche. Pourquoi cependant, avec tant de bravoure, de dévouement et d'esprit, avons-nous perdu l'Amérique? C'est que nous n'en avons jamais possédé que la surface. Nous y avons eu des chasseurs, des coureurs de bois, des soldats, mais point de colons. Nos Canadiens erraient des lacs aux montagnes Rocheuses avec les Indiens qu'ils étonnaient par leur adresse et leur audace, tandis qu'à côté, sous l'empire d'un gouvernement libre et qui porte avec lui sa prospérité, les Américains prenaient racine dans le sol péniblement défriché. Aussi, au jour de la guerre, une poignée d'hommes attaquée par une nation a-t-elle vainement tenté une impossible résistance, et, par je ne sais quelle justice, l'Amérique est restée non point aux Français qui l'avaient parcourue, non point aux Anglais qui l'avaient ensanglantée, mais à ces planteurs qui avaient porté dans le désert, au lieu du fusil, la hache et la Bible, et conquis pacifiquement la solitude par le double travail des mains et de l'esprit.

Novembre 1852.

LES ÉTATS-UNIS

ET

LA FRANCE

Introduction.

Quand vous défendez la vérité, a dit Goethe, *ne vous lassez point de parler, l'erreur ne se lasse point d'agir.* Parole profonde, dont on sent toute la portée dans une crise politique telle que celle où l'Amérique est engagée. Au début des événements, la conscience publique ne se trompe guère ; il y a dans notre cœur un instinct secret qui saisit la justice à première vue. Mais bientôt on trouve devant soi les intérêts et les passions conjurés ; les intérêts, qui souvent sont respectables, même dans leur égarement ; les passions, qui ne le sont jamais, et qui enveniment tout ce qu'elles touchent. La lutte commence, et de la mêlée sort un nuage où disparaît la vérité. Au milieu du bruit et de la fumée, le gros du public, étourdi, ébloui, trompé, ne sait plus ni ce qu'il voit, ni ce qu'il veut. Par amour du repos il est tout disposé à écouter ceux qui crient le plus fort. De là un trouble d'idées, une confusion

universelle dont les habiles profitent, à moins que des
cœurs généreux, des esprits décidés ne se mettent en
travers du courant, et ne maintiennent les droits de la
justice et de la vérité. Quoique le Sud ait beaucoup
d'amis en France, et que l'esclavage y trouve une faveur que nous n'avions pas soupçonnée, le Nord a
réuni cependant toute une phalange de défenseurs qui
n'ont point abandonné les vieilles et glorieuses traditions de la France. Le *Journal de Débats*, *le Siècle*,
la Presse, *le Temps*, *l'Opinion publique*, etc., etc., ne
se sont point convertis. Ils n'ont pas eu l'œil assez vif
pour voir que la cause de la servitude était la cause de
la liberté. Aveugle comme eux, ce n'est pas moi qui les
blâmerai.

A côté des journaux, se sont fait entendre des voix
éloquentes, et depuis longtemps écoutées. On se sou-
vient peut-être que l'an dernier, au moment où le Sud
se révoltait, où le Nord, surpris par la défection, semblait hors d'état de se défendre, M. le comte de Gasparin publia en faveur du parti de la liberté un plai-
doyer chaleureux qu'il intitula : *Un grand peuple qui
se relève* [1]. Avec un courage qui lui est naturel, avec
une foi sincère dans le triomphe final de la justice,
M. de Gasparin ne craignit pas de rompre en visière à
l'opinion du jour. Il affirma que le Nord, quelle que
fût l'issue de la lutte, se relevait devant Dieu et devant

1. J'ai rendu compte de ce livre dans le *Journal des Débats* au mois
d'octobre 1861. Ce compte rendu et quelques autres articles sur les
États-Unis et l'esclavage ont été réimprimés dans mes *Études morales
et politiques*. Paris, 1861, Chez Charpentier.

les hommes, dès l'instant qu'il rompait avec la politique de l'esclavage et repoussait l'injuste suprématie
du Sud. Les événements n'ont pas donné tort à la hardiesse de cette prophétie. Ces marchands, que les planteurs de la Caroline, un fouet à la main, allaient faire
rentrer dans l'obéissance, comme des esclaves révoltés,
ces Yankees, qui, disait-on, n'adoraient que l'argent,
ont montré une résolution qu'on louerait chez les vieux
Romains. Sept cent vingt mille engagés volontaires marchant au secours de la patrie, c'est un spectacle qui
n'est pas commun dans l'histoire; il y a là quelque
chose de l'enthousiasme qui, en 1792, poussait nos
pères aux frontières envahies. Si les soldats du Nord
n'ont point écrasé l'ennemi, au moins l'ont-ils réduit
à se défendre, après l'avoir chassé du Maryland, du
Tennessée, du Kentucky, du Missouri, des fleuves et
de la mer. Ni le patriotisme ni le dévouement n'ont manqué à cette démocratie dont on raillait l'impuissance.
Sans méconnaître le courage des confédérés, il est
permis de dire qu'aujourd'hui leur seul espoir est dans
l'intervention de l'étranger. Si l'Angleterre et la France
ne vont pas au secours du Sud, la cause de l'esclavage
est perdue.

Devons-nous intervenir? Telle est la question que
M. de Gasparin traite dans un nouvel ouvrage, écrit
avec la même chaleur et la même élévation que le premier. *L'Amérique devant l'Europe* est une revue des
événements qui ont rempli la première année de la
guerre civile; c'est aussi un examen de conscience fait
au nom de l'Europe et avec une entière sincérité. Reve-

nir sur le passé est chose désagréable à ceux qui n'ont
d'autre souci que de suivre la fortune, et pour qui le
succès fait le droit; c'est chose nécessaire à quiconque
raisonne ses jugements et sa conduite. En Angleterre
et en France, l'industrie souffre cruellement de la crise
américaine; lui porter secours est le vœu de tout le
monde; par malheur, on n'a pas trouvé le remède.
Nous sommes en face d'empiriques qui, si on les écoutait, nous pousseraient dans une voie pleine d'injustice
et de danger. Le moment est venu de se recueillir et
de chercher quel est ici le droit et peut-être aussi le
devoir de la France. Ce n'est pas là un simple objet de
curiosité; l'opinion décidera de la paix ou de la guerre;
notre avenir et celui de l'Amérique sont engagés. En
pareil cas, chacun doit défendre énergiquement ce qu'il
croit la bonne cause. Peu importe le talent; quand
l'intérêt de la France est en jeu, le devoir fait la vo-
cation.

Dans cette revue du passé, dans cet exposé de la
situation présente, je suivrai M. de Gasparin; je join-
drai à son ouvrage l'excellent livre que vient de publier
M. Georges Fisch, *les États-Unis en* 1861. L'auteur
arrive d'Amérique; il a beaucoup vu et il a bien vu. Ces
pages solides, *breves quidem, sed succi plenæ,* donnent
le secret de la vie et de la grandeur américaine; elles
donnent aussi le secret d'une jalousie trop répandue en
Europe. Une démocratie paisible et prospère, un monde
où la liberté fait des merveilles, c'est là, pour certaines
gens, un scandale et un remords. Ne leur dites pas
que depuis soixante-quinze ans les États-Unis ont joui

en paix d'une admirable Constitution, qu'ils ont résolu les questions qui nous troublent, qu'il n'y a pas de peuple plus avancé dans la pratique du libre gouvernement. Séparation de l'Église et de l'État, religion vivante, charité libre et féconde, éducation populaire portée au plus haut degré de perfection, indépendance communale, liberté d'association, liberté de la presse, liberté individuelle, prodiges d'une industrie que rien ne gêne, petits budgets, faibles armées : toutes ces conquêtes de la civilisation chrétienne offusquent des politiques qui ont des yeux pour ne rien voir. Leur réponse est toute prête : *Peut-il venir quelque chose de bon de Nazareth?* Dédain ridicule, mais qui coûtera cher à l'Europe, si elle écoute ces importants, si elle oublie qu'il y a aujourd'hui dans le Nord vingt et un millions d'hommes libres, qui ne le cèdent ni en énergie, ni en patriotisme, ni en ressources à leurs frères du vieux continent.

Pour perdre le Nord dans l'estime de l'Europe, on n'a imaginé rien de mieux que de nier les causes de la guerre et d'affirmer le contraire de la vérité. Ce qu'on voit, ce qui crève les yeux est une illusion ; c'est ce qu'on ne voit pas qui est le fin et le beau. Il y a en Angleterre et en France toute une école de diplomates improvisés qui a le secret des choses, et qui, en outre, a la bonté de railler notre ignorance et de refaire notre éducation. En face des prodigieuses assertions qu'on jette chaque matin au public, M. de Gasparin n'est pas maître de sa tristesse : *Combien de temps*, s'écrie-t-il avec une douloureuse ironie, *combien de temps faut-il pour qu'une erreur devienne une vérité?* Je l'ignore; mais il dépend de nous de retarder et peut-être d'empêcher cette métamorphose. Rétablissons les faits, accumulons les preuves, ne craignons pas de faire chaque jour les mêmes réponses à des objections qui, pour être sans cesse répétées, n'en sont pas plus sérieuses, et laissons faire au temps et à la publicité. Le peuple français est moins naïf qu'on ne suppose; les sophismes l'amusent, les paradoxes ne lui déplaisent pas; mais, pour l'entraîner dans une politique d'aventures, il n'est pas inutile de lui montrer qu'on a raison. Quarante ans de travail et d'industrie nous ont appris qu'on ne mène pas les affaires avec du bel esprit; il y faut cette maîtresse force qu'on appelle le bon sens, ou, sous un autre nom, la vérité.

Au début de la guerre, l'opinion générale en Europe a été que l'esclavage était la cause de la rébellion et que les États du Sud n'avaient constitutionnellement aucun droit de se séparer. C'était la condamnation du Sud. Si, en effet, l'esclavage est l'unique raison de cette guerre civile, dont nous souffrons, comment l'Europe libérale pourrait-elle s'intéresser à un peuple qui, en pleine civilisation, en un temps où la morale du Christ n'est pas morte, ose arborer le drapeau de l'esclavage, et recommencer la société païenne, en fondant la grandeur d'une poignée d'hommes sur l'éternelle misère d'une race asservie? Et, d'un autre côté, si les gens du Sud sont des mécontents qui, sans autre grief que leur ambition menacée, ont porté sur la patrie des mains criminelles, comment le vieil honneur français prendrait-il parti pour des hommes qui ont manqué au premier, au plus saint devoir du citoyen? Rompre l'unité nationale, c'est un crime en France; ce ne peut pas être une vertu en Amérique.

Les faits étaient écrasants, on les a niés. En commençant la révolte, le Sud a pris pour mot d'ordre : *sainteté et perpétuité de l'esclavage;* pour l'Europe, ce mot d'ordre a disparu. Le maintien de l'esclavage s'appelle aujourd'hui : *résistance à la suprématie du Nord.* Suivant la Constitution, la rébellion était sans excuse; nous avons d'habiles légistes qui ont lu le droit de séparation dans la loi d'Union, établie par Washington et ses amis. Rompre à son caprice un contrat perpétuel, juré et accepté, il y a soixante-quinze ans, par le peuple des États-Unis, est devenu pour le Sud l'exercice d'un droit constitutionnel. Les anciens n'avaient pas tort lorsqu'ils définissaient la rhétorique l'art de plaider les apparences et qu'ils renvoyaient à une science plus sérieuse la recherche de la vérité.

I. — L'ESCLAVAGE EST LA VRAIE CAUSE DE LA RÉBELLION.

Rétablissons les faits, ils ont une éloquence et une force que rien ne surmonte.

L'opinion ne s'est pas trompée en pensant que l'esclavage était la vraie cause de la guerre civile. Un jour est venu où le Nord, las d'être assujetti, depuis trente ans, à une politique honteuse, a déclaré, en élisant M. Lincoln, que la servitude ne ferait plus de nouveaux progrès en Amérique. Ce jour-là, sans doute, le Nord

n'est point intervenu dans les *institutions domestiques*
du Sud ; il n'avait point le droit d'affranchir des nègres
qui ne lui appartenaient pas, ni de changer des lois
qu'il n'a point faites ; il a dit simplement à l'esclavage :
Tu n'iras pas plus loin. Mais, avec l'instinct des privilégiés, le Sud a senti que si la servitude ne grandissait
plus, elle était morte. Au lieu de se résigner à une
émancipation lointaine, les planteurs ont pris les armes
et proclamé une séparation qui, depuis trente ans, était
leur perpétuelle menace, l'instrument d'une ambition
que nulle concession n'a rassasiée. Aussitôt qu'ils n'ont
plus été les maîtres, aussitôt que par le libre jeu des
institutions le Nord a eu pour lui une majorité constitutionnelle, les politiques du Sud ont déchiré le contrat
qui les gênait. L'Union pour eux n'avait qu'un sens :
prépondérance de l'esclavage ; dès qu'elle ne leur servait plus à propager la servitude, ils l'ont brisée sans
scrupule et sans remords. Voilà ce qu'on appelle une
patriotique résistance au despotisme du Nord, une
guerre où l'esclavage n'est qu'un prétexte ! Jamais la
violence ne s'est cachée sous des noms plus innocents
et plus doux.

Des preuves ! dira-t-on. Ces preuves surabondent.
Depuis trente ans, le Sud est en conspiration perpétuelle ; depuis trente ans, il n'a que deux mots à la bouche : Toute-puissance de l'esclavage ou séparation ;
depuis trente ans, l'histoire des États-Unis est l'histoire
des menaces et des emportements du Sud, des concessions et des faiblesses du Nord. Il y a vingt-cinq ans
que Channing prédisait ce qui se passe aujourd'hui ; il

y a trente ans qu'un roman publié par un homme du Sud, et intitulé : *le Chef des Partisans*, annonçait le triomphe de l'esclavage et la séparation pour 1861.

En 1830, qui donc proclama le premier la légitimité de l'esclavage et le droit de *nullification*, c'est-à-dire de séparation? L'apôtre du Sud, l'homme dont les idées fatales lèvent aujourd'hui dans le sang : M. Calhoun.

Alors aussi, par crainte de l'opinion, on parlait de tarif, mais sans tromper personne. Le président Jackson, qui étouffa le premier germe de rébellion par sa décision et son énergie, écrivait en 1833, avec un pressentiment trop sûr : « Le tarif n'est qu'un prétexte : la désunion, « l'établissement d'une Confédération du Sud, voilà « l'objet réel. Le prochain prétexte sera la question des « nègres ou de l'esclavage [1]. »

Qui a lancé des bandes d'aventuriers sur le Texas? Qui, au mépris du droit des gens, au mépris de l'humanité, a replanté l'esclavage sur cette terre affranchie par les Mexicains? Le Sud.

Qui a poussé Walker et ses flibustiers sur le Nicaragua, Lopez sur la Havane? Qui a déclaré que Cuba était nécessaire à l'Amérique, pour y faire quatre nouveaux États à esclaves? Qui a déclaré que l'affranchissement des nègres dans l'île espagnole serait considéré comme une déclaration de guerre? Le Sud.

En 1850, qui s'est opposé à l'admission de la Californie comme État libre, parce que cette admission mettait en minorité les États à esclaves et que les étoiles de la

---

1. *The rebellion, its origin*, etc., by C. Sumner. New-York, 1861.

liberté ne devaient point éclipser les étoiles de la servitude? Le Sud[1].

Qui a fait rendre la loi contre les esclaves fugitifs, loi
barbare qui saisissait ces misérables sur une terre de liberté, loi honteuse qui forçait les officiers d'un peuple
libre à se faire les geôliers de la servitude? Le Sud.

Qui, après avoir imposé en 1820 le compromis du
Missouri, l'a fait abolir en 1850, parce qu'il gênait
l'extension de l'esclavage? Le Sud.

Qui a envahi le Kansas, chassé et tué les libres planteurs, afin de réduire le Kansas au rang d'État à esclaves? Le Sud.

Qui a fait rendre l'arrêt Dred Scott, cet arrêt célèbre

---

1. « En 1850, les États étaient au nombre de trente, exactement
divisés entre les deux partis (esclavage et liberté), de sorte que l'admission de la Californie donnait la majorité (dans le Sénat) aux États
sans esclaves. La discussion dura quatre mois, et, chose extraordinaire,
qui ne se voit qu'aux États-Unis, elle fut traitée tous les jours, et tous
les jours il y eut au Sénat un discours au moins sur cette question,
sans que le public et l'Assemblée s'en montrassent fatigués. Le plus
remarquable de ces discours fut celui de M. Calhoun, sénateur pour
la Caroline du Sud. Ce fut son testament politique. Il était mourant
quand il le composa, et il le fit lire par un de ses collègues. Ce discours se terminait par une prosopopée qui était une véritable prophétie.
C'était un appel à la séparation conçu en termes si énergiques, que,
si l'auteur eût vécu, on peut dire que cette séparation eût eu lieu
ipso facto. »

« J'arrivais à Washington, et je fus témoin des obsèques de M. Calhoun. Le Congrès assistait, morne et silencieux, à cette cérémonie, et,
dans ce moment solennel, un Français, qui depuis longtemps habitait
les États-Unis, me dit : *Vous venez, monsieur, d'assister aux funérailles
de l'Union.* » (*La crise américaine,* par M. Saïn de Boislecomte, ancien
ministre de la République française aux États-Unis, p. 45. Paris, 1862.)

En d'autres termes, le jour où le Sud a craint de perdre sa prépondérance politique, il a décidé de rompre l'Union.

qui autorise le planteur à transporter partout où il voudra ses esclaves, comme ses chevaux et ses chiens, sans que la loi municipale puisse en rien gêner ni affaiblir le privilége du maître? Qui a, de cette façon, porté la servitude au milieu même des États libres? Le Sud.

En 1856, lorsque l'élection du colonel Frémont semblait assurée, qui s'est écrié : « Foulez aux pieds la « Constitution des États-Unis, formez une Confédéra- « tion méridionale dont chaque membre sera un État « à esclaves. Si Frémont est élu, je suis d'avis que le « peuple du Sud se lève dans sa majesté, au-dessus des « lois et des magistrats, saisissant le pouvoir de ses « propres mains, et posant la forte main des hommes « libres du Sud sur le trésor et les archives du gouver- « nement[1]? » C'est le représentant Brooks, ce terrible dialecticien qui réfutait l'honorable M. Sumner en l'assommant; c'est le héros auquel le Sud reconnaissant décernait une canne d'honneur en récompense de ses exploits.

Qui a déclaré que si M. Lincoln était élu, l'Union ne devait pas durer une heure de plus? Le Sud.

Quel était le programme de M. Lincoln? Parlait-il de tarif? menaçait-il l'indépendance intérieure des États? Non; ce programme tout constitutionnel portait simplement : « Point d'extension de l'esclavage au delà de ses frontières actuelles; plus d'admission de nouveaux États à esclaves dans l'Union; adoption de mesures efficaces contre la traite, modification de la loi sur les es-

---

1. *L'Amérique devant l'Europe*, p. 231.

claves fugitifs, dénonciation de l'arrêt Dred Scott, qui transforme les États libres en États à esclaves. »

En face de ce programme, quel était celui de M. Breckinridge, le candidat du Sud? « L'esclavage sera national et non plus *sectionnel;* en d'autres termes, il sera reconnu par la Constitution; il s'étendra dans les nouveaux territoires, suivant le vœu des populations, autant que s'étendra l'Union. Aucun État ne pourra empêcher le transit des esclaves; la loi des esclaves fugitifs sera renforcée. »

Peut-on nier ces faits? Non, à moins d'effacer l'histoire de trente ans. L'esclavage, partout et toujours, et à la suite de l'esclavage la menace de la séparation: voilà depuis M. Calhoun le fantôme qui obsède les États-Unis. Clay et Webster ont usé leur génie et leur vie à chercher des compromis impossibles ; Channing et Parker ont annoncé que ce cancer rongerait et tuerait l'Union; les hommes les plus distingués de la génération vivante, Everett, Bancroft, Sumner, ont répété les terribles prophéties de Channing; la candidature de Frémont, comme celle de Lincoln, n'a eu qu'un sens : limiter et concentrer la servitude. Tout l'effort de l'opinion, dans le Sud comme dans le Nord, n'a pas eu d'autre objet que de préparer le triomphe de la politique de liberté ou de la politique d'esclavage. On a mis trente ans à charger cette mine qui vient d'éclater, et qui en éclatant emporte la république; et le lendemain du désastre il se trouve en Europe des publicistes pour nous annoncer en style d'oracle que nous sommes dupes des apparences et qu'on s'égorge pour un tarif! En vérité, c'est trop compter sur la force de son imagination et sur la bonhomie du public.

Enfin le Sud jette le masque et menace de se séparer, à moins que, sur l'heure, on ne cède à ses exigences; si le tarif en est la cause, c'est le moment de protester contre l'avidité du Nord; point du tout; il n'est question que de l'esclavage. Dans le premier enivrement, on ne songe pas à l'Europe, on parle à cœur ouvert.

Il y a, à Washington, un président qui s'est livré corps et âme aux planteurs; avant de quitter le pouvoir, il adresse un dernier appel à la nation; il supplie le Nord de tout accorder pour éviter la ruine de l'Union. Dans cette dernière prière, dans cette adjuration solennelle, M. Buchanan va sans doute reprocher au Nord son âpreté, lui demander de réformer un tarif oppresseur; il ne parlera point de l'esclavage, puisque l'esclavage, si l'on en croit les habiles, n'est pour rien dans la séparation. Écoutons ses paroles : .

« Pendant toute l'année (1860) le pays a été éminemment prospère en tout ce qui touche à ses intérêts matériels... L'abondance a régné d'un bout du territoire à l'autre. Notre commerce et nos manufactures, poussés avec une industrieuse énergie, ont donné de grands bénéfices; aucune nation n'a jamais présenté le spectacle d'une prospérité matérielle plus grande que celle dont nous avons joui jusqu'à ces derniers temps.

« Pourquoi donc règne-t-il aujourd'hui un mécontentement si universel? Pourquoi l'Union des États, qui est la source de ces bénédictions, est-elle menacée de destruction? *L'immixtion prolongée et sans ménage-*

ment du peuple du Nord dans la question de l'escla-
vage a produit à la fin ses conséquences naturelles.....
J'ai depuis longtemps prévu et souvent signalé à mes
concitoyens le danger qui est maintenant imminent. Ce
danger ne provient pas seulement de la prétention du
Congrès à exclure des territoires l'esclavage ; il ne provient pas seulement des efforts de différents États pour
entraver l'exécution de la loi des esclaves fugitifs... Le
danger immédiat naît surtout du fait, que la violente et
incessante agitation de la question de l'esclavage dans
tout le Nord, pendant le dernier quart de siècle, a enfin
exercé son influence maligne sur les esclaves, et leur a
inspiré de vagues notions de liberté. Au Sud, la sécurité ne règne plus autour du foyer domestique... *Si*
l'appréhension augmente, la désunion deviendra né-
cessaire, etc.

« Tenons-nous pour avertis à temps, et faisons dis-
paraître la cause du danger... Combien il serait aisé au
peuple américain de régler une fois pour toutes la question de l'esclavage, et de rendre la paix et la concorde
à ce pays aujourd'hui en proie aux dissensions ! »

Que faut-il donc faire pour éviter une révolution
menaçante ? Suivant M. Buchanan il suffit d'insérer un
amendement dans la Constitution qui : 1° reconnaisse
expressément le droit de propriété sur les esclaves ;
2° réserve aux populations des territoires le droit d'établir ou de rejeter l'esclavage ; 3° sanctionne la poursuite
des fugitifs dans les États libres, et déclare que toute
loi municipale portant atteinte à ce droit est une violation de la Constitution. En d'autres termes, consacrer

à tout jamais la servitude, en faire la pierre angulaire de la Constitution, c'est le seul moyen de sauver l'Union.

Voilà le testament politique du dernier président de l'Union. De quoi parle cette pièce décisive, sinon de l'esclavage, et seulement de l'esclavage? En vérité, quand en Europe certains journaux vous jettent à la tête des arguments comme le tarif, on est tenté de dire, avec un personnage de comédie : « De qui se moque-t-on ici? »

La révolution éclate. Le Sud déclare qu'il gardera la Constitution fédérale, et certes c'est ce qu'il pouvait faire de mieux; il n'y change que deux articles, mais ces deux articles en disent long sur la cause de la rébellion. On déclare que les États souverains auront toujours le droit de se retirer de la nouvelle Confédération, preuve certaine qu'on n'a pas trouvé ce droit dans l'œuvre de Washington ; on ajoute, comme le proposait M. Buchanan, que l'esclavage sera reconnu et protégé dans tous les États et territoires ; ce ne sera plus une institution particulière, *sectionnelle*, ce sera la loi commune du nouvel empire. Voilà comment l'esclavage n'est pour rien dans la révolution.

Reste-t-il quelques doutes dans l'esprit du lecteur? Croit-il encore à la fable du tarif? Écoutons M. Stephens, aujourd'hui vice-président de la Confédération du Sud, et le plus éloquent de ses orateurs :

« Notre Constitution nouvelle vient enfin de répon- « dre toutes les questions émouvantes qui se rappor- « taient à *nos institutions particulières*. L'esclavage a

« été la cause immédiate de la dernière rupture et de la
« révolution actuelle. Jefferson avait bien prévu que
« sur cet écueil se briserait un jour la vieille Union. Il
« avait raison.... L'idée dominante admise par lui et
« par la plupart des hommes d'État de son temps a été
« que l'esclavage de la race africaine était une viola-
« tion des droits de la nature... Mais ces idées étaient
« fondamentalement fausses; elles reposaient sur l'é-
« galité des races. C'était une erreur; les fondements
« de l'édifice reposaient sur le sable. Notre nouveau
« gouvernement est basé sur des idées toutes con-
« traires. Ses fondations sont placées, sa pierre d'an-
« gle repose sur cette grande vérité, que le nègre n'est
« pas l'égal du blanc, que l'esclavage, la subordination
« à la race supérieure est sa condition naturelle et mo-
« rale. Notre gouvernement est le premier dans l'his-
« toire du monde qui repose sur cette grande vérité
« physique, philosophique et morale... Le nègre, en
« vertu de sa nature, et par suite de la malédiction de
« Cham, est fait pour la position qu'il occupe dans
« notre système. *Cette pierre que ceux qui bâtissaient*
« *ont rejetée* est devenue la pierre angulaire de no-
« tre nouvel édifice [1]. »

Je crois qu'il n'est pas besoin d'être un chrétien fer-
vent pour se sentir révolté par cet abus sacrilége d'une
des plus grandes paroles de la Bible; mais l'esclavage
est un poison qui enivre le maître; il a corrompu jusqu'à la religion. Les Églises du Sud parlent comme

---

1. *L'Amérique devant l'Europe*, p. 239.

M. Stephens. A toutes les pages de l'Évangile elles lisent la justification de la servitude. Ce n'est plus le divin Crucifié qu'elles adorent, c'est l'esclavage.

Voici, par exemple, comment l'un des grands docteurs en théologie du Sud, le révérend Palmer, prêche l'Évangile dans son église de la Nouvelle-Orléans :

« Faut-il que je m'arrête à vous prouver que l'escla-
« vage est la base de nos intérêts matériels, que notre
« richesse consiste dans des terres et dans ceux qui
« les cultivent, et que par la nature de nos produits il
« nous faut un travail qui puisse être contrôlé?... Ceci
« établit la solennité du mandat que nous avons reçu
« et qui consiste à perpétuer et à étendre notre système
« de servitude, en lui donnant le droit d'aller et de
« prendre racine partout où la nature et la Providence
« peuvent le transporter. Nous nous acquitterons de
« ce droit en face des dangers les plus terribles. Quand
« la guerre serait la réunion de tous les maux, s'il faut
« en appeler à l'épée, nous ne reculerons pas devant le
« baptême de feu, et nous ne laisserons tomber cette
« épée que lorsque notre dernier soldat aura succombé
« derrière le dernier rempart. La position du Sud en
« ce moment est sublime. S'il reçoit de Dieu la grâce
« de connaître son œuvre, il se sauvera lui-même en
« sauvant l'Amérique et le monde. S'il se lève mainte-
« nant dans sa majesté, il éloignera pour toujours la
« malédiction qui le menace. S'il succombe, il lais-
« sera cette malédiction en héritage à la postérité[1]. »

---

1. *Les États-Unis en* 1861, p. 208.

Est-ce là une déclamation isolée, la folie ou la haine d'un théologien? Non, c'est la voix des Églises du Sud. Elles ont canonisé l'esclavage[1]. Presbytériens, baptistes, méthodistes, épiscopaux du Sud ont rompu avec leurs frères du Nord. Il y a maintenant aux États-Unis un christianisme libre et un christianisme servile. D'où vient cette rupture? D'une question de tarif ou de suprématie? Non. L'Église n'épouse point les querelles du siècle. La lettre des synodes presbytériens du Sud, adressée *à toutes les Eglises qui sont sur la terre*, nous dira l'origine et la cause de ce schisme, sorti d'un dogme nouveau : la sainteté de l'esclavage.

« L'antagonisme entre le Sud et le Nord au sujet de « l'esclavage est à la racine de toutes les difficultés qui « ont amené la rupture de l'Union fédérale et les hor- « reurs d'une guerre contre nature. Il est certain que « le Nord nourrit une profonde antipathie pour l'escla- « vage, tandis que le Sud est animé d'un zèle égal en « faveur de cette institution. Les événements confir- « meront et fortifieront nécessairement d'un côté cette « antipathie, de l'autre ce zèle pour l'esclavage[2]. »

Les synodes en concluent qu'il faut se séparer d'une secte ennemie; c'est leur droit. Mais qu'ils ne se fassent

---

1. Dans mes *Études morales et politiques*, j'ai fait l'histoire de l'esclavage aux États-Unis; on y trouvera les preuves de la dépravation d'idées qui a amené la révolution présente. Depuis vingt ans, les législateurs et les pasteurs du Sud parlent comme M. Stephens, et proclament la grandeur et la sainteté de l'esclavage. Voir aussi dans l'ouvrage de M. Fisch, *les États-Unis en 1861*, le chap. IX, intitulé : *l'Esclavaae aux États-Unis.*

2. *L'Amérique devant l'Europe*, p. 515.

pas illusion ; ce n'est pas seulement avec le Nord qu'ils
ne sont plus en communion, c'est avec les Églises de
toute la terre. L'Évangile où ils lisent la consécration
de la servitude n'est pas celui du Christ.

Dites maintenant s'il y a quelque chose de plus vrai
que les éloquentes paroles de M. Sumner :

« Contemplez la guerre, étudiez-la de tous côtés,
« vous verrez toujours l'esclavage comme cause unique
« de ses maux. Jamais les paroles de l'Orateur romain
« n'ont été plus applicables : *Nullum facinus exsistit*
« *nisi per te, nullum flagitium sine te*[1]. L'esclavage
« est la cause de la guerre, il en est la puissance, la fin,
« le but, le tout. On a souvent dit que la guerre met-
« tra fin à l'esclavage ; cela est probable ; mais ce qui
« est plus sûr encore, c'est que l'abolition de l'escla-
« vage mettrait fin à la guerre[2]. »

A ces terribles arguments, à cet arrêt que le Sud a
prononcé contre lui-même, qu'oppose-t-on ? Un sophisme. On déplace la question ; cela est plus aisé que
d'y répondre. La preuve, dit-on, que l'esclavage n'est
point la cause de la séparation, c'est que jamais le Nord
n'a voulu abolir la servitude ; en ce moment même il
hésite à proclamer l'émancipation. Admirable raisonnement dont on ne soupçonne guère la portée ! Comment les avocats du Sud ne voient-ils pas que si on accepte leur prétention, leur client est perdu ? Quand vous
prouverez que jamais le Nord n'a voulu affranchir les
nègres, en sera-t-il moins vrai que l'esclavage a été

1. Aucun forfait n'existe que par toi, aucune infamie sans toi.
2. *L'Amérique devant l'Europe*, p. 262.

pour le Sud le seul motif de la séparation? Cette conspiration de trente ans, dont se glorifient les hommes
d'État de la Caroline[1], sera-t-elle légitime parce qu'elle
est sans excuse? L'ambition est-elle d'autant plus noble qu'elle viole sans raison le plus saint des contrats,
et n'a pas même un prétexte pour colorer son crime?
Le Sud est accusé d'avoir rompu l'Union afin de pouvoir tout à son aise étendre et perpétuer la servitude;
comment se justifie-t-il de ce double attentat contre la
patrie et contre l'humanité? Dément-il les faits qui l'ac-
cablent? Rétracte-t-il les paroles qu'il a prononcées, les
actes qui le condamnent? Non; il répond qu'il n'avait
rien à craindre du Nord. Est-ce là une défense? Croit-
on qu'en Europe la conscience publique soit tellement
émoussée qu'elle ne sente point que la faiblesse du Nord
n'est point la justification du Sud?

Voyons maintenant ce qu'ont fait les États libres. Je
ne suis point leur avocat, je n'approuve pas de tout
point leur conduite passée; mais je ne puis m'empêcher
de dire qu'on les combat avec un artifice usé depuis
longtemps. Dans toute révolution, le parti qui a tort ne
manque jamais d'accuser ses adversaires de tout le mal
qu'il fait. Les mots changent de sens : la vertu devient crime, la résistance, oppression. Défendre les
lois, c'est violence; maintenir la Constitution, c'est

---

1. « L'élection de M. Lincoln, ou la non-exécution de la loi des fu-
« gitifs, n'est pour rien dans la séparation. C'est une affaire qui grossit
« et se prépare depuis trente ans. » Paroles de M. Rhett, ancien sénateur, dans la convention de la Caroline. Au premier moment d'ivresse,
chacun s'est vanté d'avoir conspiré depuis trente ans. Voir les preuves
données par M. Sumner, *The rebellion, its origin*, p. 7.

tyrannie. « De l'audace, et toujours de l'audace, » disait Danton. J'ose croire que cette devise a fait son temps. Soixante ans d'expérience nous ont guéris de notre crédulité.

— Le Nord, dit-on, n'a jamais voulu supprimer l'esclavage dans le Sud.

Si l'on parle du Nord constitutionnel, du Nord représenté dans le Congrès, on dit vrai. Jamais le gouvernement de l'Union, jamais le Congrès n'a encouragé les abolitionistes. Jamais on n'a présenté aux Chambres de Washington une loi qui abolît la servitude. La raison en est simple et fait honneur aux États-Unis : la Constitution s'opposait à une pareille mesure ; le Nord s'inclinait devant la Constitution comme devant l'arche sainte. En 1787, les treize États indépendants ont abdiqué leur souveraineté politique entre les mains du Congrès ; mais ils se sont réservé la souveraineté civile et administrative ; ils sont restés maîtres de leurs lois et de leurs institutions particulières. L'esclavage était une de ces institutions. Personne ne pouvait donc abolir la servitude dans la Caroline, que les représentants de la Caroline ; c'est un point qui n'a jamais été contesté. En acceptant la présidence, M. Lincoln a déclaré, comme ses devanciers, qu'il ne toucherait point aux lois des États et qu'il maintiendrait la Constitution. Que des âmes ardentes reprochent aux Yankees cet amour de l'Union, ce culte de la loi qui leur a fait ménager l'esclavage, auquel légalement ils n'avaient pas le droit de toucher, je le comprends ; mais en quoi la tolérance, ou, si l'on veut, l'inertie du Nord, peut-elle justifier

la conduite du Sud? Est-ce parce que le Nord res-
pectait la Constitution, que le Sud avait le droit de la
violer?

— Dans les États libres, ajoute-t-on, les nègres sont
repoussés par l'opinion; ils sont plus maltraités et plus
méprisés que les esclaves dans le Sud.

Il est vrai qu'au Nord un préjugé indigne d'un peuple chrétien regarde les noirs comme une race flétrie
par la servitude et refuse de les traiter en citoyens. Il
est vrai qu'à la Nouvelle-Orléans le planteur se plaît
quelquefois aux jeux de ses esclaves comme à ceux de
ses chevaux ou de ses chiens, tandis qu'à New-York le
blanc repousse le nègre. Mais a-t-on consulté l'esclave
pour lui demander si, malgré tout, il n'envie point ses
frères du Nord? Compte-t-on pour rien le droit d'être
maître de sa personne, de sa femme, de ses enfants, de
son travail et de ses biens? Et enfin que prouve cet argument? Est-ce par amour des nègres du Nord que le
Sud s'est séparé?

— C'est, dit-on encore, c'est de New-York et de Boston que partaient les bâtiments de traite. Le Nord, qui
fait sonner si haut son amour de la liberté, était le pour-
voyeur de la servitude.

Qu'est-ce que cela prouve, sinon qu'il y a partout
d'infâmes spéculateurs, prêts à se jouer de la vie et
du sang des hommes pour assouvir leur convoitise? Ce
crime, qui profitait au Sud, ce crime de quelques pi-
rates isolés est une tache pour le peuple qui l'a souffert;
mais quelle conclusion en peut-on tirer? Est-ce pour
venger cette abomination que le Sud s'est soulevé?

Laissons de côté ces récriminations, qui ne peuvent tromper personne; voyons les choses telles qu'elles sont. Ce qu'a voulu le Nord, c'est que l'esclavage ne grandît pas; c'est qu'il restât dans les limites où il est enfermé, c'est qu'il mourût peu à peu, et de sa belle mort. Voilà la vraie, la seule cause de la rébellion; voilà le crime ou la gloire de M. Lincoln et de son parti. Aller plus loin, ils n'en avaient pas le droit; et d'ailleurs, suivant une belle et profonde parole de madame Beecher Stove, *une immense pitié les arrêtait.* Émanciper en un jour quatre millions d'hommes, c'était lancer le Sud dans un inconnu qui fait trembler. Mais, à la différence des beaux esprits, qui reprochent au Nord sa faiblesse et proclament l'émancipation immédiate et universelle au nom des principes, pour réclamer la perpétuité de l'esclavage au nom des intérêts, M. Lincoln et ses amis sont entrés avec autant de résolution que de sagesse dans la seule voie qui fût tout ensemble constitutionnelle et sûre. Circonscrire le fléau afin de le réduire et de le supprimer peu à peu, telle a été la pensée de ces hommes de bien, pensée grande, féconde, et qui peut-être méritait autre chose que l'indifférence ou le dédain de peuples qui se disent chrétiens.

En rompant avec la politique d'esclavage, en nommant un président libéral, le Nord avait-il des visées aussi hautes? Que les faits répondent. Voyons comment, depuis un an, le Congrès a servi la cause de la liberté.

Le siége du gouvernement fédéral, le district de Colombie, détaché du Maryland, voisin de la Virginie, était resté soumis à la servitude. Le Sud ne voulait pas souffrir une oasis de liberté, un lieu de refuge entre deux pays d'esclaves. Des nègres vendus au pied du Capitole américain, c'était un scandale que depuis trente ans on n'avait pu abolir. Le Congrès vient d'affranchir le district de Colombie.

Le Sud entendait porter l'esclavage sur les territoires, vastes déserts où chaque jour pénètrent la culture et la civilisation. Le Congrès a donné tous les territoires à la liberté. C'est enfermer l'esclavage dans un cercle qu'il ne franchira plus.

L'émancipation effraye les maîtres; c'est la perte d'une propriété, peu respectable sans doute, mais consacrée, comme tous les abus, par le temps, l'habitude et les intérêts qui y sont engagés. Le Congrès offre aux États de contribuer par un prix considérable au rachat des nègres. C'est le peuple entier des États-Unis qui payera au Sud la rançon de la liberté.

Reconnaître des droits aux noirs libres, même en dehors des États-Unis, c'était une idée que l'orgueil du Sud repoussait comme un outrage. Quoiqu'on fît avec Haïti un commerce plus considérable qu'avec la Russie, jamais l'ancien gouvernement n'a eu de consuls près des peuples noirs. Traiter des nègres comme des hommes et des chrétiens, recevoir peut-être un envoyé noir à Washington, c'était une honte dont la seule pensée révoltait les planteurs. Le Congrès vient de décider qu'il reconnaîtrait Haïti et Libéria.

Couverte par le pavillon américain, la traite s'exerçait avec impunité. En exaltant la jalousie nationale, on avait empêché le droit de visite, seul moyen d'en finir avec cette piraterie. Le Congrès a ratifié le traité fait avec l'Angleterre pour la suppression de cet abominable trafic.

A l'intérieur, où la justice était entre les mains des démocrates, fidèles amis du Sud, les négriers étaient scandaleusement acquittés. Sous la présidence de M. Lincoln, on les condamne et on les pend. Nous voilà loin des conférences d'Ostende et des menaces contre Cuba.

Enfin un pas énorme a été fait le jour où on a décidé qu'en vertu du droit de la guerre on emploierait au service de l'Union les nègres des rebelles[1], et que cet emploi leur vaudrait la liberté. C'est un coup terrible porté au Sud. En cultivant la terre, tandis que toute la population libre et active va combattre, les nègres aident indirectement à la force militaire des planteurs; émanciper les noirs et au besoin les armer, c'est affaiblir l'ennemi et fortifier la liberté.

Voilà ce que le congrès a fait depuis le jour de la rébellion. En un an, le Nord, maître de lui-même, a montré ce qu'il avait dans le cœur. Quelle que soit l'issue de la guerre, on peut affirmer que l'année 1861 ouvre l'ère de l'émancipation. Une question qui met aux prises trente millions d'hommes du même sang

---

1. « Un autre projet (présenté au Congrès confédéré par le président Jefferson Davis) établit que les corps d'armée fédéraux, composés de blancs et de nègres, ne jouiront pas des priviléges (lisez : *des droits*) de la guerre. *Les nègres pris seront vendus et leurs commandants pendus.* » J'emprunte ce télégramme aux journaux français du 3 septembre. Il donne une idée assez juste du nouveau droit des gens qu'établira le Sud le jour où la cause de l'esclavage aura triomphé.

n'est plus de celles qu'on étouffe par un compromis.

Qu'on ne crie pas aux représailles, à la vengeance, à la colère! Qu'importent ces plaintes vaines? En est-il moins vrai qu'aujourd'hui la cause du Nord est celle de la liberté?

Tandis que le Nord dressait fièrement son drapeau, le Sud que faisait-il? Qui l'a empêché de rivaliser avec ses ennemis, afin de leur disputer la sympathie de l'Europe? Où sont les mesures prises en faveur des nègres? Où sont les gages d'une prochaine émancipation? Car enfin, si le tarif est le vrai motif de la guerre, si la suprématie du Nord est la seule crainte des planteurs, l'occasion est belle pour jeter par-dessus bord ce fatal boulet de la servitude. Qu'on nous montre donc le programme et les engagements du Sud : c'est là ce qui peut lui donner l'opinion. Le Nord agit; pourquoi le Sud garde-t-il un silence dont il ne peut se dissimuler le danger?

Que le Sud ne se fasse pas illusion. Ses soldats sont braves, ses diplomates habiles; il détient le coton dont l'Europe a un besoin impérieux, il flatte certaines jalousies politiques en leur montrant le prochain démembrement des États-Unis; mais, malgré toutes ces chances, le Sud sera trompé dans son ambition. Il est possible que de guerre lasse le Nord accepte la séparation de quelques États perdus entre les Alleghanys et la mer; mais ce nouvel empire romain qui devait s'étendre jusqu'au Mexique, mais cette nouvelle civilisation fondée sur l'esclavage, tout cela n'est qu'un rêve qui s'évanouit, une bulle qui se dissipe au vent. Pour réussir, il faudrait le secours de l'Europe ; ce secours, on ne l'aura pas. Quelles que soient les souffrances de l'industrie, quels que soient les calculs des diplomates, il y a un fait qui domine tout : c'est l'esclavage. La victoire du Nord, c'est la rédemption de quatre millions d'hommes ; le triomphe du Sud, c'est la perpétuité, c'est l'extension de la servitude avec toutes ses misères et toutes ses infamies. Voilà ce que sent l'opinion, voilà ce qui arrêtera plus d'un gouvernement. Cette foule que dédaignent les grands politiques, mais qu'ils n'osent braver, ces fanatiques qui croient à l'Évangile, ces cerveaux étroits qui ne comprennent que la liberté, ces petits esprits qui s'attendrissent aux douleurs d'un nègre inconnu, tout ce peuple sentimental qui jette dans la balance son amour du droit et de l'humanité, finit toujours par l'emporter. Le monde appartient à ces ignorants qui ne veulent rien entendre aux combinaisons de la politique, et qui font passer la justice et la charité avant leur propre intérêt. La conscience publique, voilà l'écueil contre lequel le Sud se brisera.

Chez nous, Français, est-il possible que la cause de l'esclavage soit jamais populaire? Nos pères ont été en Amérique, avec Lafayette et Rochambeau, pour y soutenir la liberté. C'est là une de nos gloires nationales ; c'est par ce service rendu aux États-Unis que nous sommes là-bas des frères et des amis. Effacerons-nous ce passé mémorable? Le nom français sera-t-il associé au triomphe du Sud, c'est-à-dire, quoi que nous fassions, à l'esclavage éternisé? Cela ne se peut pas. La

France, dit-on, ne se bat jamais pour un intérêt, mais
pour une idée. J'adopte cette fière devise, et, je le demande, si nous secourons le Sud, pour quelle idée nous
battrons-nous?

II. — Le Sud n'avait aucun droit de se séparer
La séparation est une révolution.

Avant d'en venir à la séparation, les planteurs
croyaient s'être assurés de l'Europe : le coton et le libre
échange, ces deux appâts irrésistibles, devaient mettre
au service de la rébellion tous les intérêts du vieux continent. Vivant au milieu de l'esclavage, habitués à une
domination héréditaire, les gens du Sud n'avaient pas
compté avec ce qu'ils appellent le fanatisme abolition-
niste. Pouvaient-ils imaginer qu'au siècle des affaires,
il y eût encore en Europe une foule assez sotte pour
faire passer le droit de misérables nègres avant son propre avantage, et pour se sacrifier à des mots aussi creux
que ceux d'humanité et de liberté? Les avocats du Sud
se sont aperçus qu'ils faisaient fausse route : aussi
tirent-ils de suite le rideau sur cette triste tragédie de
l'esclavage. Tout le monde hait la servitude, c'est maintenant chose convenue; ceux-là surtout la détestent qui,
par pitié pour l'incapacité du nègre, sont obligés de lui
prendre indéfiniment son travail et de lui confisquer à
tout jamais sa famille et ses droits.

C'est sur le terrain politique qu'on transporte la
question. Le Sud ne réclame plus la tyrannie, mais
l'indépendance; ce n'est plus la liberté de millions

d'hommes qu'il confisque, c'est la sienne qu'il défend. Certes, le champ est mieux choisi; ces mots de liberté et d'indépendance nous font toujours dresser la tête : c'est le son de la trompette pour le cheval de guerre; voyons seulement si on ne nous égare pas avec une vaine fanfare.

Les États-Unis, dit-on, sont une Confédération; la Constitution autorise chacun des États à se séparer.

De ces deux arguments, l'un s'appuie sur un mot dont on fausse le sens; l'autre repose sur une erreur.

Parlons d'abord du second. Il est facile d'ouvrir la Constitution des États-Unis. Le texte en est clair, les procès-verbaux du Congrès existent, le commentaire de Story est digne des jurisconsultes romains. Où voit-on qu'il soit permis à un ou à plusieurs États de se séparer? ou plutôt où ne voit-on pas que ce droit prétendu n'a jamais existé? Le pacte est perpétuel, et ne peut être modifié que par la majorité des États. C'est ainsi, du reste, que la loi constitutionnelle a été entendue jusqu'au jour où M. Calhoun, le prophète de l'esclavage et de la séparation, mit en avant sa théorie de la nullification. Le président, le général Jackson, repoussa énergiquement cette théorie de l'anarchie. Dans son message de 1833, il dit au Congrès : « Le droit des habitants de « se départir selon leur bon plaisir, et sans le consen- « tement des autres États, de leurs obligations les « plus solennelles, et de mettre en péril les libertés « et le bonheur des millions d'hommes dont se com- « pose l'Union, ne peut pas être reconnu. Dire « qu'un État pourrait à volonté se séparer de l'Union.

« c'est dire que les États-Unis ne sont pas une na-
« tion[1]. »

Telle était la réponse officielle; mais, en outre, le
général faisait dire à M. Calhoun que, s'il apportait ses
théories à Washington, il le ferait pendre. Menace qui,
dans un pays de liberté où la justice seule prononce,
signifiait que le président ferait juger et condamner
M. Calhoun comme coupable de haute trahison. En
d'autres termes, attaquer l'unité nationale est un crime
à Washington comme à Paris. La loi est la même dans
les deux pays.

Est-il besoin d'un texte légal pour prouver qu'ici-
bas, et pas plus entre les peuples qu'entre les individus,
il n'existe point de contrat qu'une des parties puisse
rompre à son gré? Prenez une alliance, un simple traité
entre des nations indépendantes et souveraines; ce
traité aura une durée certaine, il y aura des formes
pour le dénoncer et pour l'annuler. Où est la date et
l'échéance de la Constitution? Où a-t-on stipulé le droit
étrange de la rompre par caprice et par force? Quel gouvernement a jamais admis ce *démembrement amiable*
où la minorité ferait la loi à la majorité? J'ai vu dans
mon enfance une marionnette qui jetait l'un après
l'autre ses bras, ses jambes et son corps, jusqu'à ce
qu'il ne lui restât plus que la tête, et qui alors ramassait
pièce à pièce ses membres épars : voilà l'image de la
chimérique Constitution qu'on prête aux États-Unis.
Entre cette Charte impossible et une loi viable, il y a

---

1. *L'Amérique devant l'Europe*, p. 308.

la même différence qu'entre une marionnette et un corps vivant.

On dira que la nouvelle Constitution du Sud reconnaît à tous ses membres le droit de séparation. Oui, sans doute, il fallait justifier la rébellion; l'excuse qu'on n'a pu trouver dans la Charte qu'on viole, on l'a mise dans celle qu'on promulgue. En temps de guerre et de révolution, les déclarations coûtent peu; on se dispense de les exécuter. Supposez qu'aujourd'hui la Caroline du Nord fasse retour à l'Union, demandez-vous si le Sud, mutilé, séparera ses deux tronçons et se laissera tuer par respect pour la liberté de la Caroline. Déjà la Virginie s'est partagée, voit-on que le Sud ait respecté le nouvel État de Kanawha? Les choses sont plus fortes que les lois; un peuple ne se laisse pas couper en deux.

Un peuple, non, répondra-t-on; mais les États-Unis ne sont pas un peuple : c'est une Confédération, c'est-à-dire une alliance volontaire d'États souverains.

C'est là une définition inventée pour les besoins de la cause, contraire à toutes les idées reçues aux États-Unis, à tous les faits accomplis depuis soixante-quinze ans. M. de Gasparin répond d'une façon victorieuse à cette objection, qui n'est qu'un sophisme. On joue sur le mot de confédération.

Le nom de confédération, comme celui de monarchie, de république, etc., est susceptible de sens divers. Toute langue est un instrument imparfait, qui ne peut rendre les nuances et les variétés infinies des conceptions humaines; nous sommes obligés d'exprimer par un même mot des idées qui n'ont de commun qu'une lointaine analogie. C'est l'usage, c'est l'histoire qui en chaque pays donne au mot sa valeur et son empreinte légale. Il est visible, par exemple, que le nom de liberté a une tout autre compréhension en Angleterre que sur le continent. Dire que les États-Unis sont une confédération, c'est donc ne rien dire, si l'on ne montre en même temps ce qu'aux États-Unis on entend par ce mot.

Qu'il y ait des confédérations d'États souverains, l'histoire l'atteste, quoiqu'elle ne nous montre nulle part une alliance qu'une des parties seule ait le droit de briser à son gré. Mais qu'il y ait aussi, sous le titre de confédération, un grand nombre de combinaisons politiques où la souveraineté des États est engagée, c'est ce qu'il est aisé de voir en regardant autour de soi.

Qu'est-ce que la Confédération germanique, sinon une alliance d'États souverains qui ne peuvent pas se désunir? Si demain la Hesse voulait sortir de l'Union, croit-on que la Diète ne l'obligerait pas d'y rester, fallût-il recourir aux armes? Voilà une première forme de Confédération qui condamne les prétentions du Sud. Mais c'est là un lien trop lâche pour les Allemands, qui chaque jour sentent mieux leur unité nationale; aussi essaye-t-on de resserrer le nœud fédéral, en changeant le système d'États confédérés (*Staaten Bund*) en celui d'une confédération d'États (*Bunden Staat*); en d'autres termes, les Allemands veulent emprunter aux États-Unis cette Constitution qui met la souveraineté politique dans un pouvoir central et ne laisse aux États particuliers que l'indépendance civile. Croit-on que si l'Allemagne obtient un jour cette unité américaine qu'elle rêve depuis si longtemps, elle laissera déchirer une patrie conquise au prix de tant d'efforts?

Cette réforme, désirée au delà du Rhin, la Suisse l'a presque achevée chez elle. Elle en a fini avec ses perpétuels *referenda* à la souveraineté cantonale, qui faisaient le désespoir des diplomates. Douanes, législation générale, juridiction suprême, droit de paix et de guerre, appartiennent aujourd'hui au Conseil et aux deux Assémblées qui siégent à Berne. La Suisse est toujours une Confédération; mais qui ne voit que le mot a changé de sens? Il désignait une ligue de cantons souverains; aujourd'hui il désigne une nation. Si demain Genève ou le Tessin voulaient se séparer en alléguant que le lien fédéral ne peut les assujettir, croit-on que la Suisse ne maintiendrait pas sa nationalité à coups de canon? Et l'Europe, qui a intérêt à la neutralité helvétique, contesterait-elle au Conseil fédéral le droit de réduire la rébellion? Voilà donc encore une Confédération dont on ne peut sortir à son gré.

Mais en fortifiant l'unité fédérale, qu'a donc fait la Suisse, sinon imiter de loin la constitution des États-Unis, combinaison admirable qui évite à la fois la faiblesse des anciennes Confédérations et le despotisme de la centralisation? Et comment l'Amérique en est-elle arrivée à cette large unité que l'Allemagne et la Suisse lui envient? A-t-on oublié qu'après la paix de 1783, l'Amérique, maîtresse d'elle-même, manqua périr par la jalousie des États souverains? Ce fut pour sortir de l'anarchie que des patriotes, tels que Washington, Hamilton, Madison, Jay, proposèrent le pacte fédéral et obtinrent, en 1787, l'abdication des souverainetés particulières. Avant la Constitution, il y avait treize États indépendants et alliés; après la Constitution, il n'y eut plus qu'un peuple américain.

« Ces souverainetés alliées, disait la Cour fédérale « en 1787, ont changé leur ligue en gouvernement, et « leur Congrès d'ambassadeurs en législature. » Amis ou ennemis, fédéralistes ou partisans de l'ancien régime, personne ne s'y trompa. Un des premiers avocats de la révolution, devenu l'ennemi des fédéralistes, Patrick Henri, le disait nettement : « Que ce gou- « vernement soit un gouvernement consolidé (c'est- « à-dire unitaire), c'est évident. La Constitution dit : « *Nous, le peuple américain,* et non pas : *Nous, les* « *États.* »

Ouvrez la Constitution, cherchez-y ce qui distingue les États-Unis des gouvernements d'Europe. Rien qu'une plus grande indépendance locale; quant à la souveraineté politique, elle appartient tout entière au Président et au Congrès. La suprême puissance exécutive, législative, judiciaire, le droit de paix et de guerre, sont dans les mains de l'autorité centrale. La diplomatie, l'armée, la marine, les douanes, les postes, les monnaies, tous ces priviléges de la souveraineté ont été retirés aux États et donnés au gouvernement fédéral. C'est le Président qui commande les milices particulières, c'est lui qui accorde la naturalisation; c'est lui qui représente le pays au dehors. La Constitution ne reconnaît pas trente-trois nations, mais une seule, qui se nomme les États-Unis ; l'Europe fait comme la Constitution.

Est-ce là une fiction politique ? En Amérique, y a-t-il des peuples divers, réunis par un lien fédéral, comme il y a en Suisse des cantons allemands, français, italiens ? Non ; sur ce territoire, douze fois grand comme la France, il n'y a que des hommes de même famille, qui ont les mêmes souvenirs et, si l'on ôte l'esclavage, les mêmes institutions. Sans doute, il y a des nuances entre les divers États : la première colonisation, le climat et surtout l'esclavage donnent au Sud une physionomie particulière ; ce sont de ces variétés provinciales qu'on trouve en tous pays et qui sont moins prononcées en Amérique que dans la vieille Europe, faite de pièces et de morceaux. Mais qu'il y ait là un antagonisme de race, c'est ce qu'il est impossible d'admettre chez une nation sortie tout entière du même berceau. Les Américains sont un peuple, on ne peut trop le répéter à l'Europe ; qu'est-ce, en effet, qu'un peuple, si on refuse ce titre à une société d'hommes qui ont la même origine, la même langue, la même foi, la même civilisation, le même passé, et qui, depuis soixante-quinze ans, ont la même histoire, le même gouvernement et les mêmes lois ?

J'insiste sur ce point, car si les Américains sont un peuple (et il est impossible de le nier), la reconnaissance du Sud soulève une question qui nous touche de près. Ce qu'on nous demande, qu'on le sache ou non, c'est d'introduire dans le droit public de la chrétienté un principe d'anarchie qui demain peut se retourner contre nous. Ce droit absolu de séparation qu'on fait sonner si haut, c'est la négation de toute unité natio- nale. Il est singulier qu'on propose à la France de pro- clamer un dogme aussi contraire à notre foi politique et à notre amour de la patrie.

Qu'aucun peuple ne soit fait pour être l'esclave d'un autre peuple, c'est là un principe que, Dieu merci, on ne conteste plus aujourd'hui. L'émancipation de Ve- nise, la liberté de la Pologne, l'affranchissement des populations chrétiennes de la Turquie d'Europe seront accueillis comme le triomphe du droit sur la force. Mais en Amérique, où il n'y a point de peuple asservi, sinon les nègres qu'on oublie, qu'est-ce que le droit de séparation, tel que le revendique le Sud, tel que le professent des publicistes qui se croient des hommes de gouvernement, des défenseurs de l'ordre et de la paix?

Ce droit nouveau, cette prétention inouïe peut se tra- duire ainsi : « Toute province, toute fraction du peuple a le droit de quitter l'État dont elle fait partie, et cela au jour et à l'heure qui lui convient. Pour justifier sa con- duite, il suffit d'une majorité locale, plus ou moins douteuse, et qui d'ailleurs n'est qu'une minorité dans la nation. Résister à cette séparation, c'est une tyrannie que l'Europe ne doit pas souffrir. »

Cela est monstrueux, dira-t-on; c'est néanmoins ce qu'on nous propose de décider.

Le Sud a-t-il été opprimé? N'était-il pas maître

absolu de son administration et de ses lois intérieures?
N'avait-il pas dans la représentation générale une part
proportionnelle à sa population? Y avait-il des priviléges politiques pour le Nord? M. Lincoln serait-il un
despote qui eût violé ses serments et foulé aux pieds les
libertés nationales? Non; le Sud, en se révoltant, ne
peut alléguer ni une loi déchirée, ni un droit outragé.
Ce dont il se plaint, c'est qu'un changement de majorité
allait amener la suprématie politique du Nord. Est-ce
là une cause de rébellion? Est-ce que la soumission à
la majorité, dans les choses d'intérêt général, n'est pas
la condition des peuples libres? Est-ce que la liberté
politique n'est pas le règne de l'opinion substitué au jeu
sanglant des révolutions?

Si, au lieu de discuter et d'en appeler à la raison,
toute minorité mécontente a le droit de se séparer, où
s'arrêtera cette mise en pièces, cet émiettement d'une
nation? Pourquoi les comtés ne pourraient-ils pas se
détacher des États? Pourquoi les villes ne pourraient-
elles pas s'isoler des comtés? Pourquoi ce qui est aujourd'hui le droit de la Nouvelle-Orléans ne serait-il
pas demain le droit de Genève, de Cologne ou de Stras-
bourg? Une fois les *pronunciamentos* reconnus par la
jurisprudence politique, qui peut dire où s'arrêtera ce
principe de dissolution? Se donner à l'ennemi, même
en temps de guerre, ce ne sera plus trahir, ce sera
user d'un droit absolu et imprescriptible : le droit de
séparation. C'est la doctrine du mariage libre et du
divorce à volonté qu'on fait passer dans le Code des
nations.

Tels sont les principes engagés dans cette guerre; la passion peut les obscurcir, elle ne les anéantira pas. Il est possible que le Sud l'emporte; ce ne sera pas la première fois qu'une révolte injuste aura pour elle un succès passager; mais ce qu'on peut affirmer, c'est que la cause de ceux qui brisent en deux l'unité de la patrie est une cause impie. La victoire du Sud sera une victoire maudite, et dont le monde entier souffrira. Ce ne sera pas seulement le triomphe de l'esclavage, ce sera la destruction de l'œuvre la plus patriotique et la plus sage des temps modernes; ce sera l'avénement en Amérique de tous les maux auxquels la division condamne la vieille Europe, et cela sans qu'il y ait dans le nouveau monde diversité de races et de mœurs. Armées permanentes, budgets énormes, rivalités nationales, intrigues de l'étranger, commencement d'une guerre sans fin, voilà les fléaux qui suivront nécessairement cette séparation qu'on exalte. Un tel avenir ne peut qu'attrister profondément ceux qui aiment encore la paix, la liberté et la démocratie.

Dans une telle situation, j'oserai dire que le devoir de la France est tracé. Peut-il convenir d'associer le nom français au maintien de l'esclavage? Pouvons-nous aider des hommes qui brisent l'unité nationale et seconder là-bas une œuvre qui chez nous serait un sacrilége et un crime? Non; j'en appelle à notre amour de la patrie et de l'humanité.

III. — L'intérêt commercial et l'intérêt politique conseillent également a la France de garder la neutralité.

On sent combien la position du Sud est fausse, aussi est-ce sur le terrain des intérêts qu'on porte la question. C'est là qu'on espère se débarrasser de ces politiques méticuleux qui, en invoquant la justice, ne savent, dit-on, que faire de belles phrases et n'entendent rien aux affaires. Nous connaissons ce vieux sophisme; jamais, au contraire, il n'a été plus visible qu'en ce point l'intérêt et le devoir du pays sont d'accord.

La France a un double intérêt engagé en Amérique : un intérêt commercial, un intérêt politique, tous deux également respectables, quoique en ce moment des souffrances cruelles nous fassent oublier le second pour ne voir que le premier.

La disette du coton réduit à la misère des populations d'ouvriers. D'où vient cette disette? Est-ce la faute du Nord? Non; le Nord, malgré la guerre, ne refuse point d'acheter du coton aux insurgés et de le vendre à l'Europe. Il a, au contraire, le grand désir de ne point compliquer une position déjà difficile; mais le Sud a senti dès le premier jour qu'il ne pouvait l'emporter qu'avec l'appui de l'Europe; il a calculé que ce secours qu'on lui marchanderait peut-être, il l'emporterait en nous affamant. Réduire l'Europe à intervenir malgré elle, c'est l'espoir et la politique des confédérés. « Pour nous défendre, impriment-ils dans leurs jour-

naux, ne comptons ni sur nos armes, ni sur nos arsenaux, ni sur nos forteresses, ne comptons que sur notre
coton. Nous pouvons donner la vie ou la mort à des
peuples entiers. Retenons notre coton, ils mourront
de faim; remettons-le sur le marché, ils reprendront
vie[1]. » C'est devant cette impérieuse sommation qu'on
nous propose d'abaisser notre drapeau.

Quel est le moyen d'avoir du coton, si le Sud persiste
dans cet égoïsme qui nous coûte si cher? Il n'y en a
qu'un, c'est la fin de la guerre. Cette fin peut arriver
naturellement, elle peut être décidée par l'intervention
de l'Europe. De ces deux moyens le second est le plus
dangereux et le moins sûr.

Si on laisse les Américains à eux-mêmes, il est visible
que la guerre ne peut durer longtemps. Il y a sur pied
un million d'hommes que déciment la fatigue et le climat. Le Sud en est réduit à appeler sous les armes les
hommes dè trente-cinq à quarante-cinq ans; sa jeunesse est épuisée. Le papier des confédérés perd 50
pour 100, l'argent disparaît du Nord, où l'armée coûte
cinq millions par jour. Des deux côtés l'énormité des
pertes et des dépenses amènera bientôt cette lassitude
et cette impuissance qui réduisent les plus acharnés
à accepter la paix. *Plus nous éviterons d'intervenir,
moins la lutte durera*, est le mot de la situation. Il a été
prononcé non point par des politiques qui ne ressentent
que de loin la misère générale, mais par des fabricants
anglais qui connaissent l'Amérique et que leurs souf-

---

1. *Les États-Unis en* 1861, p. 177.

frances rendent clairvoyants. Soyons toujours prêts à offrir une médiation amicale, tâchons d'abréger par nos bons offices une guerre fratricide, c'est notre devoir ; mais, dans notre intérêt même, n'allons pas plus loin. Intervenir, c'est irriter les espérances et les colères de deux frères en furie ; c'est attiser une flamme qui peut mettre en feu le monde entier.

Cette sage neutralité, que nos précédents nous imposent, déplaît à une école qui veut mettre la main de la France dans toutes les affaires, au risque de lasser et d'épuiser le pays. Ce sont ces gens inquiets et remuants qui nous proposent, non pas d'intervenir, mais de reconnaître le Sud. Cette reconnaissance nous procurera-t-elle du coton ? Non ; elle ne nous donnera pas le droit de forcer le blocus, et elle ne finira pas la guerre. Qu'y gagnerons-nous ? Rien, que de perdre cette attitude de médiateurs et d'amis qui, à un moment donné, nous permettrait de terminer le conflit. Reconnaître le Sud, c'est lui donner notre appui moral, c'est déclarer par avance que ses prétentions sont légitimes, c'est prendre parti et renoncer à être arbitres. A quoi nous servira cette mesure, qui blessera le Nord et compromettra l'avenir ?

La reconnaissance, dit-on, ne nous engage pas à faire la guerre. C'est une erreur. J'imagine que ceux qui le disent ont trop d'esprit pour le croire. Un grand pays comme la France ne fait pas de démarche inutile. Quand il se prononce pour un peuple, il ne s'en tient pas longtemps à une stérile déclaration. Au bout de la reconnaissance du Sud est la guerre avec nos anciens alliés. Dans cette mesure décisive, le Nord verra une menace. Depuis longtemps déjà il s'inquiète de cet orage qu'on lui signale à l'horizon : « Toute nation « déchirée par la guerre civile, a dit M. Lincoln, doit « s'attendre à être traitée sans égards par l'étranger. » Ajoutons toutefois, qu'à tort ou à raison, c'est de l'Angleterre que le Nord craint une intervention; il compte encore sur la vieille et constante amitié de la France.

Si le Nord ne cède pas à la première sommation de l'Angleterre et de la France, ira-t-on plus loin? A-t-on calculé ce que peut coûter la guerre la plus heureuse, faite à une pareille distance, dans un pays immense, chez un peuple brave, industrieux, et qui défendra ses foyers avec l'énergie du désespoir? Que seront les pertes et les souffrances de l'industrie du coton à côté des maux et des charges que peut amener une entreprise plus longue et plus difficile que l'expédition de Crimée? Pour soutenir la politique de l'esclavage, ajouterons-nous un nouveau milliard à notre dette publique, et ferons-nous tuer soixante mille hommes? Certes, si l'honneur de la France était en jeu, il ne faudrait pas hésiter; mais les Américains ne nous ont rien fait; ils ont toujours été nos amis. En ce moment même, c'est en nous qu'ils mettent leur espoir; la neutralité de la France est leur salut. Dans de pareilles conditions, jamais la guerre ne sera populaire en France; elle est en contradiction avec les intérêts, les idées et les sentiments du pays.

Supposons que le Nord cède à la première menace; supposons que, par fatigue, il s'incline devant une médiation armée; supposons qu'il ne livre pas le Sud à la guerre servile, et ne se venge point à tout jamais du parti qui appelle l'étranger; supposons qu'il nous laisse régler le démembrement de l'Amérique, toutes suppositions impossibles, quand on songe qu'il s'agit d'un peuple jeune, ardent, patriote, et qui depuis un an vit sous les armes : quand nous aurons réussi dans cette œuvre gigantesque, qu'aurons-nous fait? Nous aurons donné un démenti à toutes nos traditions politiques, affaibli la France et grandi l'Angleterre, en écrasant nos plus utiles et nos plus fidèles alliés.

Il y a là un intérêt politique plus grand que l'intérêt de nos fabriques; il semble qu'on l'oublie et qu'on le cache à plaisir.

Quand Louis XVI secourut les insurgents américains, quelle fut sa pensée, sinon de venger l'insulte que nous avions reçue au Canada, et d'élever sur les rivages de l'Atlantique un peuple qui quelque jour ferait concurrence à l'Angleterre et lui disputerait l'empire des mers? Qu'on lise la correspondance de M. de Vergennes; on verra qu'en France on ne se trompait pas sur les destinées de l'Amérique; on savait déjà en 1780 que ce n'était point quelques millions d'hommes qu'on émancipait; c'était un nouveau monde que la France appelait à la vie[1].

Quand le premier Consul vendit la Louisiane, qu'il eût mieux fait de garder, quand il se décida à céder la Nouvelle-Orléans, que les États-Unis réclamaient à tout prix comme la clef du Mississipi, comme une possession

---

1. Voir la note A.

sans laquelle ils ne pouvaient vivre, quelle fut la politique de Napoléon? Il voulut, lui aussi, contribuer à la puissance de ce peuple, destiné dans un avenir prochain à contrepeser l'Angleterre[1]. Le premier Consul ne s'était point mépris dans ses calculs; dès l'année 1812, l'Amérique naissante acceptait la guerre avec son ancienne métropole, et faisait du droit des neutres une vérité[2].

Depuis cette époque, l'Angleterre n'a pas eu de guerre maritime; elle a cédé de son orgueil, elle n'a plus parlé de sa souveraineté maritime : pourquoi? Parce qu'en face d'elle, sur l'autre rive de l'Océan, il y avait un peuple dont la croissance tenait du prodige, un peuple décidé à se battre du jour où l'on troublerait la liberté des mers.

Voilà l'œuvre de la politique française, voilà notre revanche d'un siècle de guerres malheureuses, voilà pourquoi les États-Unis ont été de tout temps nos alliés et nos amis. Leur intérêt est le nôtre, leur grandeur

---

1. Voir la note B.

2. « Nous reconnaissons et nous maintiendrons les droits de neu-« tralité établis en 1780 par Catherine II, lorsque, se mettant à la « tête des nations, elle les a proclamés le droit des gens. » (Déclaration de guerre du Congrès, 18 juin 1812.)

Depuis quatre-vingts ans, la politique américaine, inspirée par Washington, a été de ne jamais se mêler des affaires d'Europe, et de défendre toujours le droit des neutres. C'est à cette politique que nous devons la paix et la liberté des mers. Une grande puissance, étrangère à nos querelles, et n'ayant d'autre intérêt que son commerce, toujours neutre, par conséquent, et toujours intéressée à la défense des neutres, c'est une admirable garantie qu'il faudrait inventer, si elle n'existait pas. On nous propose de la détruire, et on se croit un homme d'État.

nous sert ; la ruine des États-Unis, c'est la diminution de la France. Aveugle, qui ne le voit pas !

Qu'est-ce, en effet, que le démembrement de l'Amérique, sinon l'affaiblissement et la destruction de la marine des États-Unis au profit de la marine anglaise ? L'Angleterre n'a pas l'habitude de se battre pour une idée ; le moins qu'elle puisse obtenir du Sud, quand nous l'aurons affranchi, ce sont des droits de navigation différentiels qui écartent le pavillon du Nord au profit du pavillon européen. Le Sud, d'ailleurs, ne vit que de capitaux d'emprunt ; il a commencé la guerre en faisant banqueroute de douze cents millions aux prêteurs de Boston et de New-York ; il lui faut des spéculateurs qui lui achètent son coton avant même qu'il soit planté. Qui remplacera le Nord dans ces avances nécessaires ? qui en retour obtiendra la consignation et le transport du coton ? qui s'enrichira de ce grand monopole ? qui fortifiera sa marine marchande et par contre-coup sa marine militaire de tout ce que perdra le Nord ? Est-ce la France ? est-ce l'Angleterre ?

Protectrice naturelle du Sud, qui aura toujours besoin d'un appui étranger contre des voisins que la liberté multiplie et qui n'oublieront point le passé, maîtresse de l'embouchure du Mississipi et de celle du Saint-Laurent, l'Angleterre commandera à la Nouvelle-Orléans comme à Québec. Elle reprendra pied sur le continent ; c'est nous qui la rétablirons sur cette terre d'où nos pères l'ont chassée.

Est-ce là une vaine jalousie ? Certes, je ne suis pas de ceux qui crient après la perfide Albion : j'aime et j'en-

vie les institutions anglaises, j'estime profondément
l'énergie et les vertus du peuple anglais; mais je sais
qu'entre nations l'équilibre des forces est la meilleure
garantie de la paix. Je n'ai oublié ni nos malheurs passés, ni la sage conduite de nos pères, et je demande
qu'on ne détruise pas en une heure d'impatience l'œuvre
de Louis XVI et de Napoléon. Il y a pour chaque pays
une politique de situation qui ne dépend pas des
hommes et qui survit aux dynasties : c'est cette politique que je défends.

L'Angleterre a pour maxime que sa marine doit toujours être deux fois plus forte que la nôtre, ce qui équivaut à dire que les Anglais veulent toujours être en état
de tenir tête à l'Europe conjurée. Otez l'Amérique, qui
tient l'Angleterre en échec et qui la force à respecter
le droit des neutres, soyons sûrs qu'à la première guerre
continentale on verra reparaître l'ambition des anciens
jours et une prépotence dont nous serons les premiers
à souffrir. Le démembrement de l'Amérique, c'est l'empire des mers rendu à nos rivaux; l'unité de l'Amérique, c'est la liberté des océans et la paix du monde.
Voilà ce qu'il ne faut pas se lasser de redire à des hommes qui, pour appliquer un remède plus que douteux à
des souffrances passagères, voudraient nous condamner
à recommencer les terribles épreuves du passé. Si les
États-Unis, avec leurs trente et un millions d'hommes,
eussent existé en 1810, croit-on que le blocus continental
eût été possible? Si demain ils sont écrasés, croit-on
que ce blocus ne puisse renaître, si jamais, ce qu'à Dieu
ne plaise, nous éprouvions un désastre sur l'Océan?

Quels que soient les événements, il y a en ce moment un devoir à remplir pour les amis de la liberté et pour les amis de la grandeur française. Il faut parler, il faut éclairer le pays ; il faut lui montrer l'abîme où le poussent ces douceureux politiques qui, par amour de la paix, nous forceraient à la guerre, et au nom de l'indépendance nous enrôleraient sous le drapeau de la servitude. Chrétiens, qui croyez à l'Évangile et aux droits d'une âme immortelle, même quand une peau noire l'enveloppe ; patriotes, dont le cœur bat pour la démocratie et la liberté ; hommes d'État, qui ne voulez point le retour de cette politique coloniale qui, pendant deux siècles, a ensanglanté les mers ; Français, qui n'avez oublié ni Lafayette ni les glorieux souvenirs que nous avons laissés dans le nouveau monde, c'est votre cause qui se décide aux États-Unis. Cette cause, des hommes énergiques la défendent depuis un an avec autant de courage que de talent ; notre devoir est de nous ranger autour d'eux, et de tenir d'une main ferme ce vieux drapeau français sur lequel est écrit : *Liberté !*

Août 1862.

APPENDICE

NOTE A.

La politique de Louis XVI et de la France à l'égard
de l'Amérique.

Dès le règne de Louis XV, ce fut l'opinion des politiques français, qu'un jour les colonies anglaises se sépareraient de la métropole, et que cette séparation fortifierait la France et affaiblirait l'Angleterre, en créant une grande puissance maritime. Ce fut cette idée qui décida la Cour de Versailles à céder si facilement et si tristement le Canada. Donner le Canada aux Anglais, c'était délivrer les colonies américaines d'un voisinage qui les forçait à s'appuyer sur la métropole; c'était hâter et forcer l'émancipation. On sait le mot historique de M. de Choiseul, signant l'abandon de notre colonie aux Anglais : *Enfin nous les tenons!* Dès le lendemain de la paix de 1763, c'est un lieu commun chez les voyageurs et les politiques que d'annoncer la séparation. On peut voir sur ce point le Voyage de Kalm en Amérique, et le fameux discours prononcé en Sorbonne par le jeune Turgot.

La résistance des colonies aux impôts établis par le Parlement ne prit donc point la politique française au dépourvu. M. Cornélis de Witt, dans sa Biographie de Jefferson, a réuni sur ce point des pièces d'un grand intérêt. M. de Vergennes, le plus habile diplomate du règne de Louis XVI, lisait clairement dans l'avenir, et cela est d'autant plus remarquable que la passion ne l'animait point; à vrai dire, la révolution américaine l'effrayait. Une conversation diplomatique, rapportée par un envoyé anglais à la Cour de Versailles, nous donne toute la pensée de M. de Vergennes. C'est dans les archives anglaises que M. de

Raumer a trouvé ce morceau curieux [1]. La dépêche est du 13 octobre 1775.

M. de Vergennes m'a dit : « Nous désirons vivre avec vous en par-
« faite harmonie, et nous sommes loin de songer à rien qui puisse
« augmenter vos embarras présents. Loin de vouloir les aggraver, nous
« les voyons avec quelque peine. Ce qui se passe en Amérique n'est de
« la convenance de personne. Je crois voir ce qui arrivera lorsque vos
« colonies auront conquis l'indépendance à laquelle elles aspirent. Elles
« s'efforceront de construire des flottes, et comme elles ont pour cela
« toutes les ressources possibles, elles seront bientôt plus qu'en état
« de résister à toutes les forces maritimes de l'Europe. Joignez à cela
« les avantages de leur position, elles seront bientôt à même de con-
« quérir nos îles et les vôtres. Je suis convaincu qu'elles n'en reste-
« ront pas là ; mais que, dans la suite des temps, elles envahiront
« l'Amérique du Sud et en chasseront ou en subjugueront les habi-
« tants. Elles finiront par ne laisser à aucune puissance de l'Europe
« un pied de terrain dans cette partie du monde [2]. Cela ne se fera
« pas en un jour. Ni vous, ni moi, mylord, nous ne verrons ces
« choses ; mais pour être éloignées, elles n'en sont pas moins cer-
« taines. »

Quelques années plus tard, M. de Vergennes acceptait la guerre
avec l'Angleterre. L'habileté et le patriotisme de Franklin, le
dévouement de Lafayette entraînaient l'opinion ; le comte d'Ar-
tois, jeune alors, était auprès de Louis XVI, le plus ardent ami
des *insurgents;* mais en soutenant l'Amérique, M. de Vergennes
n'avait pas changé d'opinion sur la grandeur future des colonies.
Le traité d'alliance signé avec les Américains portait, comme
conditions essentielles : 1° que les colonies ne traiteraient avec
l'Angleterre que sur le pied de la séparation ; 2° qu'elles ne feraient point la paix sans l'aveu de la France.

En d'autres termes, quand la France s'est alliée aux États-Unis
naissants, elle a voulu établir une puissance maritime qu'on nous
propose de détruire aujourd'hui.

1. Raumer, *Europa von* 1763-1783, t. III, p. 215. Je traduis sur
l'allemand, l'original est en français.

2. *L'Amérique aux Américains :* c'est la doctrine Monroe, devinée à
plus de trente ans de distance, et dans son premier germe, par M. de
Vergennes.

NOTE B.

Politique de Napoléon à l'égard des États-Unis.

On sait que le premier Consul, reprenant les idées de M. de Vergennes, s'était fait rétrocéder la Lousiane par l'Espagne. Il voulait y fonder une grande colonie française qui, placée entre les Américains et les Espagnols, amortît l'ambition des uns et protégeât la faiblesse des autres. La rupture de la paix d'Amiens, prévue dès le premier jour, l'empêcha de donner suite à ce projet.

Trouvant partout l'Angleterre devant lui, le premier Consul cherchait à briser cette prépotence maritime qui l'inquiétait.

« Les principes d'une suprématie maritime, disait-il à ses conseillers,
« sont subversifs d'un des plus beaux droits que la nature, la science
« et le génie aient assurés aux hommes : c'est le droit de traverser les
« mers du monde avec autant de liberté que l'oiseau qui fend les
« airs ; de jouir des ondes, des vents, des climats, des productions
« du globe ; de rapprocher par une navigation hardie des peuples
« séparés depuis la création ; de porter la civilisation dans des contrées
« en proie à l'ignorance et à la barbarie. Voilà ce que l'Angleterre
« veut usurper sur tous les autres peuples [1]. »

« Laissons, disait-il encore, laissons le commerce et la navigation
« en la possession exclusive d'un seul peuple, et le globe sera assujetti
« par ses armes et par cet or qui lui tient lieu d'armées [2]. »

Ce fut alors que Bonaparte songea à céder la Louisiane aux États-Unis, afin de les agrandir ; et à cette occasion il prononça les paroles suivantes, qui résumaient toute la politique française depuis trente ans :

« *Pour affranchir les peuples de la tyrannie commerciale de l'Angle-*
« *terre, il faut la contre-poiser par une puissance maritime qui devienne*
« *un jour sa rivale : ce sont les États-Unis.* Les Anglais aspirent à dis-
« poser de toutes les richesses du monde. Je serai utile à l'univers

1. Barbé-Marbois, *Histoire de la Louisiane.* Paris, 1829, p. 280.
2. Barbé-Marbois, p. 282.

« entier si je puis les empêcher de dominer l'Amérique comme ils
« dominent l'Asie [1]. »

En signant le traité de 1803, qui doublait la surface des États-Unis, en leur donnant les immenses territoires qu'on appelait alors la Louisiane, territoires qui allaient des bouches du Mississipi à l'océan Pacifique, c'est-à-dire de la Nouvelle-Orléans à la Californie, Bonaparte dit encore :

« Cette accession de territoire affermit pour toujours la puissance
« des États-Unis, et *je viens de donner à l'Angleterre une rivale mari-*
« *time qui tôt ou tard abaissera son orgueil* [2]. »

Le récit de M. Thiers n'est ni moins intéressant ni moins instructif.

« Je ne garderai pas, dit le premier Consul à l'un de ses ministres, une possession qui ne serait pas en sûreté dans nos mains, qui me brouillerait peut-être avec les Américains, ou me mettrait en froideur avec eux. Je m'en servirai au contraire pour me les attacher, pour les brouiller avec les Anglais, *et je créerai à ceux-ci des ennemis qui nous vengeront un jour, si nous ne réussissons pas à nous venger nous-mêmes.* Mon parti est pris, je donnerai la Louisiane aux États-Unis..... » — (Mars 1803.)

« C'est ainsi, continue M. Thiers, que les Américains ont acquis de la France cette vaste contrée, qui a complété leur domination sur l'Amérique du Nord et les a rendus les dominateurs du golfe du Mexique pour le présent et pour l'avenir. Ils sont par conséquent redevables de leur naissance et de leur grandeur à la longue lutte de la France contre l'Angleterre. Au premier acte de cette lutte, ils ont dû leur indépendance, au second le complément de leur territoire [3]. »

Les Américains sentirent, dès le premier jour, l'importance de cette cession et l'immense service que la France leur rendait.

« Aussitôt que le traité fut signé, nous dit Barbé-Marbois, qui était le négociateur français, les trois ministres se levèrent, se donnèrent la

1. Barbé-Marbois, p. 282.
2. Barbé-Marbois, p. 335.
3. Thiers, *Histoire du Consulat*, t. III, liv. XVI, p. 320-322.

main, et Livingston [1] exprimant la satisfaction de tous, dit : « Nous
« avons longtemps vécu, et voilà la plus belle œuvre de toute notre
« vie. Le traité que nous venons de signer, également avantageux aux
« deux contractants, changera de vastes solitudes en des pays floris-
« sants. *C'est d'aujourd'hui que les États-Unis sont au nombre des*
« *puissances de premier rang; toute influence exclusive sur les affaires*
« *de l'Amérique échappe sans retour aux Anglais.*

    « *Ainsi va cesser une des principales causes des rivalités et des haines*
« *européennes.* Cependant si les guerres sont inévitables, la France
« aura un jour dans le nouveau monde *un ami naturel*, croissant en
« force d'année en année, et qui ne peut manquer de devenir puis-
« sant et respecté sur toutes les mers du monde. *C'est par les États-*
« *Unis que seront établis les droits maritimes de tous les peuples de la*
« *terre, aujourd'hui usurpés par un seul.* C'est ainsi que ces traités
« deviendront comme une garantie de la paix et du bon accord entre
« les États commerçants [2]. »

Les Anglais, que leur intérêt ne rendait pas moins clairvoyants que les Américains, sentirent le coup fatal que cette
cession leur portait. En 1809, nous voyons le gouverneur du
Canada favoriser des intrigues qui ont pour objet de diviser les
États-Unis, et de séparer le Nord et le Sud. La politique anglaise
nous est connue par une lettre du principal meneur de l'intrigue, homme fort habile, qui voulait, il y a plus de cinquante
ans, faire l'œuvre que le Sud accomplit si patriotiquement aujourd'hui.

    « Il faut hâter une autre révolution aux États-Unis; il faut ren-
« verser la seule république dont l'existence prouverait qu'un gouver-
« nement, fondé sur l'égalité politique, pourra, au milieu des tu-
« multes et des dissensions, assurer le bonheur des peuples, et sera
« en état de repousser les entreprises étrangères. *L'objet de la*
« *Grande-Bretagne doit donc être de fomenter les divisions entre le*
« *Nord et le Sud, et d'éteindre les restes d'affection que les Français*
« *ont inspirée à ces peuples. Alors rien ne l'empêchera de poursuivre*
« *ses desseins en Europe, sans s'inquiéter du ressentiment des démo-*
« *crates américains. Sa supériorité à la mer la mettra en état de dicter*

    1. L'autre ministre américain était M. Monroe, qui plus tard fut
président des États-Unis.
    2. Barbé-Marbois, p. 334.

« *ses volontés aux navigateurs du Nord, et même aux agriculteurs du*
« *Sud, dont les produits seraient sans valeur si nos forces navales en*
« *empêchaient l'exportation* [1]. »

L'entreprise échoua contre le patriotisme et l'union des Américains; mais on peut dire que depuis lors rien n'a changé dans la situation. Les Américains sont restés nos *amis naturels,* les défenseurs de la neutralité des mers; l'Angleterre seule peut gagner à une séparation qui n'affaiblit pas moins le continent européen que le nouveau monde.

J'ajoute que c'est là un de ces avantages funestes dont l'Angleterre aurait aussi à souffrir quelque jour. Elle redeviendrait un objet de haine pour tous les peuples. Je ne doute pas que des hommes éclairés, comme M. Gladstone, n'aient le désir sincère de conserver intacte la grandeur d'une nation qui n'est, après tout, que la glorieuse fille de l'Angleterre protestante. La paix est le profit commun de l'humanité et de la civilisation. Mais il ne manque pas en Angleterre plus qu'ailleurs de politiques à courte vue, qui cherchent en toutes choses, comme un personnage de la fable,

> *Leur* bien premièrement et puis le mal d'autrui.

C'est là qu'est le danger. Il sera toujours funeste de donner aux hommes une puissance sans limites; il y a là une ivresse qui tourne les meilleures têtes et égare les peuples non moins que les rois. Cinquante années de paix maritime, c'est la gloire du dix-neuvième siècle. Cette paix, on la doit surtout à la neutralité des États-Unis. L'histoire nous dit comment nos pères, comment Louis XVI, comment Napoléon ont concouru à fortifier cette garantie sans égale; ne détruisons pas en un jour cette œuvre patriotique. Si nous n'avons pas pitié de l'esclavage, ayons au moins pitié de notre pays, gardons-lui l'amitié des États-Unis et la paix.

1. Barbé-Marbois, p. 403.

POURQUOI LE NORD

NE PEUT ACCEPTER LA SÉPARATION

La guerre civile qui depuis deux ans divise et ruine les États-Unis a son contre-coup en Europe. La disette du coton amène de grandes souffrances. Les ouvriers de Rouen et de Mulhouse ne sont pas moins éprouvés que les filateurs et les tisserands du Lancashire; des populations entières sont réduites à tendre la main; et pour passer l'hiver elles n'ont plus d'autre ressource et d'autre espoir que la charité particulière ou les secours de l'État. Dans une crise aussi cruelle, au milieu de souffrances si peu méritées, il est naturel que l'opinion s'inquiète en Europe, et qu'elle accuse l'ambition de ceux qui prolongent une guerre fratricide. La paix en Amérique, la paix à tout prix, c'est le besoin, c'est le cri de milliers d'hommes qui, chez nous, sont pressés par la faim, victimes innocentes des passions et des fureurs qui ensanglantent les États-Unis.

Ces plaintes ne sont que trop légitimes. Le monde est aujourd'hui solidaire, la paix est une condition d'existence pour les peuples modernes qui vivent d'industrie; mais, par malheur, s'il est facile d'indiquer le remède, il est à peu près impossible de l'appliquer. Jusqu'à présent, c'est de la guerre seule qu'on peut attendre la fin de la guerre. Se jeter à main armée entre les combattants pour leur imposer une trêve serait une entreprise où l'Europe épuiserait ses forces ; et pour quel résultat? Comme l'a dit justement M. Cobden, il serait moins cher de *nourrir de gibier et de vin de champagne* les ouvriers qui sont ruinés par la crise américaine. Offrir aujourd'hui notre intervention amiable, c'est nous exposer à un refus, sinon même exaspérer une des parties et la pousser à des mesures violentes ; c'est diminuer les chances de faire accepter notre médiation au moment favorable. Nous en sommes donc réduits à rester spectateurs d'une guerre déplorable et qui nous cause des maux infinis ; nous en sommes réduits à faire des vœux pour que l'épuisement et la misère apaisent enfin des ennemis acharnés, et les obligent à accepter la réunion ou la séparation. Triste situation sans doute, mais qui a été de tout temps celle des neutres, et dont on ne peut sortir qu'en se jetant soi-même dans des périls inconnus.

Si nous n'avons pas le droit d'intervenir, nous avons tout au moins celui de nous plaindre et de chercher quels sont les vrais coupables de cette guerre qui nous atteint. C'est quelque chose que l'opinion de l'Europe. Mieux que les armes, elle peut précipiter les événements et ramener la paix. Par malheur, depuis deux ans, l'opinion égarée fait fausse route ; en se rangeant du mauvais côté, elle prolonge la résistance au lieu de l'arrêter.

En Angleterre et en France, le Sud a trouvé des avocats nombreux et habiles; on a présenté sa cause comme celle de la justice et de la liberté. On a proclamé le droit de séparation, on n'a pas reculé devant l'apologie de l'esclavage. Aujourd'hui ces arguments commencent à s'user. Grâce à des publicistes qui ne transigent pas avec l'humanité, grâce à M. de Gasparin surtout, la lumière s'est faite; on sait à quoi s'en tenir sur les origines et le caractère de la rébellion. Pour tout observateur de bonne foi, il est évident que tous les torts sont du côté du Sud. Il n'y a pas besoin d'être un Montesquieu pour comprendre qu'un parti que rien ne menace, et qui, par ambition ou par orgueil, brise l'unité nationale et déchire en deux la patrie, n'a aucun droit à la sympathie des Français. Quant à canoniser l'esclavage, c'est une œuvre qu'il faut laisser aux prédicateurs du Sud. Tout l'esprit du monde ne relèvera pas cette cause perdue. Les confédérés eussent-ils mille raisons de se plaindre et de se révolter, il restera toujours sur leur rébellion une tache ineffaçable; jamais un chrétien, jamais un libéral ne s'intéressera à des hommes qui, en plein dix-neuvième siècle, affichent audacieusement leur désir de perpétuer et d'étendre la servitude. Permis aux planteurs d'écouter encore ces théories qui les ont enivrés et perdus; jamais de tels sophismes ne passeront l'Océan.

Les avocats du Sud lui ont rendu un service fatal : ils lui ont fait croire que l'Europe, éclairée ou séduite, se rangerait de son côté, et qu'un jour elle jetterait dans la balance autre chose que des vœux stériles. Cette illusion a entretenu et entretient encore la résistance du

Sud ; elle prolonge la guerre et nos souffrances. Si dès le premier jour, comme le Nord avait le droit de l'espérer, les amis de la liberté s'étaient prononcés hardiment contre la politique de l'esclavage, si les partisans de la paix maritime, si les défenseurs des droits des neutres avaient parlé en faveur de l'Union et repoussé une séparation qui ne peut profiter qu'à l'Angleterre, il est probable que le Sud se fût engagé avec moins de témérité dans une voie sans issue. Si malgré le courage et le dévouement de ses soldats, si malgré l'habileté de ses généraux, le Sud échoue dans une entreprise que, selon moi, on ne peut trop blâmer, qu'il s'en prenne à ceux qui ont eu de l'Europe une assez pauvre estime pour s'imaginer qu'ils asserviraient l'opinion à une politique contre laquelle proteste le patriotisme, et que condamnent l'Évangile et l'humanité.

« Soit, dira-t-on, le Sud a tous les torts ; mais enfin il veut se séparer ; il ne peut plus vivre avec les gens du Nord. La guerre même, quelle qu'en soit l'origine, est une nouvelle cause de désunion. De quel droit vingt millions d'hommes peuvent-ils obliger dix millions[1] de leurs compatriotes à continuer une alliance détestée, à respecter un contrat qu'ils veulent rompre à tout prix ? Est-il possible d'imaginer qu'après deux ou trois ans de combats et de misères on fera vivre ensemble les vainqueurs et les vaincus ? Réduira-t-on un pays trois ou quatre fois grand comme la France ? N'y aura-t-il pas du sang entre les partis ? La séparation est peut-être un

1. Sur ces dix millions il y a quatre millions d'esclaves dont on ne consulte pas la volonté.

malheur, mais aujourd'hui ce malheur est irréparable. Accordons que le Nord ait pour lui la légalité, la lettre et l'esprit de la Constitution, reste toujours un point indiscutable : le Sud veut être maître chez lui. Vous n'avez pas le droit d'écraser un peuple qui se bat si vaillamment. Résignez-vous. »

Si nous étions moins énervés par les douceurs de la vie moderne et par l'oisiveté d'une longue paix, si nous avions dans le cœur quelque reste de ce patriotisme qui, en 1792, poussait nos pères aux bords du Rhin, la réponse serait facile; aujourd'hui je crains qu'on ne la comprenne plus. Si demain le midi de la France se révoltait et demandait la séparation, si l'Alsace et la Lorraine voulaient s'isoler, quel serait, je ne dis pas seulement notre droit, mais notre devoir? Compterait-on les voix pour savoir si un tiers ou une moitié des Français a le droit de détruire l'unité nationale, d'anéantir la France, de mettre en pièces le glorieux héritage que nos pères nous ont acquis de leur sang? Non, on prendrait son fusil et on marcherait. Malheur à qui ne sent pas que la patrie est sainte et qu'il est beau de la défendre, même au prix de toutes les misères et de tous les dangers!

« L'Amérique n'est pas la France; c'est une confédération, ce n'est pas une nation. » Qui dit cela, c'est le Sud, pour justifier sa faute; le Nord dit le contraire, et depuis deux ans c'est au prix de sacrifices sans nombre qu'il affirme que les Américains sont un même peuple et qu'on ne coupera pas en deux la patrie. Cela est beau, cela est grand; et si quelque chose m'étonne, c'est que la France reste insensible en face de ce patriotisme. L'amour du pays n'est-il plus la vertu des Français?

Qu'est-ce donc que le Sud, et d'où peut lui venir ce droit de séparation qu'on fait sonner si haut? Est-ce un peuple conquis qui reprend son indépendance, comme l'a fait la Lombardie? Est-ce une race distincte qui ne veut point continuer une alliance oppressive? Non, ce sont des colons, établis sur le territoire de l'Union par des mains américaines, qui se révoltent sans autre raison que leur ambition. Qu'on prenne une carte des États-Unis. Si l'on excepte la Virginie, les deux Carolines et la Géorgie, qui sont d'anciennes colonies anglaises, tout le reste du Sud est installé sur des terres achetées et payées par l'Union. C'est dire que le Nord a supporté la plus grosse part de la dépense. L'ancienne Louisiane a été vendue aux Américains, en 1804, par le premier consul, au prix de 75 millions; la Floride a été achetée à l'Espagne, en 1820, moyennant 25 millions; il a fallu la guerre du Mexique, une dépense d'un milliard et des pertes cruelles pour s'assurer du Texas. En peu de mots, qu'on prenne tous les riches pays qui bordent le Mississipi et le Missouri depuis leur source jusqu'à leur embouchure, il n'y a pas un pouce de terrain qui n'ait été payé par l'Union et qui ne lui appartienne. C'est l'Union qui a chassé ou indemnisé les Indiens; c'est l'Union qui a élevé des forts, construit des chantiers, des phares et des ports; c'est elle qui a mis ces déserts en valeur et qui a rendu la colonisation possible. Ce sont des hommes du Nord

tout autant que des hommes du Midi qui ont défriché
et planté ces terrains, et qui ont transformé en États
florissants des solitudes stériles. Dans la vieille Europe,
où l'unité est partout sortie de la conquête, montrez-
nous donc un titre de propriété aussi sacré, une patrie
qui soit davantage l'œuvre commune de tout un peuple!
et maintenant il serait permis à une minorité de s'emparer d'un territoire qui appartient à tous et de s'y choisir la meilleure part? Il serait permis à une minorité
de détruire l'Union et de mettre en péril ceux qui ont
été ses premiers bienfaiteurs et sans lesquels elle n'exis-
terait pas? Si ce n'est pas là une révolte impie, il faut
dire que le caprice des peuples fait leur droit.

Ce n'est pas seulement une raison politique qui s'oppose à la séparation; la géographie, la situation des
lieux oblige les États-Unis à former une seule nation.
Strabon, contemplant ce vaste pays qu'on appelle aujourd'hui la France, disait, avec la sûreté du génie,
qu'à contempler la nature du territoire et le cours des
eaux, il était visible que les forêts de la Gaule, habitées
par une population clair-semée, deviendraient le séjour
d'un grand peuple. C'est la nature qui avait disposé notre territoire pour être le théâtre d'une grande civilisation. Cela n'est pas moins vrai de l'Amérique. Elle n'est,
à vrai dire, qu'une double vallée, avec un point de partage insensible et deux grands cours d'eau, le Mississipi et le Saint-Laurent. Point de hautes montagnes qui
séparent et isolent les peuples, point de barrières naturelles comme les Alpes ou les Pyrénées. L'Ouest ne
peut vivre sans le Mississipi; posséder l'embouchure

du fleuve, c'est, pour les fermiers de l'Ouest, une question de vie ou de mort.

Les États-Unis l'ont senti dès le premier jour. Quand l'Ohio et le Mississipi n'étaient encore que des fleuves perdus dans les bois, quand les premiers planteurs n'étaient qu'une poignée d'hommes répandus dans le désert, les Américains savaient déjà que la Nouvelle-Orléans était *la clef de la maison*. On ne voulait la laisser ni à l'Espagne, ni à la France. C'est ce que comprit Napoléon; il tenait dans ses mains la grandeur future des États-Unis; il ne lui déplut pas de céder à l'Amérique ce vaste territoire, dans l'intention, disait-il, *de donner à l'Angleterre une rivale maritime qui tôt ou tard abaisserait l'orgueil de nos ennemis*[1]. Il pouvait se dessaisir seulement de la rive gauche du fleuve et satisfaire les États-Unis, qui alors n'en demandaient pas davantage; il fit plus (et en ce point je crois qu'il eut grand tort), il céda d'un trait de plume un pays aussi vaste que la moitié de l'Europe, et renonça à nos derniers droits sur ce beau fleuve que nous avons découvert. Soixante ans ont bientôt passé sur cette cession. Les États qui se nomment aujourd'hui la Louisiane, l'Arkansas, le Missouri, l'Iowa, le Minnesota, le Kansas, l'Orégon; les territoires de Nebraska, de Dacotah, de Jefferson, de Washington, qui seront bientôt des États, ont été fondés sur l'immense domaine abandonné par Napoléon. Sans compter la population esclavagiste qui veut rompre l'Union, il y a dix millions de

1. Voyez *supra*, p. 372, et l'*Histoire de la Louisiane* par Barbé-Marbois.

citoyens libres, entre Pittsburg et le fort Union, qui réclament le cours et l'embouchure du Mississipi, comme leur ayant été cédé par la France. C'est de nous qu'ils tiennent leur titre et leur possession. Ils ont pour eux un droit de soixante ans, droit consacré par le travail et la culture, droit qu'ils ont reçu d'un contrat et, mieux encore, de la nature et de Dieu. Voilà ce qu'on leur reproche de défendre; ils sont des usurpateurs et des tyrans, parce qu'ils veulent garder ce qui leur appartient, parce qu'ils ne veulent pas se mettre à la merci d'une minorité ambitieuse. Que dirions-nous si, demain, la Normandie soulevée, prétendait garder pour elle seule Rouen et le Havre? et pourtant, qu'est-ce que le cours de la Seine à côté du Mississipi qui a un cours de deux mille deux cent cinquante milles et qui reçoit toutes les eaux de l'Ouest? Posséder la Nouvelle-Orléans, c'est commander une vallée qui comprend les deux tiers des États-Unis.

« On neutralisera le fleuve, » nous dit-on. Nous savons ce que valent ces promesses. On a vu ce que la Russie avait fait de l'embouchure du Danube; il a fallu la guerre de Crimée pour rendre à l'Allemagne la libre jouissance de son grand fleuve. Si demain une guerre nouvelle éclatait entre l'Autriche et la Russie, on peut être sûr que la possession du Danube serait l'enjeu de la lutte. Il n'en peut être autrement en Amérique du jour où, dans une longueur de plus de deux cent lieues, le Mississipi coulera entre deux rives serviles. Déjà l'effet de la guerre a été d'arrêter les exportations de blé et de maïs, qui sont la richesse de l'Ouest. En 1861 il a fallu brûler des récoltes inutiles, au grand préjudice de l'Europe, à qui profitent ces exportations. Le Sud lui-même sent si bien la force de sa position, que son ambition est de séparer la vallée du Mississipi des États de l'Est, et de s'unir à l'Ouest, en reléguant les Yankees de la Nouvelle-Angleterre dans un isolement qui les ruinerait. C'est avec l'appât du Mississipi que les confédérés espèrent rétablir à leur profit, c'est-à-dire au profit de l'esclavage, l'Union qu'ils ont brisée, par peur de la liberté[1].

On voit ce qu'il faut penser de la prétendue tyrannie du Nord, et s'il est vrai de dire qu'il veut opprimer et asservir le Sud. Tout au contraire, le Nord ne fait que se défendre. En maintenant l'Union, c'est son droit, c'est sa vie qu'il veut sauver.

Jusqu'ici je n'ai parlé qu'au nom de l'intérêt matériel, intérêt légitime, et qui, fondé sur des titres solennels, constitue un droit sacré; mais si nous examinons l'intérêt moral et politique, intérêt d'un ordre supérieur, nous comprendrons mieux encore que le Nord ne peut céder sans se suicider.

Les États-Unis sont une république, c'est le gouvernement le plus libre, et en même temps le plus doux et le plus heureux que la terre ait jamais vu. A quoi tient cette prospérité des Américains? A ce qu'ils sont seuls sur un immense territoire; ils n'ont jamais été obligés de concentrer le pouvoir et d'affaiblir la liberté, afin de résister à l'ambition et à la jalousie de leurs voi-

---

1. Ce point de vue a été parfaitement exposé par un des plus sages citoyens de l'Amérique, Édouard Éverett : *The questions of the day*, New-York. 1861.

sins. Aux États-Unis il n'y avait point d'armée permanente, point de marine militaire; les sommes immenses que nous dépensons pour écarter ou soutenir la guerre, les Américains les employaient à ouvrir des écoles, à donner à tous les citoyens, pauvres ou aisés, cette éducation, cette instruction qui font la grandeur morale et la véritable richesse des peuples. Leur politique étrangère était contenue en une seule maxime : « Ne jamais se mêler des querelles de l'Europe, à la seule condition que l'Europe ne se mêlât point de leurs affaires et respectât la liberté des mers. » Grâce à ces sages principes, que leur avait légués Washington dans son immortel testament, les États-Unis ont joui durant quatre-vingts ans d'une paix qui n'a été troublée qu'une seule fois, en 1812, quand il leur a fallu résister à l'Angleterre et soutenir le droit des neutres. C'est par milliards qu'il faut compter les sommes que depuis soixante-dix-ans nous avons employées à maintenir notre liberté ou notre prépondérance en Europe; ces milliards, les États-Unis les ont employés en améliorations de toutes sortes. Là est le secret de leur prodigieuse fortune; c'est leur isolement qui fait leur prospérité.

Supposez maintenant que la séparation se fasse, et que la nouvelle confédération comprenne tous les États à esclaves; le Nord perd en un jour et sa puissance et ses institutions. La république est frappée au cœur. Il y a en Amérique deux nations en présence, deux peuples rivaux et toujours à la veille de s'entre-combattre. La paix, en effet, ne détruira pas les inimitiés; on n'effacera pas les souvenirs de la grandeur passée, de l'Union détruite; le Sud vainqueur ne sera sans doute ni moins ami de l'esclavage ni moins amoureux de la domination. Les ennemis de la servitude, maîtres de leur politique, ne seront certes pas adoucis par la séparation. Que sera la confédération du Sud pour le Nord? Une puissance étrangère établie en Amérique, avec une frontière de quinze cents milles, frontière ouverte de tous côtés, et par conséquent toujours menaçante ou menacée. Cette puissance, hostile par son voisinage même, et plus encore par ses institutions, possédera quelques-unes des portions les plus considérables du nouveau monde; elle aura la moitié des côtes de l'Union; elle commandera le golfe du Mexique, une mer intérieure qui est le tiers de la Méditerranée; elle sera maîtresse des bouches du Mississipi, et pourra à son gré ruiner les populations de l'Ouest. Il faudra donc que les restes de l'ancienne Union soient toujours prêts à se défendre contre leurs rivaux. Questions de douanes et de frontières, rivalités, jalousies, tous les fléaux de la vieille Europe accableront à la fois l'Amérique; il faudra établir des douanes sur un espace de cinq cents lieues, construire et armer des forts sur cette immense frontière, entretenir des armées permanentes et considérables, maintenir une marine de guerre : en d'autres termes, il faudra renoncer à l'ancienne constitution, affaiblir l'indépendance municipale et concentrer le pouvoir. Adieu la vieille et glorieuse liberté! Adieu ces institutions qui faisaient de l'Amérique la commune patrie de tous ceux à qui l'air manquait en Europe! L'œuvre de Washington sera détruite; on se trouvera

dans une situation pleine de difficultés et de périls.
Qu'un tel avenir réjouisse des gens qui ne peuvent par-
donner à l'Amérique sa prospérité et sa grandeur, je
le comprends. L'histoire est pleine de ces tristes jalousies. Qu'un peuple habitué à la liberté risque son dernier écu pour garder l'héritage de ses pères, je le comprends mieux encore et je l'approuve. Ce que je ne
comprends pas, c'est qu'il se trouve en Europe des gens
qui se croient libéraux en reprochant au Nord sa généreuse résistance, en lui conseillant une honteuse abdication. La guerre est un mal affreux, mais de la guerre
peut sortir une paix durable; le Sud peut se fatiguer
d'une lutte qui l'épuise, la vieille Union peut se relever,
l'avenir peut être sauvé. Mais que peut-il sortir de la
séparation, sinon une guerre sans fin et des misères
sans nombre? Ce déchirement de la patrie, c'est une
déchéance sans remède; on n'accepte un pareil malheur que quand on est écrasé.

Jusqu'à présent j'ai raisonné dans l'hypothèse que le
Sud resterait une puissance indépendante. Mais à moins
que l'Ouest ne se joigne aux confédérés, et que l'Union
ne se rétablisse contre la Nouvelle-Angleterre, cette indépendance est une chimère. Elle pourra durer quelques
années, mais dans dix ou vingt ans, quand l'Ouest aura
doublé ou triplé sa population libre, que sera la confédération, forcément affaiblie par la culture servile, auprès d'un peuple de trente millions d'hommes qui l'en-
serrera des deux côtés? Pour résister, il faudra que le
Sud s'appuie sur l'Europe; il ne peut vivre qu'à la condition d'être protégé par une grande puissance mari-

time; l'Angleterre seule est en état de lui garantir la souveraineté. Ce sera un nouveau danger pour l'Amérique libre et pour l'Europe. Il n'y a point de marine dans le Sud, et avec l'esclavage il n'y en aura jamais; c'est l'Angleterre qui, dès le premier jour, prendra le monopole du coton et fournira au Sud des capitaux et des navires. En deux mots, le triomphe du Sud, c'est l'Angleterre réinstallée sur le continent d'où la politique de Louis XVI et de Napoléon l'a chassée; ce sont les neutres affaiblis; c'est la France mêlée de nouveau à toutes ces questions de liberté des mers qui nous ont valu deux siècles de luttes et de souffrances. L'Union américaine, en défendant ses droits, avait assuré l'indépendance de l'Océan; l'Union détruite, la prépotence anglaise renaîtra aussitôt. C'est la paix exilée du monde; c'est le retour d'une politique qui n'a servi qu'à nos rivaux.

Voilà ce que sentait Napoléon, voilà ce qu'on oublie aujourd'hui. Il semble que l'histoire ne soit qu'un recueil de contes, bons pour amuser la jeunesse; personne ne veut comprendre les leçons du passé. Si l'expérience de nos pères n'était point perdue pour notre ignorance, nous verrions qu'en défendant son indépendance, qu'en maintenant l'unité nationale, c'est notre cause aussi bien que la sienne que défend le Nord. Tous nos vœux seraient pour nos anciens et fidèles amis. L'affaiblissement des États-Unis sera notre propre faiblesse; à la première querelle avec l'Angleterre, nous regretterons, mais trop tard, d'avoir abandonné une politique qui depuis quarante ans fait notre sécurité.

En écrivant ces pages, je ne compte pas convertir

des gens qui ont dans l'âme une faiblesse innée pour l'esclavage, j'écris pour ces cœurs honnêtes qui se laissent prendre aux grands mots d'indépendance nationale qu'on fait miroiter devant eux pour les tromper. Le Sud n'a jamais été menacé, aujourd'hui encore il peut rentrer dans l'Union, même avec ses esclaves, on ne lui demande que de ne point rompre l'unité nationale et de ne point ruiner la liberté. Le Nord, on ne peut trop le répéter, n'est point un agresseur ; il ne fait que défendre ce que défend tout vrai citoyen, le pacte national, l'intégrité de la patrie. Il est triste qu'il ait trouvé si peu d'appui en Europe et surtout en France. C'est sur nous qu'il comptait, c'est en nous qu'il espérait ; nous l'avons délaissé, comme si ces mots sacrés de patrie et de liberté n'avaient plus d'écho dans nos cœurs. Qu'est devenu le temps où la France entière applaudissait au jeune La Fayette mettant son épée au service des Américains ? Qui l'a imité ? Qui a rappelé ce glorieux souvenir ? Sommes-nous tellement vieillis que nous ayons tout oublié !

Quelle sera l'issue de la guerre, il est impossible de le prévoir. Le Sud peut réussir, le Nord peut se diviser et s'user en luttes intestines. L'Union n'est peut-être déjà qu'un grand souvenir. Mais quel que soit l'avenir et quelle que soit la fortune, il y a un devoir pour les hommes qui ne se laissent pas emporter par le succès de l'heure présente, c'est de soutenir et d'encourager le Nord jusqu'au dernier moment, c'est de condamner ceux dont l'ambition menace l'œuvre la plus belle et la plus patriotique qu'ait vue l'humanité, c'est de rester

fidèles jusqu'à la fin de la guerre, et même après la défaite, à ceux qui, jusqu'au dernier moment, auront
combattu pour le droit et la liberté.

Novembre 1862.

P. S. — Tandis que j'écrivais ces lignes, le général Banks, prenant
le commandement du département du golfe de Mexique, adressait au
peuple la proclamation suivante, datée de la Nouvelle-Orléans, 16 décembre 1862 :

« La vallée du Mississipi est le centre de la population, de la production et de
« la puissance sur ce continent. Dans peu d'années, vingt-cinq millions d'hommes,
« supérieurs à tous les peuples en ressources matérielles et en moyens de guerre,
« habiteront les rives de ses fertiles cours d'eaux. Ceux qui prétendent imposer des
« conditions à la sortie du golfe comptent sur un pouvoir qui n'est pas donné à
« l'homme. Le pays arrosé par les eaux de l'Ohio, du Missouri et du Mississipi
« ne peut jamais être divisé de façon permanente. Si une génération abandonne
« lâchement ses droits, d'immortels honneurs sont réservés pour ceux qui les
« revendiqueront.....
« Tôt ou tard la force matérielle de l'Ouest débouchera sur le Mississipi avec
« une puissance aussi irrésistible que les torrents de ses gigantesques cours d'eau.
« Ce pays ne peut être séparé. Des guerres sans fin peuvent épuiser son sang et
« ses trésors; des despotes domestiques ou des ennemis étrangers peuvent s'y
« emparer du pouvoir; mais la destinée de cette vallée est immuable. Elle sera
« unie, c'est Dieu qui le veut ainsi. A quoi sert, dès lors, la destruction du meil-
« leur gouvernement dont l'homme ait jamais joui, la Constitution des États-Unis,
« qui contient en elle-même les principes de toute amélioration et de tout progrès?»

Ces paroles sont profondément vraies; ce n'est pas à Richmond, c'est
sur le Mississipi que se décidera le sort de l'Union. Si la campagne de
cette année affranchit le fleuve, et la prise de Vicksburg ne permet
guère d'en douter, la réduction de la Confédération n'est plus qu'une
question de temps.

Qu'il me soit permis en finissant de remercier les Américains de
l'accueil fait à mes articles. Traduits et publiés dans une foule de journaux, portés jusqu'aux sources du Mississipi, répandus jusqu'au fond
des solitudes de l'Ouest, ils ont été reçus partout comme la voix d'un
ami, comme un souvenir de la France, la première et la plus sûre amie
de l'Amérique. Puisse au moins cette voix trouver des échos dans le
pays de La Fayette, et prouver aux États-Unis que la France est toujours
restée fidèle à l'Amérique et à la liberté. (Juillet 1863.)

FIN.

TABLE DES MATIÈRES

Paris — Imprimerie de P.-A. BOURDIER et Cⁱᵉ, rue des Poitevins, 6.

www.ingramcontent.com/pod-product-compliance
Lightning Source LLC
Chambersburg PA
CBHW072009270326
41928CB00009B/1597

* 9 7 8 2 0 1 2 6 7 7 7 6 0 *